CB127518

Todas as
páginas de
**Henrique Leão
Kiperman**

E74t Esber, Eugênio.
Todas as páginas de Henrique Leão Kiperman / Eugênio Esber. – Porto Alegre : Bookman, 2019.
288 p. : il. color. ; 21 cm.

ISBN 978-85-8260-496-0

1. Biografia. 2. Empreendedorismo - Inovação. 3. Editores e edição. 4. Livreiros e livrarias. I. Título.

CDU 929: 005.342

Catalogação na publicação: Karin Lorien Menoncin – CRB 10/2147

**Eugênio Esber**

# Todas as páginas de **Henrique Leão Kiperman**

bookman

2019

© Bookman Editora, 2019

**Gerente editorial:** Arysinha Jacques Affonso

Colaboraram nesta edição:

**Capa, projeto gráfico e editoração:** Paola Manica e equipe (Brand&Book)

**Preparação de originais:** Heloisa Stefan

**Pesquisa e seleção de imagens:** Vinicius Pereira

A obra reproduzida na capa é de autoria de Leslie Nichols
(http://www.leslienicholsart.com/)

Reservados todos os direitos de publicação à
BOOKMAN EDITORA LTDA., uma empresa do GRUPO A EDUCAÇÃO S.A.
Av. Jerônimo de Ornelas, 670 – Santana
90040-340 – Porto Alegre – RS
Fone: (51) 3027-7000 Fax: (51) 3027-7070

São Paulo
Rua Doutor Cesário Mota Jr., 63
01221-020, Vila Buarque, São Paulo - SP
Fone (11) 3221-9033
SAC 0800 703-3444 – www.grupoa.com.br

É proibida a duplicação ou reprodução deste volume, no todo ou em parte, sob quaisquer formas ou por quaisquer meios (eletrônico, mecânico, gravação, fotocópia, distribuição na Web e outros), sem permissão expressa da Editora.

IMPRESSO NO BRASIL
*PRINTED IN BRAZIL*

Quero contar uma história que seja útil aos possíveis leitores, que seja um exemplo para o bem e para o mal.

Que leitores, se houver, evitem os erros contados e possam copiar os acertos que porventura existirem.

É uma história contada com reticências de uma pessoa que construiu uma empresa grande e muito importante, a partir do zero, e cuja grandeza e importância ultrapassaram suas maiores expectativas.

2015

# Sumário


I. Curitiba 9

II. Porto Alegre 37

III. Nova York 219

IV. Plenitude 247

# I
# Curitiba

## Tiros em Curitiba

Ana era puro desespero, e o coração frágil quase lhe subia pela garganta. De onde é que haviam surgido aqueles dois estranhos que tinham acabado de invadir a sua casa? E se a arma que estava na mão do mais nervoso deles disparasse? Só pensava em como fazer para que eles mantivessem a calma. Eles e, também, o marido. Não sabia se Abrahão estava pensando em reagir, mas temia que sim. O chefe da família Kiperman era um homem seco e impaciente. Todos na redondeza sabiam que o polaco não era alguém de dar muita volta para dizer ou fazer o que era preciso. Podia até perder uma venda, mas não perdia tempo dando trela para freguês que olhava a mercadoria, fuçava daqui e dali e não se decidia.

Era uma noite amena em uma capital ainda ingênua. A Curitiba de 1960 mal chegava aos 360 mil habitantes, e somente há pouco tempo começara a se preocupar com planejamento urbano e estas obsessões de metrópoles como São Paulo, de onde chegavam ideias de urbanismo e crescimento ordenado. A rua de chão batido onde os Kiperman tinham enfim conseguido comprar uma casa própria era o retrato de um Brasil que não se reconhecia nas linhas futuristas de Brasília, a capital federal inaugurada em abril daquele ano.

— O que é que tem ali?, rosnou o bandido que parecia ser o líder, apontando uma porta mais ao fundo.

— Não tem nada lá, adiantou-se Abrahão, contendo a fúria.

A dupla titubeou um instante. Ana não quis dar muito tempo para que eles pensassem.

— É um quartinho! Só tem um nenê dormindo ali...

Se havia uma coisa que Ana Kiperman não fazia bem era mentir. O exercício do embuste pede um sangue-frio que ela nunca tivera. Ao contrário, toda a vizinhança sabia que Dona Ana era de sentimentos à flor da pele. A bondade de avental.

— É só uma criança dormindo ali, insistiu ela, tentando disfarçar o nervosismo.

Inútil. O ladrão-chefe, que o comparsa chamou pelo apelido de Bica em um momento de descuido, percebeu que havia na voz daquela senhorinha de meia-idade algo estranho, um tom de súplica para que ele não fosse em frente. O que poderia ter ali, de valor? Precisava checar. Não voltaria para Porto Alegre de mãos vazias, ainda mais que tinha de repartir a muamba com o companheiro.

Deu alguns passos, parou em frente à porta, apurando o ouvido. Silêncio do outro lado. Fez um sinal ao companheiro, para que não desgrudasse o olho de Abrahão. Pressionou o trinco e empurrou a porta rapidamente.

Então, o grande pandemônio.

Era um quarto, de fato, mas não tinha bercinho ou bebê coisa nenhuma. Assim que a porta rangeu, ergueu-se da cama, assustado e assustador, um marmanjão.

— Cuidado, Henrique!, ainda gritou a mãe, lá da sala.

Um pouco pela surpresa, outro tanto por se descobrir enganado, Bica se descontrolou e apertou o gatilho, sem muito capricho na mira, mais por reflexo, mesmo. Cartucho desperdiçado. O rapagão da cama se apavorou e fez um gesto brusco para sair da linha de fogo. Bica se sentiu ameaçado. Apontou a arma, agora com mais cuidado, em direção ao "nenê" de 80 quilos, mas outra vez acertou a cama. O dedo crispado de tensão do assaltante-líder já estava engatilhando o terceiro tiro contra Henrique quando seu pensamento começou a mudar. Deu-se conta de que precisavam dar o fora dali rapidamente porque, afinal, já tinham sido dois estrondos cortando a noite e o sossego de um bucólico arrabalde curitibano. A cachorrada de 20 quintais já fazia o seu alarido, luzes se acendendo, gente alarmada abrindo janelas e portas, *Meu Pai do Céu, o que será isso...*

— *Vambora, vambora,* ordenou para o companheiro, zunindo em direção à rua.

Logo que cruzaram a porta, Henrique saiu no encalço deles, e Abrahão fez o mesmo, seguindo na retaguarda do filho. Sentia a cabeça doer muito, porque no momento dos tiros contra Henrique tentara investir contra Bica e levara uma tremenda coronhada do assaltante que o vigiava.

Ana ainda gritou para os dois que não fossem atrás dos bandidos, ainda mais que estavam desarmados, mas não lhe deram ouvidos. Ela estava petrificada, respiração curta, coração em disparada, e tudo ficaria ainda pior logo em seguida, quando escutou mais dois disparos lá fora.

Deu um grito de pavor só de pensar no que podia ter acontecido ao marido e ao filho.

Os tiros não haviam intimidado Henrique. No vigor de seus 22 anos, seguia em frente, como se tivesse o corpo fechado ou duvidasse da pontaria do tal Bica e seu ajudante. Mas o berro da mãe, *Abrahão, Abrahão!, Alguém ajude aqui!* o fez virar a cabeça para trás, e então se deu conta de que estava sozinho na perseguição. Deu meia-volta e encontrou Abrahão caído perto de casa, Ana à volta dele, em pânico.

— Eles acertaram teu pai, Henrique. Vamos logo pro hospital que o Abrahão não tá bem!

Vários vizinhos vieram acudir, uns movidos mais pela curiosidade, ávidos por detalhes, outros aflitos para socorrer Abrahão. *Que horror esta bandidagem, isso só pode ser coisa da cachaça, a juventude está se perdendo, até o carnaval tá fazendo propaganda da vadiagem...* Sim, no meio do alvoroço alguém resmungava que a marchinha "Me dá um dinheiro aí", sucesso absoluto no carnaval de 1960, podia não ser tão inocente quanto parecia na interpretação de Moacyr Franco, o rapaz engraçado que aparecia nos "televisores" metido em uns trapos de mendigo.[1]

*Ei, você aí,*
*Me dá um dinheiro aí,*
*Me dá um dinheiro aí...*

*Ei, você aí,*
*Me dá um dinheiro aí,*
*Me dá um dinheiro aí...*

*Não vai dar?*
*Não vai dar, não?*
*Você vai ver*
*A grande confusão*
*Que eu vou fazer*
*Bebendo até cair...*

*Me dá, me dá, me dá (oi)*
*Me dá um dinheiro aí!*

— Corre pra avisar tua irmã, Henrique. Ela e o Waldinho.

Melhor não, pensou Henrique. Àquela hora da noite, Clara e o marido, Waldemar Pudles, já deviam estar descansando, e talvez se perdesse ainda mais tempo até que eles absorvessem o impacto da notícia e decidissem como fariam com o pequeno Edson, de apenas 4 anos.

— Mas eles moram aqui perto, Henrique. Vai logo.

---

**1** Um dos maiores sucessos carnavalescos de todos os tempos, a marchinha foi composta em 1960 por Homero Ferreira, a partir do bordão "Me dá um dinheiro aí" que seu irmão, Glauco Ferreira, havia criado para o programa "Praça da Alegria", na TV Rio.

— Deixa a Clara, mãe. Amanhã cedo eu vou lá avisar. *Vambora* pro hospital.

Alguns vizinhos, mais agoniados com o sangramento de Abrahão, deram apoio, e ajudaram Henrique a colocar o pai no carro.

Por sorte, a Santa Casa ficava pertinho dali, mas Henrique estava ansioso, como de costume.

Abrahão tinha um ferimento, mas estava consciente. Na cabeça dele, fervilhavam sentimentos contraditórios. A queimação da bala na barriga, a raiva por não ter conseguido colocar as mãos naqueles bandidos, tudo isso lhe doía. Exasperava-se também com aquela movimentação toda em torno dele, o filho acudindo daqui, a mulher amparando dali, *Fica calmo, Abrahão...*, pessoas oferecendo ajuda como se ele fosse um indefeso. Logo ele, um urso orgulhoso, forjado na dureza da vida, como aceitar aquele fim de noite humilhante, agredido por dois vagabundos com um trabuco, a casa profanada sem que pudesse enfiar um soco bem dado na cara deles...

Abrahão acabou ficando várias semanas no hospital, remoendo a angústia de ficar improdutivo. As visitas de Ana, Henrique, Clara e o genro Waldinho amenizavam o tormento de dias e horas que custavam a passar. O netinho Edson, ao mesmo tempo que o distraía, trazia lembranças ainda mais perturbadoras daquela noite. Afinal, vez ou outra o garotinho passava a noite na casa dos avós — e por muita sorte ele não estava lá quando aconteceu o assalto.

Os primeiros dias de internação haviam sido os mais duros. Abrahão tinha um pensamento único: voltar à lida, que não era homem de ficar entrevado numa cama. Perguntava para os doutores e as enfermeiras até quando aquilo ia se prolongar, e ouvia deles coisas positivas, que graças a Deus não corria risco de vida, a bala fez estrago mas tinha conserto, que bastava ser obediente às ordens médicas e sem muita demora poderia voltar para casa, e isso e aquilo... Mas a realidade é que era muita conversa, e pouco resultado prático. Será que estavam escondendo dele alguma coisa?

— Sossega, Abrahão. O doutor tá dizendo a verdade. Tá tudo bem, mas tu só vai sair do hospital quando eles deixarem. O trabalho que espere. Foi tiro... tem que tratar isso direitinho, contemporizava Ana.

— E a freguesia, mulher? Tem que levar as mercadorias pra eles, não posso ficar aqui a vida toda.

— Calma, o Henrique e eu vamos tomar conta de tudo.

Henrique... A cada visita do filho, Abrahão tentava ler nos olhos do varão alguma coisa, algum indício sobre o seu real estado de saúde, descobrir se havia algo que os médicos não estivessem contando... mas o que via era um tremendo boca-fechada, e nos olhos um brilho úmido de compaixão. Henrique puxara à mãe no sentimentalismo... E havia puxado a ele, Abrahão, na secura das palavras.

Estava claro que não arrancaria muita coisa do filho.

Clara, a primogênita, também era uma esfinge. Não só por seu temperamento controlado, sempre voltada para seus próprios pensamentos, mas também porque a convivência entre eles havia se tornado rala, esporádica, desde que a sua princesa saíra de casa, aos 18 anos. Abrahão se lembrava bem. Fazia seis anos, foi na época em que Getúlio Vargas[2] havia dado um

2 Em 24 de agosto de 1954, o presidente da República, Getúlio Vargas, foi encontrado morto, com um tiro no peito, em sua cama, no Palácio do Catete, no Rio de Janeiro, a então sede do governo brasileiro. O atentado ao líder oposicionista Carlos Lacerda motivou pressões pelo afastamento de Getúlio, com base em elementos que implicavam Gregório Fortunato, assessor da guarda pessoal do presidente, no ataque da Rua Toneleros, que acabou vitimando um militar. No ápice das pressões pelo *impeachment*, Getúlio deixou aos brasileiros uma carta-testamento em que recapitula sua história política. Alguns trechos finais: "*Ao ódio respondo com perdão. E aos que pensam que me derrotam respondo com a minha vitória. Era escravo do povo e hoje me liberto para a vida eterna. Mas esse povo, de quem fui escravo, não mais será escravo de ninguém. Meu sacrifício ficará para sempre em sua alma e meu sangue terá o preço de seu resgate. [...] Eu vos dei a minha vida. Agora ofereço a minha morte. Nada receio. Serenamente dou o primeiro passo no caminho da eternidade e saio da vida para entrar na história*". A pungente carta de Getúlio teria certo impacto no pensamento político de Henrique Kiperman, na época com 16 anos.

tiro no peito e detonado uma grande crise política, mais uma, no Brasil. Naquele 1954, em novembro, Clara Kiperman se tornou Clara Pudles, sem o Kiperman, ao se casar com Waldemar, membro de uma família tradicional de Curitiba.

Abrahão não era homem de olhar para trás e ficar mastigando nostalgias, mas o tempo de inatividade e a lerdeza dos ponteiros do relógio o tornavam naturalmente mais contemplativo naqueles dias intermináveis. Via Ana se desdobrando ao redor da cama de hospital, tentando fazer tudo o que era possível para atendê-lo, e pensava nas escolhas que havia feito na vida.

A primeira delas, Ana.

A segunda, o Brasil.

## Rumo aos trópicos

O casamento deles tinha sido em 1932, lá mesmo na cidadezinha polonesa onde nasceram e foram criados, Lokacze.[3] Ana Zirel tinha só 21 anos, cinco menos que ele, mas o jeito de garota romântica logo seria posto à prova em uma guinada radical em seu destino. Lua de mel quase não houve, que a hora era imprópria para viver conto de fadas. Uma tempestade se formava sobre a Polônia, vinda da Alemanha, onde o austríaco Adolf Hitler acabara de obter a cidadania germânica e com isso removia um grande obstáculo para se credenciar a uma fulminante ascensão política e militar.

Abrahão jamais esqueceria aqueles dias. Ele e Ana vinham escutando dos familiares o mesmo alerta. Que as notícias eram ruins e a cada dia se tornavam ainda piores — para a Polônia, em geral, e para eles, judeus poloneses, em particular.

Na realidade, não se falava em outra coisa em Lokacze, porque em cada dez habitantes, sete eram judeus. No café, no açougue, na praça, tudo girava em torno do homenzinho de discursos coléricos que hipnotizava multidões, manobrando habilmente

3 Hoje, a cidade se chama Lokachi e pertence à Ucrânia.

sentimentos da gente mais humilde e, aos poucos, envolvendo políticos e militares ultranacionalistas. Hitler lutara na Primeira Guerra Mundial e jamais se conformara com a rendição das forças alemãs. Repudiava especialmente as condições[4] que as potências vencedoras impuseram à Alemanha no Tratado de Versalhes. Para ele, aquilo não fora um tratado, mas uma imposição inaceitável e humilhante para o povo alemão. Milhões pensavam como ele, e se tornaram a massa de manobra para que o Partido Nacional-Socialista ganhasse cadeiras no parlamento e conduzisse Hitler ao posto de chanceler, ou chefe de governo, em 1933. A pregação revanchista de Hitler contra os "inimigos" e "traidores" da Alemanha — dedo apontado para comunistas e judeus — foi ganhando espaço em um início de década marcado pelo empobrecimento da população, efeito da depressão econômica que varreu a Europa depois da quebra da bolsa norte-americana, em 1929.

Com manobras parlamentares que lhe deram poderes para agir à revelia de direitos civis e até mesmo prender adversários, Hitler estava em escalada vertical para se tornar o "Führer", líder máximo e inquestionável, do Terceiro Reich. Em breve concentraria em si os papéis de chefe de governo, chefe de Estado e comandante das Forças Armadas — que se reequipavam à vista de todos os países, em claro desafio ao que fora determinado pelo Tratado de Versalhes.

O jovem casal Kiperman, assim como toda a comunidade judaica de Lokacze, sabia que não havia margem para ilusões, nem tempo a perder. Tudo levava a crer que a Alemanha fecharia o cerco sobre a Polônia.

> Os alemães nunca haviam aceitado os termos do Tratado de Versalhes, que subjugou, desarmou e emagreceu o seu território

---

4 A Primeira Guerra Mundial durou de 1914 a 1918. Em 1919, foi assinado em Versalhes, França, o Tratado de Paz pelo qual a Alemanha reconheceu ter sido a causadora do conflito e concordou em pagar reparações de guerra às potências vencedoras — Inglaterra, França e Rússia. Teve, ainda, de ceder territórios que anexara ou invadira. E, por fim, sujeitou-se a medidas de controle externo para não se reequipar militarmente.

> ao fim da Primeira Guerra, entre 1914 e 1918. Uma das cláusulas consideradas humilhantes pelos derrotados envolvia a criação do chamado corredor polonês — uma faixa de território que, por força do tratado assinado em 1919, havia passado da Alemanha para a Polônia. Hitler viria buscar o que considerava seu [...]. (Esber, 2017, p. 21)

Naquelas circunstâncias, os familiares deram a eles um presente de casamento providencial: duas passagens para o Brasil. Atravessariam o mundo para viver uma segunda vida, longe de casa, dos amigos, dos costumes e sobretudo da fúria cega que a gente de Lokacze iria conhecer mais dia, menos dia.

Chegaram a Curitiba em 1934 com um visto de entrada graças a uma carta de emprego assinada pela família Knopfholz, referência fundamental na história de emigrantes poloneses de origem judaica que se instalaram no Paraná.

Para ter algum sustento, Abrahão aceitou com entusiasmo a tarefa de vender gravatas na rua. E da rua nunca mais sairia, mascateando sem trégua, sem férias e sem queixas, anos, décadas a fio. O humor só azedava quando pegava um cliente chato, um mau pagador — ou, ainda, quando fazia tempo ruim e as ruas sem calçamento ficavam intransitáveis para sua charretezinha carregada de mercadoria.

Alugou uma casa na Rua João Gualberto, em frente à legendária fábrica de pianos Essenfelder,[5] mas quase não tinha tempo, nem ouvidos, para se admirar dos acordes que vinham dos hábeis afinadores contratados pelo alemão Florian Essenfelder. Seguia uma só partitura: trabalho. Melodia, na vida de um imigrante como ele, só entrava quando a luz do sol desaparecia, e era então que Abrahão se esbaldava na comida de guerreiro que

**5** A Essenfelder foi fundada em 1890, em Curitiba, e funcionou no mesmo endereço, no Bairro Juveve, até 1996, quando encerrou suas atividades. Em busca de uma vida sossegada longe do conflituado continente europeu, Florian Essenfelder deixou Berlim e uma sólida carreira de técnico dos conceituados pianos Bechstein para empreender no Brasil. Produziu vários modelos de piano — verticais, de cauda, orquestrais, com padrão de qualidade internacional.

Ana lhe servia para depois desfalecer nos braços da sua *froy*.[6] A família cresceu logo. Em janeiro de 1935, chegou Clara, de imediato entronizada como a pequena e delicada alteza da casa. Mas se Ana tivera sua boneca, Abrahão também fazia questão de ganhar o seu soldadinho de chumbo. Em 1º de julho de 1938, estava realizado: chegou o varão, a família estava completa. O nome já fora escolhido: Henrique.

Henrique Leão Kiperman.[7]

Abrahão se deu conta de que ou continha o ardor ou em breve teria um pequeno batalhão para sustentar. Mais do que isso, era necessário fazer mais dinheiro. Passaram a morar nos fundos da casa, e na frente abriram um armazém. Ana tomava conta da bodega, ora correndo ao balcão para atender um freguês, ora se enfiando nos fundos para reparar em Clara e Henrique, que ela e Abrahão chamavam de *Eche*.

— E o Seu Abrahão?, de vez em quando perguntavam.

— Está aí, pela volta, deixando mercadoria. Saiu bem cedo e só volta à noitinha...

Ana era bonachona. Ria junto com vizinhos mais chegados que iam ao armazém e entre uma compra e outra puxavam conversa e faziam graça da dura lida diária de Abrahão em cima daquela charrete. *Ele vai matar de cansaço aquela égua. Um dia o cavalo vai pedir aumento de salário.* Ana entrava na brincadeira, mas sabia da consideração que o marido tinha pela parceira de quatro patas. Sem a rosilha,[8] como trazer o sustento para dentro de casa?

---

**6** Esposa, em iídiche.

**7** Como é tradição entre muitos judeus, o nome do recém-nascido reverencia um antepassado. O nome Henrique Leão Kiperman homenageava o avô paterno, Herche Leib. Em iídiche, Herche é pronunciado Erche, pois o H é mudo. Com o tempo, familiares, parentes e amigos foram adotando uma forma mais simples de se referir a Henrique — "Eche". Era como a irmã, Clara, por exemplo, o chamava.

**8** No sul do Brasil, diz-se que é "rosilho" o cavalo com pelos avermelhados, tendendo ao rosa.

## A aposentadoria da charrete

— Como é que tá se sentindo, pai?

Hora da visita. A pergunta de Henrique cortava as reminiscências de Abrahão, e o trazia de volta àqueles longos dias de 1960.

— Bem é que eu não tô, *Eche*..., parado aqui nesta cama, sem trabalhar, só pensando na vida.

— Pra quem nunca tirou férias essa parada até que não é tão ruim, é?

— Todo mundo aqui diz que eu tô quase bom pra ter alta. É tudo que eu quero, *Eche*. Já pegaram os bandidos?

Henrique estava monitorando as investigações na Polícia, e não tinha muito o que contar.

— Parece que este tal de Bica, o que deu os tiros, é de Porto Alegre, mas a Polícia ainda tá atrás dele e do bando.

— Humm... E o teu trabalho, *Eche*? Tá fazendo dinheiro?

— Tô indo bem, pai. Mas vivo na estrada.

— Vai em frente. Tu é moço, tem que pensar no futuro. Vendedor é assim. Não tem descanso. Não vê eu?

Henrique via, sim. Sempre foi observador, ansioso e envolvido com as coisas da casa. Nesse ponto, era diferente de Clara, a primogênita de jeito plácido e reservado, que levitava acima de polêmicas familiares e parecia ter o olhar posto nos estudos e nas prendas que muito cedo, aos 18 anos, a tirariam de casa para se tornar a jovem senhora Waldemar Pudles.

Perto do irmão, que lhe parecia um tanto enérgico, inquieto e por vezes temperamental, Clara se sentia meio boba, aquela que nada pedia e que concordava com tudo. *Eche*, não. Pensava grande, e quando botava um desejo na cabeça ficava martelando até conseguir. Ela ficou admirada quando viu em casa uma bicicleta novinha em folha. Sabia que o irmão andava pedindo há tempos, mas duvidava que o pai, sempre tão austero em seus gastos, fosse permitir um pequeno luxo como aquele. Pois foi exatamente o que aconteceu, e o episódio mostrou a ela, pela primeira vez, o poder de persuasão do caçula.

A segunda vez foi quando a égua da família pisou em um fio caído de um poste e não resistiu à descarga elétrica. Foi um grande abalo para Abrahão. O bicho já estava adaptado ao seu comando, e conhecia cada palmo daquelas quebradas de Curitiba, por onde ele levava a charrete apinhada de gravatas, ternos, meias, saias e outras peças de roupa. O apego era tanto que Abrahão tolerava, com uma paciência que não era o seu forte, as constantes escapadas da égua, que fugia do pasto e reaparecia quando um vizinho a reconhecia pelas redondezas e a trazia de volta. Mas aquilo foi chegando a um ponto embaraçoso, e quando a égua deu com a ferradura no fio de alta tensão, Henrique entrou em ação para convencer o pai de que não deveria procurar um cavalo que substituísse a carismática rosilha.

— Eu acho que é hora de aposentar essa charrete.

Essa não, duvidou Clara. Difícil imaginar o pai abrindo mão da charrete. Aquele trio — Abrahão, charrete, a égua — parecia ser uma só criatura, um ser meio mítico. Outra vez, porém, Henrique surpreendeu Clara e mostrou que, se Abrahão sabia vender confecções, ele sabia vender uma ideia.

Desde garoto, Henrique era atraído por carros. E à medida que foi se tornando rapaz, nos anos 50, o fascínio cresceu. Lindas garotas, perseguições espetaculares, todas as fantasias de romantismo e potências trazidas pela música e pelo cinema pareciam estar sempre desfilando sobre quatro rodas. Mas quando despertava dos devaneios, o que via à disposição para as caçadas noturnas era ela, rosilha... pastando com seu olhar meigo e bondoso, descansando da faina do dia, e recobrando forças para a jornada seguinte.

A morte da égua entristeceu Henrique, mas deu vida às suas esperanças.

— Acho que o senhor podia comprar um carro.

— O quê?, foi a reação de Abrahão. “Tá louco? Não tem dinheiro pra isso.”

— Quem sabe o senhor vende a charrete?

— E a diferença? De onde vou tirar o resto para pagar o auto?

Era uma boa pergunta. Já revelando um tipo de raciocínio que mais tarde o levaria a estudar Economia, Henrique cercou o pai de argumentos pragmáticos. Se optasse por comprar um carro, e não um novo cavalo, o pai estaria fazendo um bom negócio. O que parecia um gasto era, na realidade, um investimento. Iria mais longe, visitaria mais clientes, faturaria mais. Em resumo, o carro se pagaria com o acréscimo de produtividade. Além do mais, permitiria maior conforto para Abrahão, que estava beirando os 50 e já reclamava de pés inchados, e dor aqui e dor ali por causa dos solavancos da charrete, sem contar que automóveis não fogem do pasto, *et cetera*...

Abrahão se sentia pouco à vontade naquele jogo, porque era homem de vender, não de comprar, e percebia que naquela conversa de carro era o filho que estava assumindo o papel de vendedor, dourando a causa habilidosamente, assim como ele fazia com suas mercadorias diante de clientes reticentes.

— Acho que este terno vai lhe cair bem, e está com um bom preço...

Este era o segredo de Abrahão para uma boa venda: deixar o freguês com a certeza de que sairia ganhando. Provou do próprio remédio. Acabou convencido pelo filho de que a troca da charrete pelo carro fazia todo o sentido para aumentar a clientela. E fazia mesmo. Mas o entusiasmo de Henrique tinha muito a ver, também, com a vida social que ganharia, à noite e aos fins de semana, agora que iria contemplar os faróis de um Chevrolet na garagem, em vez das narinas resfolegantes da égua rosilha. A felicidade só não era maior porque o pai, com os pés bem plantados no chão, resolvera investir modestamente. Comprou um "carango"[9] com 16 anos de uso. Mas já era um começo para *Eche*. As garotas que o aguardassem. Ele e seus 80 cavalos.

9 Gíria dos anos 60 para carro.

A recuperação de Abrahão foi demorada, mas transcorreu sem grandes sobressaltos, e já no final de 1960 ele estava de volta à rua, lidando com a freguesia. Não soube mais nada sobre a caçada aos assaltantes, e aos poucos a lembrança daquela noite foi ficando para trás, assim como a charrete que tanto lhe custou vender, por tudo o que significava — e ai de quem, por ignorância ou palhaçada, desonrasse a memória da relíquia.

— Que saudade o senhor deve sentir daquela égua, hein, Seu Abrahão? E aquela carroça, então... como o senhor cuidava dela!

— Nunca tive carroça. Tive charrete.

— E qual a diferença?

— Tem pneu em vez de roda, tem conforto, tem espaço pra botar mercadoria... A diferença é tudo. Qualquer um vê, grunhia Abrahão, azedo.

Durante o seu período no hospital, os negócios haviam praticamente estagnado, e a situação das finanças da família Kiperman inspirava cuidados. Abrahão tinha dívidas: devia um pouco para banco, um pouco para agiota. Henrique seria marcado por aquela situação de duas maneiras. A visão de um agiota passando ostensivamente em frente à casa de tempos em tempos punha em teste os seus nervos, e o faria prometer a si mesmo que ao longo de sua vida passaria longe de bancos. Também seria tocado pelo desprendimento do pai que, sob o olhar cúmplice de Ana, era capaz de quebrar o galho de algum amigo necessitado, ainda que ele próprio tivesse dívidas a pagar.

Por amor próprio e pruridos de dignidade, Abrahão não cogitou de pedir ajuda a Clara, que saíra de casa em 1954 e vivia sua própria vida ao lado de Waldemar Pudles, membro de uma família de sólida situação econômica. Waldinho, como o chamavam, era engenheiro civil e ganhara de seus pais um dos muitos lotes de terra que a família possuía em Curitiba. Também ocupava uma posição importante na fábrica de móveis da família, uma das maiores de Curitiba na época. Henrique tinha uma relação de extrema camaradagem com o cunhado. A estima era recíproca. Ambos eram apaixonados por carros, e quando

Waldinho colocou na garagem um flamante Chevrolet importado, Henrique ficou extasiado com a imponência do bichão, logo apelidado de Imperador.

Em 1959, quando Waldinho ganhou uma bolsa de estudos na França, Clara acompanhou o marido e deixou o primogênito Edson, de 5 anos, aos cuidados dos avós — e Henrique foi uma babá quase perfeita do pequeno sobrinho. Em resumo, Henrique e Waldinho se estimavam como dois irmãos separados apenas por uma diferença de idade (Waldemar era 10 anos mais velho). E de posses, claro. Mas, na remotíssima hipótese de que Abrahão pedisse ajuda ao genro, Henrique jamais concordaria. Eram duros na queda.

**Uma amostra da vida real**

Enquanto Abrahão esteve na Santa Casa, Ana defendeu o sustento da família atendendo à clientela que frequentava o armazém dos Kiperman, na parte da frente da casa. O dinheirinho que entrava era muito bem contado e separado para as despesas mais importantes. Mas havia uma novidade. Henrique estava começando a ganhar dinheiro graças a um acontecimento de seis anos antes, aparentemente banal, mas que seria determinante para o seu destino.

*Na 4ª série do então ginásio, tínhamos que optar para seguir ou no científico ou no clássico.*

*Optavam pelo científico os alunos que pretendiam seguir na faculdade carreiras de ciências exatas, como engenharia, medicina, etc., e optavam pelo clássico os que pretendiam seguir as carreiras ditas humanas, como direito, filosofia, etc.*

*Optei pelo curso científico, pois participava do DROR, quer era um movimento sionista juvenil e tinha um sonho (14/15 anos) de fazer agronomia e emigrar para Israel depois de formado.*

*Os sonhos não são compatíveis com a realidade ou minha fé no movimento não fora suficiente... E assim, principalmente por pressão constante e velada por parte de meus pais, acabei desistindo do ideal e quando cheguei no 3º científico me decidi, outra vez por pressão paterna, a fazer medicina, que tinha* status *e oferecia a possibilidade de rápido enriquecimento.*

*Fui fazer o vestibular para Medicina sem maior convicção e acabei não passando.*

Foi em 1954. Ainda cursava o científico e, com o casamento de Clara, sentia-se mais desafiado a fazer suas próprias escolhas. Queria trabalhar, forjar uma identidade, ganhar algum dinheiro para não depender exclusivamente do pai. A reprovação no vestibular para Medicina não o desapontara muito — afinal, não podia ver sangue que empalidecia. Mas o pai se frustrara e o olhava de esguelha, *Que diabos vai querer fazer da vida, Eche?*

A resposta, Henrique deu no vestibular seguinte. Ingressou na universidade para estudar Economia, uma graduação que se revelaria importante para suas decisões no futuro.

No intervalo entre o primeiro e o segundo vestibulares, apareceu uma chance, a primeira, de trabalhar. E, curiosamente, em uma área conexa à atividade médica. O laboratório de produtos farmacêuticos Sintofarma tinha uma vaga na área de administração e vendas, e não exigia experiência. Pelo seu tamanho, pelos quilos a mais e uma certa fome no olhar, tornou irrelevantes os seus parcos 16 anos e passou na entrevista de emprego.

A função dele era, na verdade, a de um curinga. Atuaria como divulgador e vendedor dos medicamentos, mas conforme a demanda do serviço teria de fazer, também, cobrança — logo ele, que carregava péssimas recordações do agiota espreitando sua casa, como ave de rapina voando em círculos.

Sentiu-se muito bem com o *status* de trabalhador, era praticamente um atestado de que agora era homem feito, mesmo que não tivesse barba na cara.

Mas nem tudo corria da melhor maneira. O trabalho não se harmonizava facilmente com os estudos, porque impunha longos períodos de viagem, e por isso a experiência de Henrique no Sintofarma durou poucos meses — mas foi o suficiente para proporcionar uma imersão em um mundo do qual ele jamais se afastaria e cujos segredos aprenderia a desvendar como poucos.

*No laboratório, eu trabalhava três semanas por mês em Curitiba e uma semana no interior. Acabei conhecendo o interior do Paraná e de Santa Catarina. Acabei conhecendo também, além dos médicos, a má prática de pessoas que circulavam no meio.*

*Colegas meus tinham um negócio à parte, vendendo amostras para os pequenos hospitais e farmácias. Eles abriam as embalagens e vendiam os produtos a granel, e os hospitais aplicavam para os internados as amostras como se fossem produtos originais.*

*A experiência foi muito válida. Aprendi na prática o que era certo e o que era errado. À custa das amostras, conheci muitas "casas de tolerância", já que as amostras eram moeda de troca.*

*Logo me dei conta de que tinha que cair fora daquele meio o mais rápido possível.*

*Aquele período no Laboratório foi uma boa escola de vida.*

Depois de sentir o gosto da autonomia, Henrique já não admitia retroceder. Logo saiu em busca de outro emprego em tempo integral.

Trabalhou em uma loja de móveis por um breve período. E descobriu que, perto do novo emprego, em outra loja de móveis, trabalhava um grande amigo que havia perdido de vista, Marcos Grupenmacher. Ambos se conheciam desde os 6 anos de idade, no jardim de infância da Escola Israelita Brasileira Salomão Guelmann, onde Henrique cursou todo o primário.

*A escola era um pequeno gueto em que todos se conheciam. Ou eram amigos, ou eram filhos de pais que eram amigos ou eram parentes.*

Henrique e Marcos ficavam na mesma sala e se davam muitíssimo bem. Com o tempo, o jeito de cada um os remeteu a grupos um pouco diferentes, embora não houvesse rivalidades.

Marcos, baiano criado em Sergipe, era mais solto, e tendia à turma da bagunça. Henrique era mais quieto e concentrado nas matérias e nos professores — mais nas professoras.

— Gordo *Eche*, que surpresa boa!

Marcos exultou ao ver Henrique entrar na loja em que trabalhava, e já aproveitou para puxar uma sessão nostalgia ao invocar o apelido que Henrique recebera de um colega que gostava de tirar onda de todos os colegas, conforme a característica de cada um. Henrique, mais pacato e rechonchudo, era o Gordo *Eche*.

Aquele encontro de velhos jovens amigos se tornaria habitual a cada final de expediente. A loja de móveis do cordial concorrente de Henrique ficava a caminho de casa.

Ambos estavam fumando, e não era pouca fumaça. Marcos jogava tênis, e chegou a aconselhar Henrique a praticar algum esporte porque o cigarro era um problema, como ele notava no próprio desempenho em quadra. Mas Henrique era um sedentário inveterado. Até jogara de zagueiro nas peladas da escola, revelando-se um beque disciplinado, sem muita técnica e com uma virilidade que alguns atacantezinhos metidos a craque denunciavam como botinadas. Mas com o tempo o interesse pelo futebol ficou apenas no gosto por torcer pelo seu Ferroviário, de Curitiba.

Havia, porém, um esporte no qual Marcos Grupenmacher acreditava que Henrique era craque. Contar histórias, sempre servidas com um bom molho de ironia, escárnio ou picardia — os ingredientes que tivesse à mão.

— Marcos, quero te indicar um ótimo eletricista. Resolve qualquer problema.

— Quem, *Eche*?

— O Jacozinho...

Aí tem, desconfiava Marcos. E tinha mesmo.

— Henrique Kiperman, qual é a moral da história? O que é que tem o Jacozinho? Que eu saiba ele estuda Medicina...

— Ele faz Medicina, mas aprendeu um novo ofício. Agora ele é Jacozinho Eletricista. E é dos bons!

Henrique fazia força para ficar sério, e começava a desfiar a história da excelência de Jacozinho Eletricista, amigo de ambos. Seu objetivo era cair na risada apenas quando a história chegasse ao fim.

— Pois o nosso Jacozinho fez, ele mesmo, um conserto na instalação elétrica da casa onde mora, acredita?

— E aí, *Eche*?

— Aí que a casa pegou fogo e tiveram de chamar os bombeiros!

Gargalhada geral, e mais uma anedota de Henrique para Marcos lembrar cada vez que ambos se falavam, e seguiram se falando por toda a vida.

O emprego na loja de móveis não teve continuidade porque logo depois Henrique receberia sua grande oportunidade.

Conexões da família de Waldinho Pudles, o cunhado, o levaram à presença de um representante comercial que distribuía em Curitiba os livros da respeitada Editora Guanabara.

Fundada por Abrahão Koogan no Rio de Janeiro, a Guanabara já resplandecia em meados dos anos 50 como uma referência de literatura médica no Brasil. Henrique tinha no sangue o instinto comercial do pai, e de imediato percebeu que o escritório de representação da Guanabara em Curitiba era um ótimo lugar para ganhar dinheiro, especialmente se lhe dessem uma credencial de vendedor. Não levou. Foi admitido, sim, mas para trabalhar na retaguarda administrativa, como auxiliar de escritório, função que o patrão julgou mais condizente com o senso de organização que detectou em Henrique e, principalmente, sua pouca idade. Completaria apenas 18 anos em 1956.

Logo que conheceu melhor o terreno e aprendeu a se movimentar por entre as chefias, o *enfant terrible* começou a insinuar que se sentia melhor tirando o traseiro da cadeira — embora quem o visse nas suas formas arredondadas pudesse pensar justamente o contrário. Quando enfim conseguiu arranjar um lugarzinho no time de vendas, abocanhou a oportunidade — e o escritório curitibano da Editora Guanabara Koogan Sociedade Anônima não tardou a descobrir que ali estava um neófito promissor, estuante de energia.

A promoção trouxe a Henrique a chance de fazer seu próprio salário, pela primeira vez na vida. Além do ordenado fixo, tinha direito a uma comissão de 1% sobre suas vendas. O percentual era modesto, mas teve o efeito de atiçar a cobiça de Henrique, e algum tempo depois ficou claro para todos que o mercado de Curitiba estava ficando insuficiente para as ambições de crescimento do rapaz, e que tinha chegado a hora de subir a régua de exigências — e de bonificação. Ofereceram-lhe então, além de uma remuneração fixa, uma comissão de 1% sobre a venda de toda a filial da Guanabara, cuja alçada ia muito além de Curitiba, abrangendo todo o Estado do Paraná e, também, Santa Catarina.

Foi a segunda promoção de Henrique, e o dinheiro passou a turbinar seu ego — além, é claro, da descarga hormonal própria dos seus 20 anos. Ele, que havia convencido o pai a comprar uma bicicleta e depois trocar sua insubstituível charrete por um Chevrolet, agora não precisava mais persuadir ninguém para exercer sua vontade. E então, em 1959, deu um peitaço e comprou um carro para chamar de seu. Abrahão ficou possesso, *tu ficou louco, o que é que tu tem nessa cabeça, desse jeito nunca vai juntar dinheiro!* Mas, como Clara costumava dizer, aliás mais pensar do que dizer, *quando o Eche bota uma coisa na cabeça ninguém mais tira.*

— Deixa, Abrahão, é o dinheirinho dele, o *Eche* sempre foi doido por auto, intercedeu Ana, a imperturbável ministra da Harmonia e do Entendimento.

Se Abrahão queria respostas, não conseguiu grande coisa porque Henrique era igualzinho a ele. Só falava o essencial.

— Comprei e não me arrependo.

O fato é que Henrique estava podendo financiar uma extravagância ou outra, e sua situação financeira é que ajudou a reequilibrar as contas da casa quando Abrahão ficou várias semanas fora de combate, após o assalto que os Kiperman sofreram em 1960. Não fossem as economias dele, e o movimento do armazém atendido por Ana, o impacto da inatividade de Abrahão teria sido grave.

**O vendedor que vendia demais**

Apesar dos progressos, Henrique queria mais, e enfiara na cabeça que merecia mais. Ainda em 1960, quando estava completando quatro anos na Editora Guanabara, jogou pesado na negociação com o dono da filial de Curitiba. Estava impaciente. Não porque achasse pouco o que colocava no bolso, mas porque não considerava sua remuneração justa ou proporcional a todas as iniciativas que propunha para potencializar a venda de livros de Medicina da Guanabara, e eram sugestões que geralmente surtiam bons resultados.

Enfrentou resistências.

*Durante a negociação de meu salário, nunca conseguia chegar ao que me interessava ou achava que meu trabalho valia, já que eu vivia inventando coisas — em suma, para a época eu era um baita marqueteiro.*

Era um jogo arriscado, aquele.

Se pensasse na visão de mundo do pai e do conselho que pudesse receber do *velho*, talvez Henrique não forçasse tanto aquela queda de braço. Normal. Abrahão era um homem acostumado à dureza da vida. Infância, quase não teve. Com a morte do pai, Abrahão foi sacado abruptamente do universo infantil para ajudar a mãe a atender no balcão da pequena loja de ferragens da família, em Lokacze. Ele tinha apenas 7 anos, e virou um pequeno adulto dando conta da freguesia, porque a mãe acabara de ganhar a irmãzinha dele e não podia ficar o tempo todo no balcão. O deitar e acordar muito cedo, o frio tenebroso do inverno polonês a lhe congelar os dedos na primeira hora da manhã, tudo aquilo foi apagando da memória de Abrahão a doçura das brincadeiras inocentes, e o moldando no ferro de que eram feitos aqueles utensílios que vendia. Quando o cerco nazista o obrigou a abandonar sua terra natal, ele, que há pouco desposara Ana, contemplou com naturalidade o infortúnio de bater em retirada e atravessar mares rumo a um remoto e desconhecido país tropical. Era mais uma fuga, só. Também havia sido expelido da infância sem nenhuma suavidade.

O destino de Abrahão era este mesmo, ir em frente, suar em vez de choramingar, trabalhar.

O filho que tomasse tenência!

— Tu já não tá ganhando o bastante, *Eche*? Daqui a pouco vai é ficar sem nada.

Não, Henrique não achava que era o bastante, e é claro que temia ficar sem o emprego, mas alguma coisa lhe dizia que, do outro lado, também temiam ficar sem ele.

Decidiu insistir em uma pedida mais alta, sem parecer intransigente. Concluiu que aquela negociação só terminaria bem para ele se estabelecesse com o escritório da Guanabara em Curitiba outro tipo de jogo. Não uma queda de braço, porque, como advertiu Abrahão, poderia perder a parada.

Tinha que ser outro jogo, não de força, mas de inteligência. E então lhe ocorreu uma estratégia.

Concordaria com a oferta do patrão de manter as condições vigentes — salário fixo e 1% de comissão sobre as vendas da filial curitibana — mas pediria o acréscimo de uma cláusula de remuneração que pareceria inofensiva ao chefe, mas que ele sabia ser valiosa.

Pediu, adicionalmente, comissão de 10% sobre todas as vendas que ele, pessoalmente, efetuasse fora de Curitiba.

Onde o mequetrefe queria chegar com aquela cartada, eis no que seus interlocutores pensaram. Mas acabaram concordando, *deixe estar, vamos ver do que ele é capaz*.

Henrique ficou exultante com o acordo, mas evitou fazer cara de vitorioso para não dar na vista. Podia ser até que estivesse errado, mas, se seus prognósticos se confirmassem, aquele acordo seria um "estouro".[10]

---

10 Gíria dos anos 60 para algo grandioso, de sucesso.

*Meus interlocutores desconheciam o potencial de médicos no interior do Paraná e de Santa Catarina. Com o trabalho no laboratório, sabia as cidades que tinham mais médicos e onde encontrá-los.*

*Além daqueles, conhecia e era conhecido pelos mais moços, que adquiriam livros por meu intermédio no curso de Medicina em Curitiba. Naquele momento, conhecia o mercado e o produto.*

*Não era fácil. Muitas vezes viajava de noite, quando tinha ônibus, para trabalhar durante o dia com um mostruário de mais ou menos 30 quilos e mais minha mala de roupa.*

*Muitas vezes era convidado a dormir no hospital para que eu pudesse conversar e contar novidades de Curitiba. Hoje isso pode parecer estranho; porém, naquela época não havia comunicação telefônica, não havia estradas, e muitas vezes a energia elétrica era fornecida por geradores.*

*É digno de comentário que os hospitais na época eram uma casa grande que o médico alugava e que servia como moradia, ambulatório e internação. Havia ainda uma pequena lojinha, onde vendiam objetos de higiene pessoal, pijamas e chinelos.*

*O colono vinha do interior somente com a roupa do corpo e tinha que ficar internado no "hospital", que funcionava também como "pensão".*

*Foi gratificante tanto do ponto de vista da experiência, do conhecimento… como também da remuneração.*

Se foi gratificante para Henrique, tornou-se embaraçoso para os gestores da Guanabara-Koogan em Curitiba.

O faturamento da filial começou a crescer. Nunca haviam vendido tanto livro de Medicina fora dos limites da capital paranaense, o que era uma ótima notícia para o caixa. A questão é que boa parte da safra de negócios realizados fora de Curitiba tinha as digitais de Henrique, e estava combinado que, sobre estas vendas conduzidas por ele, nada menos do que 10% do valor iria para os bolsos do novato.

Os diretores entreolhavam-se, atônitos, como os marcadores de Mané Garrincha, o gênio de pernas tortas que surgia no

Botafogo e na Seleção Brasileira aplicando dribles inacreditáveis com aquela ginga endiabrada que inventou não se sabe como em algum campinho de Pau Grande (RJ).

Os chefes tinham sido driblados na mesa de negociação porque não possuíam uma informação crucial que Henrique detinha desde o tempo em que, ainda estudante, trabalhou por alguns meses no laboratório farmacêutico Sintofarma.

Ele, que não conseguira passar no vestibular para Medicina, aprendeu muito sobre médicos, e sobre estudantes de medicina, na estrada da vida, vasculhando o interior do Paraná uma semana a cada mês. Sabia como chegar, que rumo dar à conversa e sobretudo entendia que o paranaense interiorano era bem diferente daquele da capital — e presumiu, acertadamente, que Santa Catarina não fugiria à regra.

Quando escutaram Henrique propor que ficasse com 10% do que vendesse fora de Curitiba, os negociadores pensaram que ele estava aumentando o bônus porque dificilmente teria resultado na, digamos, zona da mata. Mas ele sabia que estava extraindo para si uma fatia generosa de vendas de obras médicas no Paraná profundo, que considerava uma mina de ouro incrivelmente subestimada pelos curitibanos.

O assunto no escritório passou a ser Henrique, e seu salário que transgredia hierarquias. Embora tivesse oito anos de casa, em 1964, a percepção é de que subira meteoricamente desde que pusera os pés na filial, em 1956, como mero auxiliar administrativo. Já havia sido alçado ao posto de subgerente do escritório. *Muito poder e muito dinheiro para um rapaz de 26 anos... Se todo mundo que se julga importante aqui dentro quiser ganhar como ele, a filial vai à falência...*

Embora passasse muito tempo na estrada, quando ia à firma se sentia incomodado com a sutileza pesada dos cochichos e murmúrios. Comentava em casa. Abrahão recomendava que tomasse cuidado. Ana só queria que ele continuasse fazendo o seu melhor e respeitando os outros. Já a irmã, Clara, desenvolvia um raciocínio típico da sua formação superior em Contabilidade.

— Não entendo como isso pode ser um problema... Se o vendedor ganha muita comissão, é porque a empresa está ganhando muito mais com as vendas que ele traz.

Os códigos corporativos nem sempre são objetivos e cartesianos como Clara pensava. Henrique desconfiou que queriam derrubá-lo para cima, isto é, mandá-lo para bem longe dali, a pretexto de lhe dar uma nova promoção. Tudo começou com um convite aparentemente honroso.

Em reconhecimento à sua *performance*, ganhou uma viagem-prêmio ao Rio de Janeiro para um estágio na matriz da Editora Guanabara. Cheio de orgulho, e de curiosidade para ver o doce balanço das cariocas a caminho do mar,[11] lá se foi Henrique.

Durante o estágio, foram chamá-lo para uma reunião na sala do *big boss* da Guanabara.

Henrique tomou fôlego. Afinal, aguardava-o ninguém menos que Abrahão Koogan, um tipo quase mitológico na biblioteca médica brasileira. Chegara ao Brasil ainda criança, em 1920, em uma família de emigrantes da Bessarábia (Ucrânia), e fundara a editora que publicaria pela primeira vez no país as obras de Sigmund Freud. Entre vários movimentos pioneiros, Koogan assinaria, décadas mais tarde, lançamentos que marcaram época no século XX, como a Grande Enciclopédia Delta Larousse.

*Conheci o Sr. Abrahão Koogan naquele momento. Era uma pessoa brilhante, tanto como editor quanto como empresário.*

*Saliento que ele era brilhante tanto como editor quanto como empresário, visto que os editores naqueles tempos dos anos 50 e 60 eram pessoas extremamente cultas, intelectuais, geralmente de esquerda e que tocavam seus negócios de forma poética e sonhadora.*

*São deste tempo Ênio Silveira, da Civilização Brasileira; Monteiro Lobato, da Cia. Editora Nacional; Jacob Guinsburg, da Perspectiva; Caio Prado Jr., da Editora Brasiliense; Jorge Zahar, da Zahar Editores;*

---

**11** O sucesso de *Garota de Ipanema*, que compôs com Vinícius de Moraes, rendeu a Tom Jobim o Grammy de Melhor Música em 1964.

*Apparício Torelly, do jornal A Manha; e o mestre You. O mestre era um catalão, que parecia estar sempre pronto para iniciar uma revolução.*

*O Apparício Torelly chegou a botar na entrada de seu escritório uma placa com os dizeres "entre sem bater". Para quem conhecia seu fino humor, sabia que era um recado explícito para a polícia.*

*Sempre acompanhei com admiração e respeito o trabalho destas pessoas. Este conhecimento foi muito importante para minha formação profissional.*

*Eram exemplos vivos e práticos de personalidades de cujo trabalho o Brasil pode se orgulhar.*

*E eu, apesar de estar longe deles, podia aprender com seus erros e acertos.*

*Mais recentemente, e como meus contemporâneos, entraram em cena editores como Luiz Schwartzman, da Cia. Das Letras; Jorge Carneiro, da Ediouro; os netos de José Olimpio, Mauro Lorch, da Guanabara, entre outros. Esta geração já entrou encarando o livro não apenas como um negócio poético, mas como um negócio que deve dar retorno.*

*Propositalmente, ficou pra trás neste registro um editor que começou praticamente comigo, o Sr. Dinu Manole, igualmente um imigrante, um judeu romeno que teve de fugir de seu país devido à situação pré-revolucionária. Manole chegou ao Brasil com formação superior e foi vender livros no interior, em uma Kombi. Tornou-se um dos grandes editores brasileiros.*

Era inegável que Henrique havia entrado na sala de Abrahão Koogan sentindo os joelhos menos firmes, tal a sedução intelectual que emanava do editor que tamborilava os dedos na mesa. Décadas mais tarde, Henrique arrancaria riso de um repórter que lhe entrevistava ao dizer que o sonho de todo livreiro é ser um distribuidor, e a ambição máxima de todo distribuidor é chegar a editor. Como, naquele momento, em 1964, ele sequer era livreiro, e sim um simples vendedor de livros, a enorme distância que o separava do cume da montanha aspiracional lhe permitia ser sereno, objetivo e imune ao canto de sereia do *big boss* da Guanabara.

Então, superado o impacto inicial de admiração, conseguiu se concentrar no que de fato lhe interessava: o que o Sr. Koogan tinha a lhe dizer, concretamente, depois de encerrar o preâmbulo de elogios ao esforço e determinação do jovem paranaense.

E o que ouviu foi frustrante.

Ofereciam-lhe um cargo de gerente, o que era ótimo — um degrau a mais na posição que detinha no escritório de Curitiba. Mas observaram que o talento dele para impulsionar vendas seria muito mais necessário na filial de... Fortaleza.

Henrique murchou. Esperou que a argumentação sobre o potencial do mercado nordestino cessasse para se recuperar da surpresa e elaborar melhor o raciocínio.

Alegou razões particulares para sugerir que, infelizmente, não estava em condições de se afastar tanto da sua família no sul.

Abrahão Koogan não engoliu a justificativa, e tratou de deixar claro a Henrique que, se ele não aceitasse a "oferta" para assumir a operação da Guanabara em Fortaleza, não teria "maior futuro" na empresa.

Oferta, nada; ultimato, isso sim, pensou Henrique.

Então, num assomo de atrevimento, devolveu:

— E a gerência da filial em São Paulo? Se for preciso, eu posso assumir imediatamente.

São Paulo era uma carta que Henrique trazia no bolso do colete há algum tempo. Ouvira falar que a posição iria vagar. Mas também chegara a seu ouvido o rumor de que a cobiçada gerência paulistana já estava reservada para um burocrata da matriz e membro da "panela", como diziam os comentários mais ferinos na "rádio corredor", em Curitiba.

A resposta da Guanabara foi não para lhe dar São Paulo.

E a resposta de Henrique foi não para assumir Fortaleza.

*Pesou também na minha decisão uma certa arrogância de um jovem que se achava "o cara" e, portanto, merecia uma oportunidade maior.*

*Voltei a Curitiba, onde começou minha* via crucis, *pois foi criado um ambiente hostil e de cerceamento à minha atividade e consequente remuneração.*

# II
# Porto Alegre

## Uma gaúcha

1964 não foi um ano qualquer para Henrique.

E muito menos para o Brasil, que em 31 de março viu a deposição do presidente João Goulart pelas Forças Armadas e a chegada ao poder do marechal Humberto de Alencar Castelo Branco. Estava se inaugurando um regime militar que, a despeito da promessa de ser breve, só se encerraria 21 anos depois, com o fim do governo do último general-presidente, João Baptista Figueiredo. Sob a alegação de que o Brasil marchava para o comunismo, os militares suspenderam eleições diretas, restringiram liberdades civis, dissolveram o Congresso e impuseram ao país uma nova Constituição.

Grupos de esquerda reagiram, parte deles recorrendo à luta armada, e a repressão militar se acentuou, mas Henrique se manteve à distância da agitação política. A simpatia por ideias de centro-esquerda ficara no passado, quando ainda era estudante. Agora, tratava de ganhar a vida. Estava focado nos negócios. E, nesta seara, a "viagem-prêmio" que ganhou ao Rio só tinha feito aumentar seus problemas.

Estava ficando evidente, para ele, que a recusa em se transferir para Fortaleza dera munição a seus adversários no escritório de Curitiba, e ou ele saía, ou seria expelido.

Então entraram em sua vida duas pessoas fundamentais naquele convulsionado 1964.

O 7 de setembro caiu numa segunda-feira, e o Brasil fez o feriadão perfeito. Em Curitiba, a parada da Semana da Pátria costuma ir mais longe ainda, porque em 8 de setembro a cidade faz feriado em reverência a Nossa Senhora da Luz dos Pinhais. Uma prima de Henrique decidiu reunir suas amigas, e ele, treinado nas artes da prospecção — comercial ou não –, percebeu que era um bom momento para caprichar no perfume e dar um trato no "carango".

Eram várias garotas, mas seu olhar fotografou uma figura esguia, de traços delicados, um pouco mais reservada.

— Muito prazer. Henrique.

— Prazer. Leda.

Sem dar na vista, foi perguntar à prima algo mais sobre a moça. "Ela veio de Porto Alegre, conhece uma amiga da minha cunhada. Vai ficar só até o fim do feriado."

*Bingo*, se a donzela não era de Curitiba, então precisaria de alguém que lhe apresentasse a cidade, e o *Echemóvel* estaria de portas escancaradas, claro.

Não tinha tempo a perder, e sem demora encontrou um modo de se apresentar como o distinto cavalheiro que faria as honras da cidade para a gaúcha.

O convite foi aceito. Ela gostara do jeito respeitoso e contido de Henrique. Também ela era um tanto comedida, embora não tanto como ele. Sabe-se lá por que alquimia, tanto comedimento de parte a parte resultou em um interesse fulminante. Na hora de retornar, Leda ligou para os pais, em Porto Alegre, e pediu licença para permanecer mais alguns dias em Curitiba. Embora já estivesse com 21 anos, e cursando Ciências Sociais na Universidade Federal do Rio Grande do Sul (Ufrgs),[12] o modo como os Erdman a criaram pedia aquela reverência. Para eles, nada havia de mais importante do que Leda. Era filha única, e mesmo cercada de todas as atenções desde cedo mostrara senso de responsabilidade e gosto por tomar decisões de modo independente. Por isso, do outro lado da linha ela não se surpreendeu de ter ouvido um resignado "Está bem, Ledinha".

Passavam, então, ela e o cicerone curitibano, a ter mais alguns dias, até o final da semana curta, para se conhecer um pouco mais e levar adiante o que já se tornava um princípio de namoro. Nas conversas que tiveram, e que prosseguiriam por cartas após o retorno de Leda a Porto Alegre, descobriram afinidades e diferenças entre suas histórias. Diferenças apareceriam gradualmente.

Em comum, havia a origem familiar. Os pais de Henrique eram judeus que emigraram da Polônia. Abrahão e Ana Kiperman chegaram já casados, em 1934. Já o pai de Leda, Jaime Erdman, chegou em 1938 a Porto Alegre, fugindo do serviço militar polonês, que era particularmente duro com os judeus. A mãe, Anita Schestatsky, era porto-alegrense. Muito mais do que isso Leda não sabia dizer — judeus que vieram para escapar da guerra ou para "fazer a América" evitavam falar sobre o que ficou para trás, ou se mostravam evasivos.

Henrique contou a Leda que também em sua casa parecia haver um pacto de silêncio, como descreveria, muito tempo depois, em suas anotações pessoais.

*A história da minha família na Polônia é cheia de lapsos e reticências de que meus pais nunca gostavam de falar. O que sei bem claro é que eles casaram e ganharam as passagens para emigrar para a América.*

*Essas reticências quanto ao passado, que são comuns entre nós, devem-se, provavelmente, a um sentimento de culpa dos imigrantes*

---

12 Uma prova na faculdade atrapalhava os planos de Leda de permanecer em Curitiba. Ela decidiu perder a prova.

*por estarem vivos num país livre e sem perseguições, apesar da ditadura de Vargas, enquanto todos os seus familiares e amigos eram dizimados pelos terríveis pogroms*[13] *feitos pelo gentio eslavo e depois pelos alemães de Hitler.*

*No Brasil, mesmo com todos os percalços e as dificuldades da língua, da escrita e dos costumes, e apesar também de uma ditadura feroz e pró-eixo,*[14] *os judeus se consideravam no paraíso. É da mesma época o inferno por que passaram os imigrantes italianos que eram mandados sem assistência alguma para a Serra Gaúcha, e também os japoneses, que foram mandados para a lavoura no interior de São Paulo. Essas etnias são hoje responsáveis pela pujança do Brasil.*

*O fato é que elas fizeram um caminho sem volta. Não tinham, com raras exceções, para onde voltar. Tinham que vencer de qualquer maneira.*

*Seu dilema era vencer ou vencer.*

---

13 *Pogrom* é um ataque violento causado por intolerância a minorias étnicas ou religiosas. A palavra teve origem na Rússia, no final do século XIX, quando judeus sofreram agressões e depredações em suas casas, comércios e sinagogas. Há registro de *pogroms* na história de Lokacze, a cidade que Abrahão e Ana Kiperman deixaram logo depois do casamento, em 1932, temendo o iminente início das hostilidades nazistas na Polônia. Depois de 1939, quando a Polônia teve parte de seu território invadido pela Alemanha e outra parte sob ocupação dos russos, judeus foram confinados em um gueto em Lokacze. Mais de mil foram mortos.

14 "Eixo" era a forma utilizada na época para designar as três potências que atuaram unidas na Segunda Guerra Mundial: a Alemanha de Hitler, a Itália de Benito Mussolini e o Japão, comandado pelo imperador Hirohito. As três nações foram enfrentadas militarmente pelos "Aliados" — coalizão liderada por Estados Unidos, União Soviética e Reino Unido, com participação da França, da China, do Canadá e de outras nações. O Brasil, que à época vivia sob a ditadura de Getúlio Vargas, teve uma participação ambígua ao longo da Segunda Guerra, iniciada em 1939 com a invasão da Polônia pelas forças de Hitler. Vargas celebrou acordos comerciais com os alemães, sem hostilizar o regime nazista. Mantinha, também, canais de negociação com os norte-americanos, em uma espécie de jogo duplo, para extrair vantagens dos dois lados. Inseguro em relação à postura de Vargas, o governo dos Estados Unidos procurou reforçar sua influência e, entre outras iniciativas, financiou a construção de uma usina de aço em Volta Redonda, que permitiu o surgimento da Companhia Siderúrgica Nacional (CSN). Em 1942, Vargas toma posição e rompe relações diplomáticas com os países do Eixo. A Alemanha dá o troco no mesmo ano com o torpedeamento de navios mercantes brasileiros. Em resposta, em 1943, o Brasil declara guerra ao Eixo, criando a Força Expedicionária Brasileira (FEB), que envia tropas à Itália para combater ao lado dos norte-americanos. Único país da região a participar da Segunda Guerra, o Brasil adotou, internamente, a proibição do ensino do alemão e do italiano em escolas situadas em regiões de forte colonização europeia, entre outras restrições, como as assinaladas nesta anotação de Henrique Kiperman.

## O veredito de Nestor, o espião cordial

Leda voltou para Porto Alegre ao final do feriadão prolongado, e Henrique retornou ao trabalho na filial da Guanabara, com a cabeça longe dali. Se a editora estava incomodada com a comissão de 10% que ele embolsava sobre toda venda que fazia fora da cidade, Henrique também já não suportava aquela rotina tóxica do escritório. E, depois de conhecer Leda, seu caminho era outro, mais ao sul. Talvez nem mesmo a gerência da filial de São Paulo o atraísse agora. Mas, ironicamente, São Paulo estava atraída por ele, e não se tratava, propriamente, da filial paulista da Guanabara.

Recebeu um telefonema de Henrique Hecht, que se tornaria a segunda pessoa a desviar o curso da sua vida em 1964.

Hecht havia sido gerente da Editora Guanabara em São Paulo, mas tinha saído para fundar uma concorrente no principal mercado do país — a Editora Artes Médicas. Soubera que em Curitiba havia um vendedor, também chamado Henrique, que vinha progredindo na representação local da Guanabara e já ocupava a subgerência.

— Qual é a sua situação aí na Guanabara, Henrique?

— Eles me ofereceram uma gerência. Mas é para Fortaleza. Eu não aceitei.

— Estou expandindo a Artes Médicas. Quer trabalhar comigo? Você pode escolher onde.

— Tenho interesse, sim. Vamos conversar.

Pelas cartas, cada vez mais frequentes, Henrique comunicou a Leda o convite que recebera de Henrique Hecht e a ideia que crescia em sua mente — trabalhar em Porto Alegre. O namoro estava se tornando sério, e Leda manteve os pais informados dos planos de Henrique. *Quem é esse rapaz que está interessado na Ledinha?*, perguntavam-se.

— Já sei. Vou pedir para o Nheco investigar, propôs Anita ao marido.

Nheco era como Anita chamava seu irmão caçula, Nestor Schestatsky. Não havia quem negasse conversa ou informações a ele. Estatura mediana, rechonchudo, com pouco cabelo e muita capacidade de estabelecer uma conversa fosse com quem fosse, Nestor era o perfeito 007 para ir a Curitiba levantar a ficha do sujeito que estava de olho em Leda e, pior, muito pior, parecia estar sendo correspondido.

Jaime Erdman gostou da sugestão de enviar o cunhado. Ninguém sonegaria informação a Nestor, impossível que alguém resistisse à simpatia daquele camarada tão espirituoso e bonachão — desde que não perguntassem a ele sobre a cidade e o país de onde veio. Os próprios filhos de Nestor, Sidnei e Jussara Schestatsky, iriam crescer e se tornar psicanalistas respeitados em Porto Alegre sem saber ao certo o lugar de nascimento do pai, que isso nunca foi conversa do agrado dele. E se ele dizia "nem eu sei onde, acho que nasci no navio mesmo", bem podia ser verdade, escapismo ou vontade de fazer graça com perguntas que já não faziam mais sentido. Um fantasista, era como Jaime considerava Nestor.

Sem desconfiar da trama urdida pelos Erdman e da sutil infiltração do Agente Nestor, Henrique avançava nas conversações com seu xará de São Paulo. Descobria existir entre ele e Henrique Hecht uma afinidade que ia além do nome. Ambos provinham da escola de credibilidade e rigor técnico da Guanabara. Um e outro saíram somente porque avaliavam ter um potencial de crescimento profissional que não se cumpriria na editora; que era preciso ter mais espaço; que já sentiam a cabeça bater no teto.

A decisão principal, a de que trabalhariam juntos, estava tomada. Mas Hecht cobrava uma definição.

— E então, Henrique? Onde você vai instalar a sua base?

*Acabei optando por Porto Alegre. O futuro mostrou que foi uma sábia decisão, mas foi fogo. Foram tempos heroicos e de provação.*

Desde que havia começado as tratativas com Hecht para trocar a Guanabara pela Artes Médicas, Henrique tinha consciência de que precisaria trabalhar duro, mais do que fizera até então. Afinal de contas, estava deixando para trás a empresa líder no Brasil em publicações ligadas às ciências médicas e ingressando numa companhia quase nanica, comparativamente. Compartilhou com Abrahão seus receios. Disse ao pai que precisaria desbravar uma cidade e um Estado que não conhecia. Abrahão não lhe deu colo. Pelo contrário.

— Ué, mas tu não queria ser o tal? Pois então...

O pai tinha toda a razão. Tudo o que ele almejava era liberdade e autonomia, mas este pacote sempre traz, junto, uma carga proporcional de responsabilidade. Se as coisas não andassem bem, a quem culpar, senão a ele próprio?

Henrique também lidava com sentimentos.

Para Ana, era duro ver o filho deixar Curitiba — pelo acordo firmado com Hecht, a sede da Artes Médicas Sul seria em Porto Alegre. Apesar de tudo, ela soube suportar bem. Sabia que não havia remédio. Era questão de tempo para ele desembarcar no Rio Grande do Sul, e aí então ela deixaria de contemplar quase que o seu espelho, como várias vezes ouviu dos vizinhos.

— Como este rapaz se parece com a senhora, Dona Ana. Cara de um, focinho de outro...

Ana suspirou conformada. Percebia que o coração de *Eche* já pegara a estrada.

Mas os dados ainda estavam sendo jogados, como todos descobriram quando Leda avisou Henrique que seu tio Nestor estava indo a Curitiba para conhecer os Kiperman.

Em resumo, se no plano dos negócios com a Editora Artes Médicas tudo estava justo e contratado, na seara sentimental havia uma instância fundamental a ser percorrida: o Relatório Nestor.

— E então, Nheco, como é o rapaz lá de Curitiba?

Havia ansiedade na pergunta de Anita, e uma discreta torcida para que surgisse alguma informação que a autorizasse a dizer para a filha "Olha só, Ledinha, toma cuidado". Como mãe judia, queria ter a filha sob suas asas.

E Leda era filha única.

Mas o irmão contou a ela e ao cunhado que podiam ficar tranquilos. Fora muitíssimo bem recebido por Henrique e pelos seus pais, imigrantes poloneses que chegaram ao Brasil fugindo da ameaça nazista.

Os Kiperman, relatou, eram gente séria e honesta. Todos muito trabalhadores, tanto Henrique, vendedor de livros médicos da prestigiada Editora Guanabara, quanto o pai, Seu Abrahão, que sustentava a família vendendo confecções de porta em porta, como fizeram muitos judeus que chegaram ao Brasil antes da Segunda Guerra.

— E a mãe do rapaz, que se chama Ana, é uma senhora muito simpática, que por muito tempo atendeu no armazém que funcionava ali mesmo, junto à casa. A filha, Clara, já não mora mais com eles. Saiu muito moça, dez anos atrás, para casar com um rapaz de uma família de posses, que tem lotes de terras em Curitiba e possui uma grande fábrica de móveis na cidade.

Este ponto da narrativa de Nestor chamou a atenção dos pais de Leda por duas coincidências. Uma delas é que também os Erdman eram o que se chamava nos anos 60 de "família de posses". E o outro ponto de convergência é que, tal como a família do cunhado de Henrique Kiperman, os Erdman estavam ligados à indústria moveleira e a negócios imobiliários.

O pai de Leda, o que fugira das agruras reservadas aos judeus no serviço militar polonês, havia aberto em Porto Alegre uma pequena marcenaria e se pôs a trabalhar como um mouro. O negócio prosperou e deu origem à Grande Fábrica de Móveis Jaime Erdman, no Bairro Bom Fim, tradicional reduto de moradores da comunidade judaica de Porto Alegre. Um incêndio havia destruído a fábrica, e Jaime desistiu de continuar no ramo, a conselho da esposa. Anita entendia que o marido não tinha perfil para comandar uma grande empresa e se desgastava demais colocando a mão na massa, como qualquer outro operário, em vez de administrar o negócio. Como já havia ganhado muito dinheiro, Jaime deveria se permitir uma rotina mais leve, vivendo de rendas, recomendou ela. Foi então que, muito cedo, em torno dos 50 anos, Jaime decidiu que não reconstruiria a fábrica destruída pelas chamas, e se ocuparia de investimentos imobiliários. A questão financeira foi bem resolvida, mas sua paixão pela marcenaria restou sufocada — o que, numa análise que Leda viria a fazer no futuro, teria abreviado a vida do pai, que morreu aos 60 anos.

— Mas e ele, o rapaz lá de Curitiba? O que ele fala, o que ele pensa fazer na vida, Nheco?

Nestor transmitiu sua impressão de que Henrique se mostrava um sujeito centrado, que falava pouco mas mostrava firmeza no que dizia. E que queria muito subir na vida.

Subir na vida... Este era um ponto delicado, pela diferença de condição econômica das duas famílias. Nestor achou útil agregar que Henrique apostava na sua própria capacidade, que já tinha feito progressos na editora de livros médicos do Rio de Janeiro e que iria sair para abrir um negócio próprio em Porto Alegre em sociedade com um empresário de São Paulo.

— Eles são pessoas simples, são corretos, é gente muito direita, sentenciou Nestor, no relatório final de sua missão como o 007 gaudério.

### Desbravando o pampa

O que Jaime e Anita não sabiam — e talvez nem o próprio Nestor tivesse se apercebido — é que ele perdera a frieza e a objetividade inerentes a um espião, tamanha havia sido a identificação que teve com Henrique, e que Henrique teve com ele. A estreita e instantânea amizade que firmou com "Tio Nestor", como sempre se referiu ao irmão da sogra, foi importante desde os primeiros momentos em que chegou a Porto Alegre, pisando de mansinho e sutilmente monitorado pelo olhar de esguelha que Jaime e, especialmente, Anita lhe lançavam.

A primeira morada foi um quarto vago na casa dos sogros de Nestor, na Rua Felipe Camarão, no Bom Fim,[15] o mesmo bairro em que Leda morava com seus pais. Como se o pegasse pela mão, Nestor saiu a perambular com Henrique para apresentá-lo a amigos e conhecidos. A impressão que Henrique tinha é que Nestor conhecia todo mundo, o que era quase uma verdade. Brincalhão, sociável ao extremo, circulava com desenvoltura, fosse em um evento social, como Nestor Schestatsky, pequeno empresário do ramo de móveis, de papelaria e de material gráfico; fosse em um boteco onde se reunisse gente simples e de bem com a vida. Assunto nunca faltava para ele, não só por sua loquacidade como pelo amplo repertório. Não fizera faculdade, mas sempre estava lendo algum livro. Exatamente como Henrique, que se tornou um leitor voraz depois de cruzar a última página de "*As aventuras de Robinson Crusoé*",[16] ainda garoto, o que o levaria a preencher sucessivas fichas de empréstimo na Biblioteca Pública do Paraná.

Em dupla, eram o que se poderia chamar de um contraste ambulante. Nestor era baixo, calvo e extrovertido. Henrique era bem mais alto, cabelo farto e quietão. Torcedor fanático do

---

15 Situado próximo da região central de Porto Alegre, o Bom Fim foi o local onde se fixaram os imigrantes judeus que chegaram à capital do Rio Grande do Sul a partir dos anos 20. Tornou-se a grande referência da comunidade judaica em Porto Alegre, embora a população atual do bairro se mostre bastante diversificada. Um pequeno comércio, especialmente de móveis, se estruturou ao longo da principal avenida do bairro, a Oswaldo Aranha — que homenageia o brasileiro que presidiu, em 1947, a sessão da ONU que deliberou pela partilha da Palestina, de modo a viabilizar a criação do Estado de Israel no ano seguinte. Nas décadas seguintes à chegada de Henrique, em 1964, o Bom Fim acentuaria sua característica como polo de efervescência política e cultural de Porto Alegre, com seus bares, cafés, sinagogas, livrarias e outros espaços frequentados por intelectuais, artistas, ativistas de causas políticas e ecológicas, integrantes do movimento estudantil, entre muitas tribos urbanas. O romancista Moacyr Scliar (1937-2011) colheu ali elementos essenciais para sua prolífica obra de ficção, e um livro a ser mencionado, sob este aspecto, é *A guerra do Bom Fim*.

16 Obra de ficção publicada em 1719 pelo britânico Daniel Defoe sobre a história de um náufrago, Robinson Crusoé, resgatado depois de permanecer 28 anos superando incontáveis provações e hostilidades — inclusive de canibais — em uma ilha tropical perto de Trinidad.

Internacional, Nestor tratou de fazer a cabeça do forasteiro, e não precisou fazer muita força.

— Qual é o teu time no Paraná? Coritiba? Atlético?

— Não gosto de nenhum desses aí. Eu sou do Ferroviário. Eu era criança e vi eles construírem aquele estádio espetacular.[17]

— Ferroviário...?

— É, Ferroviário. É muito popular lá em Curitiba.

— Como é que é a camiseta? Não vai me dizer que é tricolor.

— Não... É vermelha.

— Ah, mas então está resolvido. Aqui no Rio Grande do Sul, vermelho é o Inter. Pronto, tu vais ser colorado.

Não era um período favorável. O Grêmio, clube rival, tinha sido recentemente hexacampeão gaúcho, e em 1964 estava conquistando o terceiro título de uma série que levaria os tricolores ao heptacampeonato. Mas se Nestor era apaixonado pelo Inter e decantava com tanto ardor as façanhas históricas do "Clube do Povo", não havia o que discutir — Henrique seguiria fervorosamente "Tio Nestor" nas arquibancadas do Estádio dos Eucaliptos, palco da legião colorada até 1969, quando o Inter inaugurou o Beira-Rio, retomou a hegemonia do futebol gaúcho e a manteve pelo tempo recorde de oito anos consecutivos.

Além de sua paixão pelo colorado, Nestor transmitiria a Henrique uma de suas maiores devoções — o culto a um bom churrasco. De tanto se lambuzar com os assados do Tio Nestor, Henrique foi assimilando a técnica — a escolha da carne, a distância do braseiro, o ponto certo de servir. Ao contrário de muitos churrasqueiros ortodoxos, não tinha preconceito contra peixe. Só fugia de massa, porque já o chamavam de Gordo aqui e ali, e precisava tomar seus cuidados. Mas o churrasco tradicional,

---

17 Henrique se referia ao Clube Atlético Ferroviário, que em 1967 seria o primeiro representante do Paraná no Torneio Roberto Gomes Pedrosa, o Robertão, antecessor do campeonato brasileiro de futebol. O estádio a que ele se refere é o Durival de Britto, inaugurado em 1947, quando Henrique tinha 9 anos. Esse estádio foi sede de dois jogos da Copa do Mundo realizada no Brasil em 1950. Quanto ao Ferroviário, desapareceu a partir de sucessivas fusões de clubes que culminaram com a criação do Paraná Clube, em 1989.

com pelo menos três horas de conversa à beira do fogo, era do que ele mais gostava, e no que se especializaria como paranaense aculturado ao Rio Grande.

A convivência com Leda em Porto Alegre acelerou o namoro e já em janeiro de 1965, poucos meses depois da chegada de Henrique, o casal Erdman ofereceu uma festa para anunciar o noivado da filha. Nem Henrique, um otimista contumaz, esperava que os pais dela absorvessem tão rapidamente os fatos. E, a rigor, não absorveram mesmo. Nem Jaime, que já tinha perdido seu grande *hobby*, a fabricação de móveis, e muito menos Anita, mãe zelosa e controladora, se sentiam confortáveis em ver a filha se desprender de sua guarda. Se pudessem ditar o ritmo dos acontecimentos, pisariam no freio. Porém, ao volante estava Leda, e aquele jeito de tomar decisões que demonstrara desde garotinha.

Eles sempre haviam reparado nisso. Como filha única, Ledinha nunca havia precisado se engalfinhar com irmãos, disputar espaço, atenções, essas coisas. Mas assim mesmo desenvolveria garras eficientes para demarcar e proteger seu território, como se tivesse sido treinada em muitos embates.

A rápida evolução de namoro para noivado foi uma exibição de firmeza de Leda.

Henrique percebeu a fibra da moça. E gostou.

Quanto aos pais, renderam-se, que mais não podiam fazer. E celebraram o noivado naquele início de 1965, confiando na escolha da filha, mas espichando para Henrique um olhar de "Vê, lá, hein?".

*Henrique Leão Kiperman, o senhor vai ter que mostrar serviço*, pensou, diante da imagem no espelho. Imaginava que, em São Paulo, Henrique Hecht estivesse alimentando as mais altas expectativas sobre as vendas dos livros da Editora Artes Médicas no extremo sul do país. Não queria e não deveria desapontá-lo.

Não era só o xará paulista que parecia espiá-lo por trás dos ombros, não.

Precisava mostrar também aos sogros a que viera. Assim como eles tinham vindo ao Brasil "fazer a América", Henrique estava chegando para fazer seu nome e seu próprio patrimônio no extremo sul do país. Não queria pedir nada, nem mesmo conselhos, à família de Leda, para não dar margem à menor suposição de que contava com a rede de proteção dos Erdman. Embora fosse um sujeito simples e despojado no trato com as pessoas, trazia no meio do nome e no centro do peito um Leão orgulhoso, ao limite da teimosia. Era este bicho que, de dentro, lhe rugia coisas como "Eu sou o cara" a cada vez que as dificuldades aumentavam — como aconteceu em seus primeiros tempos no Rio Grande do Sul.

*Porto Alegre era uma cidade bairrista, fechada a novidades e às pessoas de fora.*

*Muitas vezes ouvi esta expressão: "Olha aqui, tchê, por que vou comprar de ti este livro, já que sempre comprei de livrarias aqui do pago?".*

*Estavam se referindo às livrarias Guanabara, Atheneu, Kosmos e Papaleo. Todas, com exceção da Papaleo, eram empresas do Rio de Janeiro, mas tinham grande tradição no Rio Grande do Sul.*

*Novamente, voltei-me para o interior — do Rio Grande do Sul e de Santa Catarina — onde não havia barreira alguma e, na época, eu era o único que fazia isso.*

## A família cresce, Abrahão se despede

Foi a melhor decisão que poderia ter tomado. Ao partir em direção às cidades mais afastadas do umbigo porto-alegrense, Henrique adotou a mesma fórmula que havia aplicado com sucesso nos tempos da Editora Guanabara, no Paraná. Intuitivamente, ele colocava em prática o princípio de um *best-seller* mundial da literatura de negócios que seria escrito 40 anos depois, em 2005, intitulado "*A estratégia do oceano azul*" (Kim; Mauborgne, 2005).

Em vez de nadar em um mar sangrento, com tubarões se entredevorando em um mercado já saturado, Henrique iria buscar águas tranquilas, o tal oceano azul, onde paparia muitos clientes, sem enfrentar concorrentes relevantes.

As obras da Artes Médicas começavam a conquistar algum espaço no Rio Grande do Sul. Henrique Hecht exultou com os primeiros sinais de êxito, mas seu parceiro no Sul vibrava ainda mais. Embora incipiente, o resultado de suas incursões pelo interior o tornava mais confiante para o novo passo que daria. O casamento acabara de ser marcado, e seria para breve: janeiro de 1966, apenas um ano depois do noivado.

— Não tá indo ligeiro demais, *Eche*?, admirou-se Abrahão, ao telefone.

Ana tinha dúvida parecida, mas estava pensando, mesmo, era em netos. Clara já havia lhe dado três,[18] todos com o sobrenome do genro, Waldemar Pudles. A chance de dar continuidade ao sobrenome Kiperman estava com Henrique e Leda. "Do jeito que vocês tão indo, acho que não vai demorar, né, *Eche*?"

— Filhos? Vamos ver, mãe. Minha cabeça agora tá no trabalho, e aqui tem muita coisa pra fazer, ainda. Viajo muito.

— Aí que é bom, dá mais saudade da esposa...

Coração de mãe não se engana, e em outubro de 1966, nove meses depois do casamento, nasceu o primogênito de Henrique e Leda, Celso Kiperman. Primeiro neto dos Erdman, Celsinho se tornou o xodó da família, e especialmente de Anita. Emotivo, Henrique viveu dias de dilema. Ser pai mexeu profundamente com ele. Queria estar por perto, e quando estava sentia saudade antecipada do filho só em pensar que era por pouco tempo, que a estrada o convocava sem complacência. Precisava dar um jeito de viajar menos, mas não podia abrir mão de negócios.

A menos que...

---

**18** Edson Pudles, nascido em 1956; Nelson Pudles, de 1962; e Márcia Pudles, de 1963.

Era isso! Precisava fazer cada viagem valer mais a pena. Aquele passo de formiguinha solitária, indo e voltando, não dava resultado proporcional ao desgaste. Então, assim que conseguiu um fôlego financeiro, comprou uma DKW Vemaguette, que era uma perua *station* sob medida para carregar grande quantidade de livros.

O investimento deu certo, e as vendas de Henrique ganharam outra escala, na medida em que passava a ter uma pequena livraria sobre rodas. Visitava consultórios médicos, hospitais, clínicas. Onde houvesse profissionais da saúde interessados em se manter atualizados sobre os conhecimentos em sua área, lá estaria Henrique Kiperman, ou o "Henrique da Artes Médicas", a identidade paralela que aos poucos ele ia construindo.

Assim como o *Tio Patinhas* de Walt Disney venerava a moedinha número 1 que deu início à fortuna de incontáveis "quaquilhões" que acumulou, Henrique também constituiu seu talismã e objeto de culto.

*Daquele tempo ainda conservamos um baú com cadeado, onde eram guardados os livros na caminhonete. O baú era forrado e a tampa era dotada de uma almofada para que eu pudesse sentar quando fazia exposições nas salas dos médicos nos hospitais ou na entrada das faculdades.*

Se para o cansaço das pernas o baú era um bom quebra-galho, para a saudade de Leda e Celsinho não havia remédio aparente. Mas a solução apareceu, e foi justamente em meio às andanças de Henrique pelo interior gaúcho. Ele encontrou um senhor chamado Percival Gonzaga, que vendia quadros para turmas de formandos e convites de formatura. Achou significativa a coincidência que os colocava frente a frente.

— Acho que nós dois temos coisas em comum.

— Em comum? O quê?

— Estamos aqui, pegando estrada para vender produtos... meio exóticos, diferentes.

— Como assim?

— O meu negócio é vender livros de Medicina, Odontologia, Farmácia, Veterinária... E o senhor está vendendo quadros e convites de formatura. Nós dois lidamos com alunos e professores de faculdade, e conhecemos bem este ambiente de acadêmicos. O senhor não quer trabalhar comigo?

Percival parou, escutou o que Henrique tinha em mente e aceitou a proposta, inaugurando uma relação que avançaria por muitos anos, tanto profissionalmente como no terreno pessoal — ambos compartilhariam muitas vezes a arquibancada do Beira-Rio. Em resumo, Henrique ganhava alguém para revezar com ele as viagens semanais, única maneira de ter algum tempo para sua família.

*Combinamos que cada um trabalharia com a perua Vemaguette ao longo de uma semana cheia, isto é, de segunda a sexta.*

*Na tarde de sexta-feira, deixaria a caminhonete no hotel em que havia pernoitado na última noite e voltaria a Porto Alegre com a lista de livros que deveria ser reposta.*

*O outro então iria de ônibus para aquela cidade com a caixa de reposição para a semana.*

*Trazíamos também uma lista de pedidos.*

*Os roteiros eram meio caóticos, mas funcionavam. Se chovesse durante a semana, o roteiro caía por terra e a gente seguia por onde desse para trafegar. Não tínhamos estradas asfaltadas que temos hoje.*

*As novas gerações não podem imaginar o caos que era.*

*Uma ocasião, eu estava em Santa Maria e começou a chover. Resultado: não tinha como sair da cidade para ir a lugar algum.*

*Deixei o carro na garagem do hotel e voltei para Porto Alegre de trem.*

*Naquele tempo, tínhamos várias linhas de trem. O trem de Santa Maria a Porto Alegre era "moderno" para o momento; era o famoso trem "Húngaro".*

*Nesta viagem fui premiado.*

*O trem descarrilou perto de Canoas. E eu tive de ficar muitas horas sentado no trem até resolverem o assunto. Não havia, ou não funcionava, nenhum meio de comunicação.*

*Durante a semana, eu e Percival não tínhamos notícia um do outro.*

*Foram dificuldades, peripécias e aventuras que me prepararam para o futuro.*

O arranjo que fez com Percival Gonzaga para se revezar com ele nas viagens foi fundamental para Henrique e, também, para Leda, que se desdobrava para dar conta de várias frentes. Mesmo com o nascimento de Celso, ela continuou frequentando o curso de Ciências Sociais na Ufrgs, que concluiria em 1968. E decidiu não interromper sua atividade no magistério. Leda ministrava aulas de Estudos Sociais, Geografia e OSPB[19] para turmas de 8ª série em escolas públicas. Também lecionaria, anos mais tarde, Português, sua disciplina favorita.

Gostava de trabalhar, especialmente nos tempos de maior prestígio de colégios públicos, como o Anne Frank. Henrique prezava a disposição de Leda para se manter ativa profissionalmente, e tinha orgulho da vocação da esposa para o magistério. Mas, lá no íntimo, preferiria que ela desse aulas para crianças menos grandinhas, e não para aspirantes a marmanjo. Olhava para as formas esguias e o andar elegante de sua mulher, imaginava-a em sala de aula e se perguntava, um tanto enciumado, se todos aqueles olhares da gurizada estariam de fato concentrados na matéria que ela rabiscava no quadro negro.

Nunca saberia. Só sabia de suas próprias lembranças. Aliás, doces lembranças. Mas àquela altura um tanto desconfortáveis.

*No ginásio e no científico, dois professores, a meu ver, merecem ser citados. Em primeiro lugar, o professor de português, o Cardozo, que*

---

19 "Organização Social e Política do Brasil", disciplina criada no governo de João Goulart, em 1962, e que fez parte do currículo básico dos brasileiros até 1993, quando foi extinta durante o governo de Itamar Franco.

*com sua didática fazia com que os alunos tomassem gosto pela literatura e pela gramática.*

*Hoje, me considero um bom leitor devido a ele. Para a época, mais ou menos 1950, as provas mensais dele eram apenas uma redação de português, tendo como tema "A dúvida", "A árvore", "O amanhecer", etc. O Cardozo dava o tema e ia passear, fumar, voltando 40 minutos depois para recolher as redações.*

*O outro professor era uma mulher, a professora de francês, de nome Gema, e que Gema! Presumivelmente a inglesa Mary Quant*[20] *inspirou-se nela, e principalmente em suas pernas, que eram o objeto de desejo de todos os alunos do colégio.*

A tranquilizá-lo, Henrique tinha, ao menos, o fato de que Leda não era adepta do estilo Mary Quant, nem suscetível a todo aquele vendaval de liberação feminina dos anos 60. E se algum meninão lançasse a ela um olharzinho lânguido como aqueles que ele dedicara à professora Gema, receberia de Leda aquela encarada suavemente linha-dura que ele conhecia tão bem.

Uma das situações em que Leda mirava Henrique de um jeito que parecia a Vemaguette dando sinal de luz alta era quando ele enfiava a mão no bolso à procura do seu Hollywood, eventualmente um Continental.

— Outro, Henrique?

Leda tinha seu jeito discreto, mas firme, de dizer a ele que o bafo de nicotina com alcatrão não era dos aromas que combinavam melhor com o marido, e sim os perfumes que ele escolhia, especialmente os cítricos, não tão fortes. Mas a realidade é que, apesar de sua vigilância, Henrique estava fumando cada vez mais. Quando lhe indagavam por quê, desviava do assunto, mas tinha para ele que simplesmente não havia explicação. *O fumante é um sem-vergonha, qualquer coisa é razão pra acender*

---

**20** Estilista britânica que criou a minissaia nos anos 60, incendiando a fantasia dos homens, e também das mulheres, ao redor do mundo.

*um cigarro... O sujeito fuma porque tá triste, fuma porque tá alegre... É uma bengala...*, pensava ele.

Henrique recorreria muitas vezes à bengala fumegante para suportar o sobe e desce emocional de 1969, o ano em que teve ganhos e perdas na família. Estava eufórico pelo nascimento de Adriane, que completava com Celso, então com 3 anos, o casal que ele e Leda tanto queriam. Viajou a Curitiba para o *bar mitzvah*[21] de seu sobrinho, Edson Pudles, de 13 anos, e era pura alegria com a chance de rever os pais e confraternizar com a irmã Clara e o cunhado Waldinho, com quem sempre tivera grande afinidade. Então, o baque.

Clara o esperava com o semblante carregado.

— O pai tá com um problema sério de saúde.

— Que problema? O que é que ele tem?

— O médico está aqui, vem para cá falar com ele.

Henrique não perdeu tempo:

— Qual é o problema que o meu pai tem, doutor?

— O Seu Abrahão tem um câncer no colo retal. É bem sério, infelizmente.

— E o que precisa fazer? Operar?

— Sem dúvida, e precisa ser logo. Mas aqui em Curitiba as perspectivas não são muito boas. Vocês têm como levá-lo para o Sírio Libanês?

A festa do *bar mitzvah* de Edson foi à noite, e já no dia seguinte Henrique levou o pai a São Paulo. Abrahão foi internado imediatamente e submetido à cirurgia. A partir daí, passou por um calvário de dor e desesperança que durou três meses, até sua morte em dezembro de 1969. Neste período, a cabeça de Henrique dava voltas como a fumaça dos cigarros que lhe aplacavam a ansiedade. Quase não tinha tempo para si, para Leda, queria estar mais em Porto Alegre para "lamber as crias",

---

21 Cerimônia a partir da qual os garotos que completam 13 anos e um dia se tornam responsáveis por seus atos, perante a lei judaica.

principalmente Adriane, o bebê da casa. Mas naquele período em que o pai duelou pela vida, entre setembro e dezembro, Henrique passava semana sim, semana não, acompanhando Abrahão em São Paulo. Alternava-se neste plantão semanal com Clara. E na semana em que permanecia no Rio Grande do Sul tinha de ir até os clientes. As vendas da Artes Médicas não podiam parar, embora Henrique Hecht manifestasse compreensão com o momento difícil de Henrique, e Percival Gonzaga se mostrasse solidário, trabalhando por si e pelo chefe nas viagens ao interior.

— Como que tá o teu pai, Henrique?

— É fogo, Tio Nestor... Não sei, não...

— Mas tu tá vendo alguma melhorazinha?

— Desde que ele se operou não teve um único dia bom. Sente muita dor. É duro ver o meu pai naquele estado e não poder fazer nada...

Alguma coisa ele podia fazer, sim, e fez. Conseguiu com médicos que eram clientes dos livros da Artes Médicas remédios para dor e passou a levar caixas e caixas em algum canto da bagagem. Corria o risco de ser retirado do ônibus e ter de dar explicação na Polícia se fosse pilhado com aquele carregamento clandestino.

— Isso aqui vai te ajudar, pai.

A resposta mais eloquente do pai não vinha com palavras. Abrahão Kiperman trazia no fundo dos olhos um tanto de cansaço e resignação. Fugira de Hitler, sobrevivera à tristeza de saber que tantos patrícios morreram no gueto de Lokacze, constituíra e defendera sua família num país de língua e costumes tão estranhos, tirara sustento anos, décadas a fio, vendendo de porta em porta, tendo a rosilha como única e cabisbaixa testemunha do quanto lhe doíam os pés... Lutara, e lutara muito, mas estava encurralado, e era isso que dizia, ou queria dizer, para Henrique.

Ficavam os dois ali, o urso já enfermo, e seu filho. Poucas palavras, o silêncio falando muito. E trazendo a Henrique evocações que atravessariam o futuro.

*Hoje lembro que no armazém do meu pai tinha um quadro com a fotografia do Getúlio Vargas. O que para mim parecia estranho, visto que meu pai não era propriamente um fã do presidente. Depois me dei conta de que quem não tinha a fotografia exposta não teria acesso ao cartão para a cota de pão que vendíamos no armazém. Depois apareceu igualmente o cobertor Getúlio Vargas, et cetera... Qualquer semelhança com os temas atuais não é mera coincidência...*

*Morávamos na esquina da Avenida 7 de Setembro com a Avenida Alferes Poli. Meus pais tinham um armazém de secos e molhados que era cuidado pela minha mãe. O meu pai, como era comum naquela época entre os homens judeus imigrantes, vendia roupas a prestação de porta em porta.*

*Hoje, essas duas ruas, quase 70 anos depois, tornaram-se avenidas expressas, é quase impossível atravessá-las. Naquele tempo, no fim da tarde, jogávamos bola no meio da rua e andávamos de bicicleta. Quando escurecia, éramos chamados para casa para jantar e dormir. Não havia lazer nenhum dentro de casa. Tínhamos um velho rádio Telefunken que era propriedade e uso exclusivo de meu pai. Ele passava a noite toda tratando de ouvir notícias da guerra.*

*Guerra mesmo era entender no meio dos ruídos e da estática o que os locutores diziam...*

*Para desfrutar do rádio foi aberta uma exceção no primeiro de julho de 1950, quando Brasil e Hungria jogavam pela Copa do Mundo. A deferência era por ser meu aniversário e todos os amigos estavam na minha casa.*

*No capítulo das notícias, lembro que meus tios e meu pai tinham assinatura de um jornal americano escrito em* iídiche, O Der Tog, *que chegava em Curitiba possivelmente com meses de atraso e era lido como se fosse publicado no dia e como notícia de última hora. O jornal passava de casa em casa, seguindo uma hierarquia. Quem recebia o jornal em primeira mão era meu tio mais velho, em seguida ele vinha para minha casa e depois para meu tio mais moço. Quando eles se reuniam, discutiam acaloradamente as notícias, visto que cada um deles tinha um partido diferente.*

Aquelas últimas semanas de 1969 transcorreram lentas, pesadas, e Henrique tinha consciência de que o pai, aos 63 anos, estava se despedindo. A dor subjugava as duas mais fortes razões de Abrahão para viver.

Ana, a grande companheira de sua travessia do velho para o novo mundo.

E, sempre ele, o trabalho.

### A coqueluche psicanalítica

Depois de toda a consternação, Henrique deixou Curitiba preocupado com Ana e o modo como ela conseguiria lidar com aquele vazio e seus significados. Os filhos tinham saído para fazer a vida deles, agora Abrahão também já se tinha ido, mas sua ausência impregnava de lembranças cada canto da casa. Ao menos a mãe teria Clara, e também os netos, por perto, conjecturava Henrique. Ele próprio retornava a Porto Alegre com o pensamento em estreitar o contato de Celso e Adriane, ainda muito pequenos, com Vó Ana. Mas havia uma distância a superar, e sobretudo era preciso dedicar energia para o trabalho.

Uma rotina pesada o aguardava. Vivia na estrada, praticamente. Viajava constantemente ao interior do Rio Grande do Sul e de Santa Catarina para vender os livros da Artes Médicas, e uma vez por mês embarcava para São Paulo para buscar novidades e acertar as contas com a editora. Nunca fora de ficar reclamando, mas também não escondia de ninguém que a viagem a São Paulo era, na sua própria definição, um "terror". Saía de Porto Alegre ao meio-dia num ônibus da Minuano ou da Pluma e só chegava em São Paulo no dia seguinte, pelas 8 da manhã. Da rodoviária paulistana, seguia direto para a sede da Artes Médicas e, naquele mesmo dia, ao final da tarde, já tendo escolhido os livros que levaria para vender, pegava o ônibus de volta. Sofria antecipadamente pela certeza de mais uma noite insone na fatídica ponte São Paulo-Porto Alegre, dentre outros padecimentos — alguns anedóticos, até.

*Numa dessas viagens, na parada do ônibus em Registro,*[22] *desci para jantar e encontrei um amigo de Curitiba.*

*Jantamos juntos, contei minha programação e me queixei que não conseguia dormir no ônibus. Não havia moleza de poltrona leito — não havia ou eu é que não podia me dar ao luxo.*

*Então meu amigo me disse que o segredo era tomar um cálice de conhaque, que era "tiro e queda". Passando à ação, ele pediu dois cálices grandes para tomarmos.*

*Notei que uma senhora e sua filha olhavam insistentemente para nós e eu não imaginava quem era.*

*Em Porto Alegre soube quem era, visto que esta senhora havia procurado minha sogra para alertá-la de que sua filha tinha casado com um alcoólatra.*

*Fofoca à parte, o conhaque me deu uma enorme azia e vim me queimando por dentro até Porto Alegre. Naqueles tempos não havia o Kolantyl e o Rivotril, santos remédios.*

Outro tipo de solavanco, mais sutil que o do ônibus São Paulo-Porto Alegre, viria agitar o sono de Henrique.

Desde os tempos de Guanabara, no Paraná, ele se considerava um *expert* em currículos de escolas de Medicina e especialidades médicas. Mas no início dos anos 70 começou a observar no Rio Grande do Sul e muito particularmente em Porto Alegre que uma nova fronteira de conhecimento começava a ganhar relevância. Falava-se muito — e para seu gosto até demais — em Psicanálise, Psicologia e Psiquiatria.

*Fui despertado para um assunto que não conhecia nem entendia.*

O senso de oportunidade de Henrique entrou em estado de alerta. Ele tinha a quem pedir orientação ali mesmo, no âmbito da família. Os dois filhos de Tio Nestor, Sidnei e Jussara Schestatsky, eram médicos com formação em Psiquiatria, e a

---

22 Município situado no sul do Estado de São Paulo.

partir de conversas com os primos de Leda começou a entender os grandes contornos daquele fenômeno que, na realidade, tinha raízes um pouco mais antigas.

O interesse dos médicos pela teoria e prática da psicanálise começou a surgir de forma estruturada no Brasil nas décadas de 50 e 60, com a formação das primeiras sociedades psicanalíticas que tiveram reconhecimento em congressos realizados pela entidade internacional. São Paulo e Rio de Janeiro formaram as primeiras sociedades, na mesma época em que um grupo de pioneiros gaúchos obtinha, no congresso de Edimburgo da Associação Psicanalítica Internacional, a chancela para a criação da Sociedade Psicanalítica de Porto Alegre. A proximidade com Buenos Aires, o grande ninho de formação de psicanalistas na América Latina, facilitou o intercâmbio científico e clínico de profissionais da capital gaúcha. Por isso o burburinho em torno das ideias de Freud, Jung e Lacan[23] aturdiu Henrique no início dos anos 70. O grupo de estudos de Porto Alegre já era ativo desde o início dos anos 60, mas sem grande reverberação fora da torre de marfim em que se mantinham. A partir do momento em que psicanálise virou "papo-cabeça", extrapolando os círculos especializados, Henrique pensou que ali estava um cavalo passando já encilhado para quem vivia do ofício de conectar temas, livros e leitores.

Ele estava certíssimo. Só errava na conta. Não era uma, eram várias montarias que estavam passando, dóceis como a saudosa rosilha de seu pai.

---

**23** Sigmund Freud (1856-1939) foi o criador da psicanálise como prática médica e disciplina de estudos sobre a mente, os desejos e impulsos do ser humano. Entre muitas outras proposições, os estudos de Freud sobre o que chamou de "inconsciente" e a convicção de que o ser humano é primariamente movido pelo desejo sexual produziram extraordinário impacto no pensamento do século XX, gerando controvérsias e dando causa a estudos complementares, ora em reforço, ora em contestação a suas ideias. Um de seus seguidores, Carl Jung (1875-1961), suíço como Freud, abriria posteriormente uma dissidência, fundando a psicologia analítica e introduzindo conceitos como "inconsciente coletivo" e "arquétipo". Já o francês Jacques Lacan (1901-1981) se firmou como um dos mais originais intérpretes de Freud, protagonizando divisões entre os psicanalistas e suas entidades e grupos de estudos. Passou a ser associado ao que seria um movimento de "retorno a Freud".

## Nasce a Artes Médicas Sul

Até 1973, Henrique era um vendedor de livros. Um grande vendedor de livros, é verdade, mas não passava disso — e já começava a ficar incomodado com a sensação de lhe faltar teto para subir mais, como aconteceu nos tempos da Editora Guanabara.

As viagens constantes ao interior do Rio Grande do Sul e de Santa Catarina, alternando-se com Percival no uso da Vemaguette, sua livraria sobre rodas, proporcionaram um conhecimento extraordinário sobre as necessidades de formação e de atualização, tanto de estudantes quanto de profissionais da medicina e de áreas correlatas.

Conhecia seu público, sabia muito bem o que vender, e como. Mas seu negócio precisava de uma escala maior. Celso tinha 7 anos e Adriane, 4. Henrique não queria pensar que o futuro deles dependeria de alguma possível herança, pelo lado dos sogros. Dizia para si mesmo que era hora de pensar "más grande", como declarou certa vez Figueroa, o chileno que seu Inter contratou para fechar a zaga e, na bola e no cotovelo, marchar para a conquista de dois campeonatos brasileiros consecutivos.[24] A ambição de Henrique esbarrava em um ponto crucial e de difícil entendimento nos tempos de hoje, em que *call centers* importunam pessoas tentando impingir produtos que não pediram ou, mesmo, de que não precisam.

*Eram outros tempos. Tínhamos compradores e não tínhamos produtos suficientes.*

Procurou o dono da Artes Médicas em busca de um novo acordo. Não queria mais ficar restrito ao catálogo de São Paulo porque via, no mercado do Sul, demandas reais ou potenciais que não podia atender. Eram negócios perdidos.

---

**24** O Inter foi bicampeão brasileiro em 1975 e 1976. No tricampeonato, em 1979, Dom Elias Figueroa já não fazia parte do clube.

Henrique Hecht pediu que o xará exemplificasse.

— Essa área da saúde mental, por exemplo. Psicologia, psiquiatria... A gente tem pouca coisa pra oferecer. E também tem a psicanálise, que é meio que uma religião, uma "coqueluche"[25] aqui Porto Alegre.

Hecht concordava. A maioria dos livros técnico-científicos adotados pelas faculdades ou comprados por profissionais de excelência eram importados. A indústria editorial brasileira era incipiente.

Resolveram que o melhor era criar outra empresa, que seria homônima da Artes Médicas de São Paulo, mas com atuação regional.

Estava nascendo a Editora Artes Médicas Sul, com participação igualitária dos dois Henriques: 50% para Kiperman, 50% para Hecht. O dado curioso é que, embora trouxesse "editora" na razão social, a Artes Médicas Sul deveria, pelo acordo firmado, ter foco em comércio e não em publicação de livros. Em resumo, era uma livraria. O papel de editora, ao menos nas obras médicas, deveria continuar restrito à empresa-mãe, em São Paulo.

Já na grande área da psicologia, onde a editora de Hecht não tinha atuação relevante, Henrique poderia empreender como editor.

Faltava uma sede, e Henrique colocou a cabeça a funcionar. No exato dia em que Celso completava 7 anos, em 27 de outubro de 1973, Henrique fez um comunicado que surpreendeu a família. Acabara de comprar duas garagens em um edifício nos altos da Rua General Vitorino, no centro de Porto Alegre. Parecia uma extravagância fazer aquele investimento quando a Artes Médicas Sul ainda não tinha um endereço físico.

*Ninguém entendia por que eu precisava de duas garagens.*

*Porém, antes de comprar as garagens, eu já tinha desenhado o que seria a Livraria Artes Médicas. Após a reforma, a propriedade ficou*

25 Doença contagiosa que se tornou gíria para designar um modismo.

*ótima e preencheu por muitos anos a necessidade da editora de ganhar visibilidade. Todos os profissionais que frequentavam a Santa Casa[26] viam a editora.*

*A livraria me facilitou, em parte, a vida. Eu já não precisava correr até os compradores, pois a livraria tinha um fluxo constante de pessoas.*

Era uma sensação diferente, aquela que estava vivendo. Tornava-se, enfim, um empresário. Assumia a responsabilidade de fazer acontecer a penca de negócios que, de certo modo, prometera a Hecht. Sentiu-se animado, mas sob pressão, tal como na vez em que se preparava para deixar a poderosa Guanabara, em uma aposta que tinha lá seus riscos. Lembrou do comentário seco do pai, à época:

— Ué, mas tu não queria ser o tal? Pois então...

Então, Henrique tratou de mostrar ao sujeito do espelho que ele era o tal.

A criação da Artes Médicas Sul lhe permitia alçar voos próprios, definir a rota e a velocidade, pela primeira vez. Podia importar diretamente para Porto Alegre livros de psicologia com interesse específico para o mercado do Rio Grande do Sul. Não perdeu tempo. Sempre acompanhado por Leda, começou a viajar com constância a Buenos Aires para visitar as livrarias portenhas em busca de novidades. A opção por Buenos Aires era mais do que natural: tratava-se de uma imposição das circunstâncias. Henrique não era fluente em nenhuma língua estrangeira, mas o espanhol era aquela em que se defendia melhor.

Viajar à capital argentina também pesava menos no bolso: os cerca de mil quilômetros entre Buenos Aires e Porto Alegre podiam ser vencidos em menos de duas horas de avião. De carro, à época, levaria aproximadamente 14 horas.

---

**26** Henrique considerava esta localização de alto valor estratégico porque na época a Santa Casa de Misericórdia de Porto Alegre exercia algumas funções de hospital-escola que lhe interessavam. A loja da General Vitorino foi inaugurada em 1975, e no álbum de Henrique a foto ganharia uma legenda concisa: "Início de uma história de sucesso".

E o mais importante: Buenos Aires era uma festa para quem buscava novidades culturais e um centro sintonizado com as grandes tendências internacionais na seara dos livros técnico-científicos. Estava no mapa de lançamentos da versão em espanhol de grandes temas e autores da Europa e dos Estados Unidos, especialmente no campo da educação e da chamada área psi — psicologia, psiquiatria e psicanálise. Tornara-se o grande centro de formação de psicanalistas na América Latina.

As obras de psicanálise ofereciam, ainda, outra vantagem para uma editora incipiente, como a de Henrique: eram livros curtos, de texto corrido, sem requintes de editoração ou outros recursos que onerassem a produção.

Visitava rotineiramente as livrarias de Buenos Aires, conversava com os atendentes e, como sempre foi perito na arte de escutar, ficava sabendo dos livros novos que eram aguardados com mais expectativa.

Logisticamente, era um trabalho fácil. Todas as livrarias que interessavam a ele, como Paidós, Eudeba, Nueva Visión, López, Mundi e Kargieman, estavam situadas na região das Calles Junín e Paraguay, nas proximidades da Faculdade de Ciências Médicas de Buenos Aires.

— Anotou aquele lá da Eudeba, Leda?

— Anotei, mas também achei muito interessante um outro, de educação, respondia Leda.

De sua lista de alvos, só a Livraria El Ateneo tinha outra localização, e fazia o favor de deslocá-los, ele e Leda, para um passeio sempre aprazível pelos cafés e lojas da Calle Florida, no centro.

O negócio de importação de livros passou a fazer parte do cotidiano de Henrique.

*Com o desenvolvimento das importações, particularmente da Paidós, passei a ter um tratamento diferenciado da direção da Casa, principalmente do Sr. Leon Bernstein; depois, por parte de seu irmão; e, por fim, do Sr. Butelman que, após afastamento, voltara à empresa.*

*Um dia, o Sr. Leon Bernstein veio a Porto Alegre para uma visita de cortesia. Fomos jantar, eu e minha esposa e ele junto com a esposa. Em dado momento, o Sr. Leon me fez a seguinte observação:*

*"Henrique, você não quer pensar em comprar os direitos para língua portuguesa dos livros que você mais vende, para traduzi-los, publicá-los e vender em todo o Brasil?"*

*Respondi na hora que não tinha conhecimento necessário para tanto, ao que ele disse:*

*"Você conhece o produto e conhece o mercado; quanto ao resto, vou te facilitar a tarefa."*

*Aquela noite iria mudar a minha vida.*

Não era, de fato, uma mudança qualquer. Depois de passar da condição de vendedor a livreiro, Henrique estava sendo provocado pelo argentino Leon Bernstein a empreender um novo salto e se tornar um editor, topo da carreira da qualquer agente do mercado editorial.

E por uma destas coincidências que selam destinos, na manhã do dia seguinte, ao folhear rapidamente o jornal, seus olhos capturaram uma pequena nota que vadiava entre notícias de maior destaque. E ali constava que em breve teria início um curso de editoração oferecido pela Fundação para o Desenvolvimento de Recursos Humanos, a FDRH, ligada ao governo do Estado do Rio Grande do Sul. Embora não fosse supersticioso, pensou que aquilo estava ali por uma razão muito especial. Afinal, fazia poucas horas que ele e Leda tinham jantado com o diretor da Paidós e sua esposa, e o único argumento a justificar sua relutância em aceitar a sugestão do argentino era "falta de conhecimento". Não havia, pois, nenhum outro subterfúgio a utilizar quando Bernstein viesse cobrá-lo.

— *Qué decidiste entonces, Henrique?*

Fez sua matrícula no curso e bastaram algumas aulas para se certificar de que, ali, naquela sala, estava redesenhando o seu futuro. Aprendeu muito e construiu uma amizade que perduraria por décadas com três professores — Paulo Flávio Ledur, Evilásio Blasi e Henry Saatkamp. Todos eles teriam participação nos primeiros lançamentos de Henrique pela Artes Médicas Sul, anos depois. Entre os colegas de turma, predominavam estudantes de jornalismo, biblioteconomia e publicidade, além de funcionários públicos ligados a órgãos que faziam publicações técnicas ou institucionais, como o Detran e a Fundação de Economia e Estatística do Rio Grande do Sul.

*Por sorte, eu era o único aluno com interesse exclusivamente voltado a fazer carreira como editor.*

Ledur, que lecionava na faculdade de jornalismo da PUC gaúcha, era o coordenador do curso. Em suas aulas, logo reparou em Henrique. Era inevitável. Sentava na primeira fila, expressão séria, olhos cravados no professor. Falava pouco, mas com perguntas e intervenções pontuais não levava dúvida para casa. Pelo nível de interesse e concentração, Ledur teve a impressão de que Henrique daria um bom editor, e o palpite se confirmou quando o ex-aluno passou a procurá-lo, tempos depois, em busca de opiniões sobre livros, temas e autores que poderiam cair nas graças do público.

O curso de editoração havia terminado, mas a curiosidade de Henrique estava longe de ser saciada. Com a ajuda de Ledur, e de Henry Saatkamp,[27] acabou sendo apresentado a outra pessoa que expandiria seus conhecimentos sobre a arquitetura de um livro — Joseph Gress, proprietário da Gráfica Metrópole.

Gress não esteve entre os instrutores do curso de editoração promovido pela Fundação para o Desenvolvimento de Recursos

27 Um dos grandes teóricos da área editorial então em atividade no Rio Grande do Sul nas décadas finais do século XX, Henry Saatkamp publicou, em 1996, pela Editora AGE de Paulo Ledur, o livro *Preparação e revisão de originais*. Henrique adotou a obra como fonte de consulta permanente, e em vários momentos buscaria os conselhos de Saatkamp e de Ledur.

Humanos, mas se tornou um dos mestres de Henrique sobre formatos e papéis ideais para cada tipo de livro. Ao explicar com cordialidade e entusiasmo qual era sua participação na impressão de um livro, Joseph Gress conduziu Henrique aos meandros da engrenagem industrial, começando por detalhar todas as variáveis que cercam as relações com fornecedores de papel.

*O Sr. Gress era um verdadeiro gentleman e profundo conhecedor das artes gráficas. Ele era descendente de uma família de gráficos que tinham este ofício na Alemanha. Ele me deixou claro que eu tinha que levar os fotolitos ou apenas a composição, que o restante do processo era com ele.*

## Identidade falsa com agravante de feiura

Henrique classificava o "tio Nestor", que o acolheu em Porto Alegre, em 1964, na categoria "baita amigão". Afeiçoara-se muito a ele. Definia-o como um tipo otimista e sonhador. Tinha bons motivos para tanta estima. Muitos, aliás. Numa das passagens mais pândegas do relacionamento entre eles, Henrique bem podia ter terminado numa delegacia de polícia.

O ano era 1976, e Nestor se tornou sócio de uma pequena gráfica que, além de imprimir materiais de escritório, editava a revista *Panorama esportivo*. Credenciado como profissional de imprensa, tinha acesso aos jogos do Beira-Rio sem pagar nada. De vez em quando, cedia sua carteirinha para Henrique. Ou iam juntos, pela metade do custo. A eles se juntava o pediatra Breno Veisman. Uma festa — ao menos até a partida começar e mexer com seus nervos.

O assunto ficou mais sério quando Henrique descobriu que a Varig oferecia descontos de 50% para jornalistas. Passagem aérea era um item de custo salgado para ele, que viajava constantemente ao Rio de Janeiro, a negócios, e a São Paulo, onde se reunia com Henrique Hecht, dono da Artes Médicas e seu sócio na Artes Médicas Sul.

Foi falar com Nestor e, como sempre, ouviu um ok.

— Empresto a carteirinha de jornalista, sim. Não tem problema!

Não tem problema, em termos.

A tentação de viajar pela metade do preço era grande, mas Henrique sabia que estava correndo o risco de responder por falsidade ideológica. E se fosse fichado no DOPS[28]? Afinal de contas, a imprensa ainda estava sob controle do regime militar.

Mas apesar de tudo, Henrique resolveu ir em frente e fazer um dublê de Tio Nestor.

*Cada viagem era um estresse, pois eu ficava imaginando se não iam me pegar. Como a carteira também funcionava como identidade, eu me apresentava no final do check-in quando os funcionários já não olhavam com acuidade. A fotografia do Nestor era horrível, fazia jus ao original. No ambiente de repressão, o meu medo era que me pegassem. Eu iria acabar na cadeia.*

Seus nervos foram testados certa vez, no Galeão. Ele estava dentro do avião, o embarque já fora encerrado, e nada de decolar. A imaginação começou a trabalhar. Se ao menos pudesse acender um cigarro...

Depois de um bom tempo, o comandante anunciou que o avião estava com um problema e pediu que os passageiros descessem, e aguardassem na sala de embarque.

A identidade falsa queimava no bolso.

Mais tarde, vieram funcionários da Varig e conduziram todos ao hotel reservado pela companhia. Alívio para Henrique — era mesmo só um problema técnico do avião.

Alívio e festa, aliás.

*Foi o dia em que conheci o icônico e emblemático Hotel Glória, que naquela época era um luxo só. Chegando ao hotel, fomos informados*

---

**28** Departamento de Ordem Política e Social.

*de que o restaurante estava disponível para os passageiros por conta da Varig. Comida a la carte, bebida liberada... Se fosse hoje, ficaríamos esperando na sala de embarque e receberíamos uma barrinha de cereal...*

*Eu só pensava, vou ter de passar novamente pela burocracia quando embarcar de novo.*

*O fato é que comi e bebi bem e seja o que Deus quiser...*

A decisão divina foi de poupá-lo de ser desmascarado no novo *check-in*. E a decisão que ele próprio tomou foi a de se poupar daquela tensão permanente de se fazer passar por quem não era. Mas que dava vontade de voltar atrás toda vez que precisava fazer o cheque para a companhia aérea, não podia negar.

Comentou com Nestor o acontecido no Rio. Aquilo podia ter sido um aviso. Não fora o primeiro, por sinal.

Lembrava-se de outra viagem que havia feito ao Rio, também sob a identidade de Nestor Schestatsky. E passara por uma situação insólita.

Henrique fora tratar de negócios com o proprietário de uma importante editora que atuava exclusivamente com livros de medicina, e distribuía no Brasil as obras de uma das mais importantes editoras em língua espanhola, nesta área. Logo que chegou, foi encaminhado à antessala do presidente.

Henrique se sentou, e lá permaneceu por um bom tempo, tomando "chá de banco". O interesse era dele. Queria estabelecer um canal direto de negociação entre a editora carioca e a sua empresa, no sul.

*Lá pelas tantas, entrou na sala uma senhora, de aspecto humilde, e ficou me olhando e me examinando de forma estranha. Em seguida ela me convidou para entrar na sala do presidente, que me recebeu afetuosamente.*

*Depois soube que a mulher era espírita ou mãe de santo. Ela liberava as visitas somente depois de concluir que o visitante tinha bons fluidos e podia falar com o seu patrão.*

*Conversamos bastante, acreditei que ele, depois disso, tinha ficado bastante seguro ao meu respeito. Prometeu-me que faríamos grandes negócios. Até hoje estou esperando por eles.*

Nestor brincou que talvez a tapeação da carteirinha não tivesse mesmo trazido bons fluidos, mas, que diabo, já era superstição demais para um pedaço de papel plastificado.

Até porque, bem antes de viajar com o documento de Nestor, Henrique já colecionava histórias sugestivas, com algum suspense ou humor. Só não era dado a contá-las. Mas registraria algumas delas entre as relíquias que redigiu a mão a partir de 2015. Como, por exemplo, a primeira viagem que fez a Israel, na segunda metade dos anos 70.

*Meu sogro me fez o favor de espalhar no Bom Fim que íamos para Israel. Todos os patrícios gostariam de mandar um pacote para Israel. Recusamos todos, com exceção de um, que não pude negar.*

*Foi-me pedido para levar um dinheiro para uma órfã que estava naquele país. O dinheiro era proveniente da partilha de bens, resultante da venda de uma casa em Porto Alegre.*

*Fui para Frankfurt com o dinheiro em uma cinta que atei na cintura.*

*O hotel em que ficamos em Frankfurt era uma espelunca em cima de um dancing e ficava na zona do Badland da cidade. Quando cheguei em Israel, tomei conhecimento de que a órfã era uma médica estabelecida em Jerusalém e eu estava em Tel Aviv, onde estávamos hospedados no magnífico Hotel Ian, com segurança e cofre no quarto.*

*Quando entrei em contato com a moça dizendo que era portador dos dólares que cabiam a ela, não me pareceu que estivesse empolgada com a notícia, visto que me perguntou se eu não iria para Jerusalém e se eu não podia ir ao hospital em que ela trabalhava para entregar a "encomenda". Fiquei muito brabo e respondi a ela que se não viesse buscar o dinheiro até a noite seguinte eu não me responsabilizaria mais.*

*Na noite seguinte ela apareceu no hotel, e pelo que me lembro nem me olhou nos olhos nem agradeceu.*

## O marco inaugural de uma editora

A segunda metade dos anos 70 lançou os alicerces da carreira editorial de Henrique. Depois de se tornar empresário a partir da constituição da Artes Médicas Sul, em 1973, e de adquirir os fundamentos teóricos iniciais para se tornar um editor, ele inaugurava sua primeira loja no centro de Porto Alegre. Estava radiante, as importações de obras de psicologia da Argentina proporcionavam bom resultado, parecia que tudo dava certo — até seu Inter chegaria naquele mesmo ano ao título de campeão brasileiro de futebol, feito até então inédito para um clube do sul.

No plano financeiro, sentia-se seguro para dar vazão ao que seria uma de suas mais arraigadas preferências — viajar, conhecer novidades para traduzir e lançar no Brasil. Mas, curiosamente, o grande acontecimento daquele final dos anos 70 não estava em outro país, sequer em outra cidade.

Estava muito perto. E veio até onde ele estava. A pé.

Todos os dias, a caminho de seu consultório, o psicanalista Cyro Martins passava pela livraria de Henrique, e costumava conferir o que havia chegado de interessante na área em que clinicava. Apreciava as obras e os autores que a Artes Médicas Sul trazia da Argentina, e começou a maturar uma ideia.

Um dia, interrompeu o seu passo vagaroso — aproximava-se dos 70 anos — e entrou para falar com Henrique, que se sentiu honrado com a visita. Cyro era um experiente e respeitado autor de ficção. Ganhara prestígio no círculo literário do Rio Grande do Sul com a trilogia *O gaúcho a pé*.[29]

— Eu tenho uma proposta para lhe fazer: um livro sobre as relações entre médicos e pacientes.

---

**29** Composta de três volumes — *Sem rumo*, *Porteira fechada* e *Estrada nova*, a obra de Cyro Martins se tornou um clássico no gênero do romance social rio-grandense, descrevendo o processo de empobrecimento do homem do campo a partir do início do século XX, o êxodo para os centros urbanos e a falta de perspectivas.

— O tema é interessante, concordou Henrique, pensativo. "Mas a nossa editora tem trabalhado com traduções. Não sei se poderíamos nos aventurar."

Cyro percebeu que Henrique precisaria de um tempo para digerir a sugestão. Era uma mudança e tanto no modelo de negócio da Artes Médicas Sul.

Um tempo depois, no seu percurso diário, deteve-se outra vez na editora. Sabia que Henrique estava inseguro de bancar uma aposta em conteúdo próprio, mas também era verdade que o tema lhe apetecera. Resolveu insistir.

— Já se decidiu, Henrique? Olha, posso garantir que não é uma aventura.

E Cyro se pôs a enumerar as razões para Henrique acreditar no empreendimento. Em primeiro lugar, o livro teria a participação de renomados professores de medicina. Como romancista experimentado, Cyro assegurava ter conhecimentos sobre a arte envolvida na publicação de um livro e que, inclusive, traria com ele o capista, com quem havia trabalhado na Editora Movimento, o artista plástico Mário Röhnelt. Este último argumento poderia parecer cosmético, mas teve grande peso no convencimento de Henrique.

*Achava naquele tempo, como acho até agora, que nossa projeção no mercado editorial brasileiro deveu-se ao nosso apurado design gráfico.*[30] *Nos idos de 80, as capas de livros técnicos e ciências humanas e a qualidade gráfica eram secundárias e sempre tivemos extremo cuidado com nossa marca e logotipos.*

Antes de dar a resposta a Cyro Martins, Henrique buscou o assessoramento de seus dois mestres no curso de editoração, Paulo Ledur e Henry Saatkamp. Preocupado com custos, foi falar com o dono da Gráfica Metrópole, Joseph Gress, que eles lhe haviam apresentado.

---

30 Ver mais a respeito no tópico "Sua Excelência, a Capa" (pág. 161).

— Quanto vai custar a impressão, Sr. Gress?

— Não se preocupe com preço.

— Mas eu estou preocupado...

— Depois a gente vê isso. O senhor pode me pagar como quiser.

Anos depois, já muito amigos, e com uma sólida parceria entre sua editora e a Metrópole, ambos achariam engraçado lembrar-se da relação de confiança imediata que se estabeleceu entre eles. *Como é que um judeu e um alemão conseguiram se dar tão bem?*, brincou Henrique certa vez. Então soube que Gress, antes de lhe vender fiado, havia pesquisado a seu respeito. Em troca, Henrique confidenciou ao amigo que, ao receber a proposta da Metrópole, comparou-a com outros orçamentos em São Paulo. As pesquisas que eles fizeram revelaram que podiam verdadeiramente confiar um no outro.

Ao final, depois de colocar na balança todos os riscos e benefícios, procurou Cyro para dizer que sim, o livro ia sair. Havia comprado a ideia.

E tudo correu de modo tão impecável que, em 1979, além do tricampeonato brasileiro do Inter, Henrique teve um grande acontecimento para comemorar: o sucesso e o prestígio do primeiro lançamento da Editora Artes Médicas Sul, *Perspectivas da relação médico-paciente*, de Cyro Martins e colaboradores.

Era o primeiro livro.

Era o marco inaugural de sua editora, e a comunidade médica e científica passava a olhar de outro modo para o "Henrique da Artes Médicas".

### Conexão Frankfurt

Quando debutou no mercado com o lançamento do livro de Cyro Martins, Henrique já tinha Frankfurt na cabeça havia algum tempo. Estivera lá, inclusive. Fora conhecer a maior feira de livros do mundo — não para leitores, mas para editores. O lugar perfeito para compra e venda de direitos autorais. Henrique e os brasileiros em geral atuavam apenas na ponta compradora. Na sua primeira vez, Henrique viajou com esperança de beliscar alguma oportunidade de adquirir direitos para língua portuguesa de algum *best-seller* internacional, mas teve um choque de realidade. Além da imensidão da Feira de Frankfurt, impressionava-o o formalismo das relações.

*Quando tentava falar com alguém num* stand, *o interlocutor que estava sentado, sem fazer nada, me perguntava se eu tinha uma entrevista marcada, um* appointment.

*Como eu não tinha, não era atendido.*

*Valeu esta primeira visita para conhecer a mecânica da coisa.*

Embalado pelo atrevimento de lançar *Perspectivas da relação médico-paciente*, Henrique decidiu voltar a Frankfurt em 1980, agora não apenas como mero aprendizado. Preparara-se um pouco melhor. Com a ajuda de Leda, mais desenvolta no inglês, havia tratado de marcar com a devida antecedência os tais *appointments* para não ter de suportar a indiferença de funcionários cheios de pose pelos corredores da feira. O agendamento deu certo. Ele e Leda tiveram seus 30 minutos para sessões individuais com algumas editoras e, na volta ao Brasil, traziam uma aposta que se revelou certeira — os direitos para língua portuguesa do *Compêndio de psiquiatria dinâmica*, de Kaplan e Sadock, que seria lançado no Brasil em 1981 na forma de um respeitável calhamaço pesando quase dois quilos e meio.

A obra se revelou um sucesso de vendas. Com 11 reedições, mantém-se até hoje como referência em seu segmento, e marca uma conquista surpreendente de Henrique. Afinal, era apenas sua segunda participação na Feira de Frankfurt, e as editoras não costumavam entregar títulos relevantes para quem não tinha histórico de negociações importantes com elas. Geralmente, começam um relacionamento com novos editores entregando livros de menor importância, para avaliar como se sairão. Dependendo dos relatórios de vendas que apresentarem, credenciam-se no ano seguinte a adquirir direitos sobre lançamentos de maior potencial. Com o compêndio de Kaplan e Sadock, a Artes Médicas Sul queimou etapas.

*O livro foi e continua até hoje um grande sucesso, tanto editorial quanto de vendas. Falo em sucesso editorial, pois este livro elevou a categoria da editora. Até a data do lançamento do livro, a editora era conhecida por publicar bons "livrinhos". Com o lançamento, elevamos nosso status.*

A referência de Henrique a "livrinhos" remete à estratégia inicial que ele seguiu, nos anos 70, de privilegiar a compra de direitos autorais de livros de psicanálise, normalmente com formato reduzido, menor número de páginas e texto contínuo, sem recursos visuais que onerassem a produção. Sob este aspecto, a publicação de um compêndio certamente foi um divisor de águas na história da editora.

A boa colheita em Frankfurt em 1980 tornou a feira alemã um compromisso anual do casal Kiperman. Eles programavam uma viagem de 30 dias para fazer valer a pena o investimento em passagens aéreas, e também para cumprir um roteiro de duas feiras: a de Frankfurt, imperdível, e a Liber, Feira Iberoamericana, realizada um ano em Madri, outro em Barcelona.

Paris e Londres também ingressavam na rota da caça aos *best-sellers*, assim como Nova York. Leda anotava freneticamente em seu caderninho títulos, autores, editoras, detalhes de negociação que mereceriam atenção posterior. Ela colecionava, também, histórias — mais do que sua proverbial discrição permitia revelar. Duas delas entraram para a antologia de Leda, e ambas giram em torno do inglês de Henrique.

Estavam nos Estados Unidos, na sede de uma grande editora, em busca dos direitos de publicação de uma obra que Henrique considerava muito importante. Foram para a reunião com a executiva de direitos autorais, e de saída Leda percebeu que a mulher minava a confiança de Henrique a golpes de *I'm sorry, unfortunately, look, et cetera*. Quando Leda supôs que Henrique estava nas cordas, eis que ele se desvencilhou da argumentação da americana e a imobilizou com uma convicta defesa da Artes Médicas como a melhor editora para tornar aquele livro um sucesso de vendas no Brasil. Saíram de lá com o contrato, e Leda passou um tempo matutando que eloquência foi aquela em um sujeito que gostava de fazer graça com seu inglês "macarrônico", como ele próprio dizia.

Outra passagem memorável foi a visita que ambos fizeram ao inglês Mark Paterson, que representava autores ambicionados pela editora no campo da psicologia e da psicanálise. Não tinha sido fácil chegar a Paterson. Mas a insistência de Henrique foi premiada, e o casal Kiperman acabou recebendo um polido convite do agente inglês para visitá-lo em Colchester, pequena cidade situada a menos de 90 quilômetros de Londres.

Henrique aproveitou um cruzeiro que iria fazer com a esposa e encaixou a visita a Paterson. Em Londres, pegaram um trem até Colchester. Era uma atmosfera sugestiva. Na pequena e charmosa comunidade que se considera, com pompa e orgulho, a mais antiga cidade da Grã-Bretanha, Henrique teria de entabular uma conversação em inglês com um agente literário de modos aristocráticos.

O jeito gentilmente formal de Paterson foi envolvendo Henrique, e ele se animou a dar algumas voltas na conversa antes de entrar no ponto que lhe interessava. Buscava o olhar de Leda, de vez em quando, como que a procurar um sinal de aprovação para sua tagarelice de alto risco.

Simpático, Mr. Paterson quis saber de Henrique como chegaram à Inglaterra.

— *By Navy*!

Se estivesse entornando a xícara naquele momento, Leda teria provavelmente se engasgado com o chá servido pela assistente de Mr. Paterson.

— *By Navy*?, admirou-se o agente.

— *By ship*, Leda se apressou a esclarecer. Eles tinham vindo de navio, e não com a Marinha, *of course*.

Com modos aristocráticos, Mr. Paterson não fez graça da trapalhada de Henrique, não naquele momento ao menos. Leda, que também tinha sua porçãozinha de fleuma inglesa, aguentou firme e sóbria, também.

Mas depois que saíram dali, ela explodiu em gargalhadas. Ela e Henrique.

— *By Navy*, Henrique? A gente veio com a Marinha, Henrique? O que era a cara do inglês quando ficou sabendo que a gente tinha chegado lá com a Marinha!

Riram muito, os dois, e por anos e anos esta história foi a senha para se divertirem com as peripécias de Henrique, o homem que conquistava territórios editoriais com sua esquadra marítima.

Henrique percebeu que o suporte de Leda para a marcação de reuniões com as grandes editoras do exterior tinha surtido efeito, e decidiu reforçar a estrutura de intercâmbio com o mundo.

Um funcionário da área de câmbio do Lloyds Bank em Porto Alegre, Angelo Castrogiovanni, passou a comparecer à editora duas ou três vezes por semana, sempre à noite, depois do expediente no banco — e algumas vezes aos sábados, também. Henrique ditava, e Angelo vertia para o inglês, as correspondências para marcação de *appointments*, além de intermediar os contatos para negociar a aquisição de direitos autorais nos Estados Unidos e, principalmente, na Europa. Apesar dos serões, Angelo, que é oriundo de uma área em que a precisão é medida em centavos, sentia-se confortável em atender às demandas da editora porque Henrique dizia exatamente o que queria, curto e direto. Não havia meias palavras, nem margem para subentendidos.

Henrique se deu conta do quanto havia de oportunidades longe do Brasil, mas um episódio mostra que sua retaguarda não o deixava tranquilo para ausências mais longas. Na volta de uma viagem à Europa, conversava com o responsável pela gestão do caixa para saber como havia sido o movimento diário, as vendas da livraria, o montante que entrou, o montante que saiu.

Prestadas as contas, ele queria saber o que tinha sido feito das entradas diárias, e o assistente, orgulhosamente, revelou que o dinheiro havia sido bem guardado — no cofre.

— Quer dizer que o dinheiro não foi aplicado?

Não, não havia sido aplicado. *Não dá para confiar nestes bancos, Seu Henrique...*

Henrique estremeceu. Havia passado três semanas fora, como era costume para fazer render o alto investimento em passagens aéreas.

— Se não aplicou no banco, então a inflação já comeu uma boa parte desse dinheiro que entrou.

De fato, a inflação em 1983 já havia dobrado a esquina dos 150% ao ano, e marcharia ao longo dos anos seguintes para taxas muito maiores, a ponto de lançar os economistas ao estudo de um fenômeno chamado hiperinflação para saber como outros países lidaram com o flagelo — inclusive a Alemanha, após a Primeira Guerra.

Naquele dia, ele olhou de um jeito diferente para o filho, então com 17 anos incompletos. Depois de suas aulas no Bom Fim, Celso costumava pegar um ônibus para ir a um clube da zona sul de Porto Alegre, onde jogava tênis. Depois das partidas, descia no terminal da Avenida Salgado Filho, no centro, e antes de voltar para casa costumava dar uma passada na empresa do pai.[31] Henrique viu o rapazote entrando na Livraria Artes Médicas Sul e tomou uma decisão.

---

**31** A ligação entre ambos tem um antecedente curioso. Em 1976, Celso fazia gosto de ser a sombra do pai, que o carregava para todo lado. Jogado na prospecção de negócios, algumas vezes Henrique levava junto para o *front* o guri gorduchinho que muitos diziam ser sua réplica em miniatura. Foi nessa circunstância que Celso, menino de cidade, pôs os pés pela primeira vez em uma cidade do interior, Veranópolis. Mas nada havia de divertimento. A brincadeira era de adulto. Henrique seguira uma delegação de médicos de Porto Alegre que viajou para a Serra Gaúcha em um programa de interação com colegas da região. A emoção de Celso era ajudar o pai na venda de livros. Ambos, o grandão e o baixote, ficavam numa salinha, no caminho da saída, para abordar os médicos.

Iria emancipar Celso. Queria estar pronto para, a qualquer momento, entregar ao filho menor de idade o talão de cheques da empresa e dar a ele a condição de executar suas ordens, mesmo que ele estivesse garimpando negócios do outro lado do oceano.

Sem saber, Celso se tornou legalmente responsável por seus atos bem antes de completar 18 anos.

Mas Henrique não usou a carta que mantinha na manga. Deixou o barco correr, achou melhor dar tempo ao garoto, que andava vidrado em carros — queria dirigir sem carteira, e implorava ao pai uma escapadinha que fosse, às escondidas de Leda, a durona. Não era provável que Celso tivesse tutano para investir dinheiro do caixa — teria cabeça, sim, para investir em diversão e garotas, aliás nada que o pai já não tivesse feito ou pensado na sua adolescência curitibana. O fato é que Celso estava um pouco verde, aos 16, embora desde pequenino tivesse acompanhado as peripécias comerciais paternas, e desse mostras de levar jeito para a coisa — com a vantagem de ser bom de papo.

Celso completou o ensino médio e, seguindo os passos do pai, fez vestibular para Economia.[32] Mal o ano letivo começou, e uma longa greve paralisou as aulas na Ufrgs. Ninguém sabia ou arriscava prognóstico sobre quando a paralisação teria fim. Era início de 1984, um ano de ebulição política no movimento estudantil e sindical. O mandato de João Baptista Figueiredo, o último general-presidente, chegava ao fim, e os partidos de oposição ao regime militar capitaneavam a campanha nacional "Diretas Já", em favor da escolha de um novo Presidente da República pelo voto popular.

— Essa greve vai longe, acreditava Henrique.

Iria longe mesmo, tanto que comprometeu o primeiro semestre de aulas, mas Celso não ficou de braços cruzados. Logo após as primeiras semanas de paralisação, cansou de ficar em

32 Antes de completar o curso, mudou para Administração, opção que seria decisiva para sua trajetória na empresa e levaria à criação do selo de negócios Bookman.

casa e se apresentou na Artes Médicas. Precisava fazer qualquer coisa para se sentir útil e ver o tempo passar mais depressa. Henrique gostou do reforço, mas não deu na vista. Arranjou uma mesinha e uma cadeira para o filho, entregou o talão de cheques da empresa e, para não dizer que nada falou sobre o ofício da editora, ensinou como catalogar uma obra.

— Primeiro, vem sempre o sobrenome do autor.

E mais não disse, nem lhe foi perguntado.

## Hora de retribuir

Em 1983, o então ministro do Planejamento, Delfim Neto, surpreendeu o país ao anunciar um remédio extremo para dar conta da crise do balanço de pagamentos: aplicou uma maxidesvalorização de 30% no cruzeiro, a moeda da época, na tentativa de impulsionar fortemente as exportações. Com baixíssimo nível de reservas cambiais, o Brasil estava exposto ao risco de decretar moratória do pagamento da dívida externa, como ocorrera com o México no ano anterior. A lógica da maxidesvalorização era permitir que exportadores brasileiros pudessem baixar o preço em dólar para ter a mesma remuneração em cruzeiros, tornando-se mais competitivos lá fora — o que redundaria em maior entrada de divisas no Brasil. Mas havia o reverso da medalha. Importadores e pessoas que tinham pagamentos a fazer em moeda estrangeira foram onerados em 30% da noite para o dia, pois seus compromissos eram quitados na depreciada moeda nacional.

Foi o caso do seu amigo Joseph Gress, da Gráfica Metrópole, que em 1979 havia assumido a impressão do primeiro livro lançado pela editora de Henrique, *Perspectivas da relação médico-paciente*, de Cyro Martins e outros autores. Gress estava em apuros, porque havia investido na modernização do parque gráfico da Metrópole. O custo dos equipamentos que importou era um, quando foi dormir, na noite de 17 de fevereiro de 1983. Na manhã seguinte, era outro, bem mais salgado. O caixa da Metrópole foi arrebentado por uma medida governamental tomada de afogadilho. E, no caso de Gress, a vulnerabilidade era extrema. Ele tinha dado a casa da família em garantia ao empréstimo que havia tomado em marcos para financiar a compra das máquinas alemãs.

Henrique tomou a decisão de concentrar na Metrópole parte significativa da contratação de serviços gráficos, de modo a apoiar a recuperação de Gress. Não esquecera das facilidades de pagamento que o alemão de alma brasileira havia oportunizado para ele, praticamente sem conhecê-lo. O fluxo de trabalhos que Henrique drenou para a Metrópole criaria uma relação muito próxima entre os Kiperman e os Gress. Na Metrópole, o apelido de Henrique entre os funcionários era "o chefe". Tinha fama de ser um cliente exigente, e todos sabiam que se mandasse devolver algum livro, nem era o caso de discutir. Que se fizesse logo a correção do problema.

Quando o comando do negócio passou ao filho mais velho de Gress, também Josef, sem o ph, Henrique foi acionado algumas vezes para dar um conselho, orientação ou outro tipo de ajuda. Zeco, como Josef Gress era chamado pelos familiares e inclusive pelos Kiperman, sempre era atendido, mas não adiantava ligar para Henrique.

— Zeco, vem cá e a gente resolve isso. Telefone é jogo rápido, não é pra ficar de conversa fiada.

Parecia bravo, do outro lado da linha, mas Zeco tinha a certeza de que ao final da reunião Seu Henrique, que definia como um "paizão", faria algo concreto para solucionar ou minorar a dificuldade.

Há pelo menos duas intepretações para os vários episódios semelhantes a este que envolvem Henrique.

Uma delas é de cunho mais pessoal, e ganha uma peculiar definição de Sérgio Caraver, presidente do Conselho Deliberativo da Sociedade Israelita Brasileira (Sibra), de Porto Alegre: "O Seu Henrique, eu costumo dizer, é um romance água-com-açúcar de capa dura".

A outra intepretação, que não exclui nem se contrapõe à anterior, parte do próprio Josef Gress, e situa a solidariedade de Henrique no plano da filosofia de negócios. “Ele sempre tendia a fortalecer os fornecedores, queria que eles estivessem bem. Ele via o fornecedor como um parceiro de negócios. Era um princípio que ele colocava em prática, esse de *vamos crescer juntos*.”

Henrique deixou uma anotação minuciosa sobre o que o pai de Zeco, Joseph Gress, fez para ajudá-lo. Inicialmente, dando dicas sobre noções gráficas que deveria adquirir para se tornar um bom editor. Depois, vendendo fiado a impressão do primeiro livro da Artes Médicas Sul.

Na elaboração desta biografia, Henrique teve a oportunidade de fazer o caminho inverso e dizer como havia ajudado Gress e a Metrópole.

Puxou ar, ganhou tempo para pensar, e foi lacônico.

— Nós nos ajudamos mutuamente.

## Importar importa, mas não é tudo

Como qualquer empresário, Henrique também foi atingido pela política cambial do governo brasileiro nos anos 80. A estratégia oficial de controlar com rigor a saída de dólares chegou a provocar situações em que uma empresa, para importar uma mercadoria, precisava exportar algo em valor equivalente. Em suma, precisava tornar sua operação superavitária ou, no mínimo, neutra com relação ao balanço de entrada e saída de dólares.

E, no limite dos artifícios do governo, acontecia a retenção dos dólares que deviam ser remetidos ao exterior. Henrique sofreu desgastes com editoras do exterior por conta desta manobra da área econômica do governo.

Elas cobravam os pagamentos relativos aos direitos autorais adquiridos pela editora. Henrique alegava que já havia feito os depósitos em moeda nacional, que o governo estava segurando remessas em moeda estrangeira e que, portanto, não havia mais nada o que pudesse fazer além de esperar que aquele passeio do dinheiro pelas instâncias oficiais tivesse um fim.

*Muitas contas minhas foram canceladas naquele momento em que o pagamento para o exterior (dólares) tinha que passar pelo Banco Central, que retinha aqueles valores para "fazer caixa".*

Mas como as dificuldades podem ter um efeito pedagógico, Henrique se deu conta de que, embora relevantes, as importações não poderiam ter um peso tão grande na estratégia de negócios da editora. Melhor fortalecer a produção de livros de conteúdo próprio, produzidos localmente, com autores próximos e qualificados.

Trocou impressões com alguns amigos que tinham muita experiência no meio acadêmico. Procurou um de seus interlocutores preferidos, Darcy Luzzatto, professor da Ufrgs e diretor da Editora da Universidade. Luzzatto, que havia fundado a Editora do Professor Gaúcho, depois denominada Sagra Luzzatto, convivia com Henrique no âmbito da Câmara Rio-Grandense do Livro.

— Henrique, só é preciso saber lidar direitinho com o autor médico.

— Por quê?

— Quando escreve alguma coisa, o autor médico acha aquilo o melhor do mundo... Mas com esse teu jeito ponderado, diplomático, observador... Acho que tu vais conseguir lidar bem com eles.

### Xingamentos em francês

Quando alegava às editoras internacionais que havia feito o pagamento, mas o Banco Central do Brasil estava "fazendo caixa" com os valores destinados a elas, Henrique estava sendo exato.

Mas em outras situações, quando o caixa da editora estava apertado, seu pragmatismo o levou a retardar o pagamento de direitos autorais a editoras no exterior e usar aquele dinheiro como capital de giro, para fazer frente a outras despesas mais urgentes, ou mesmo para bancar o investimento inicial na produção de outros livros.

*Esta má prática permitiu que fizéssemos caixa e fôssemos crescendo.*

Henrique tinha consciência de que, embora não infringisse lei alguma, aquela conduta violava um código de princípios que ele mesmo patrocinava na empresa — tratar muito bem os fornecedores e parceiros de negócios e honrar pontualmente as obrigações.

Não era apenas um enunciado elegante a ornar o quadro de Missão e Valores. A gerente editorial Letícia Bispo teve um inesperado depoimento sobre o lugar onde trabalha há quase três décadas quando foi ao banco verificar seu extrato de FGTS. No guichê, o atendente fixou o olhar no painel do computador e foi correndo tela e correndo tela, até encará-la, surpreso.

— Parabéns, essa empresa aí paga certinho o Fundo, não atrasou nada... Isso não é comum, hein?

A concessão que Henrique fez a suas próprias crenças, ao manobrar com os valores que deveria transferir a outras editoras, depõe sobre o dilema que todo empreendedor um dia enfrentou, ou irá enfrentar, entre princípios e pragmatismo, quando a sobrevivência está em jogo.

No caso de Henrique, logo que sentiu que a empresa estava a salvo, aplicou-se um corretivo.

A caminhada que ele empreendeu rumo a esta regeneração teve como marco fundamental um episódio que, embora tenha sua carga de drama, é quase burlesco.

*O maior mico que paguei numa feira foi com a Doin.*

*Tínhamos comprado deles o direito para publicar, em português, vários livros sobre psicomotricidade, que era o assunto da moda. Com esses livros abrimos para nosso grupo o mercado português. Voltando à Doin, quando o diretor me viu, veio me cumprimentar pela retidão dos relatórios e respectivo pagamento.*

*Fiquei surpreso, porque aquilo não podia ser verdade. Horas depois, ele me encontrou num corredor e soltou o verbo, afirmando que nada do que ele tinha dito correspondia à realidade, e que eu era salafrário e mentiroso. E esse discurso continuou, visto que ele me seguiu, soltando o verbo.*

*Menos mal que as pessoas que estavam em torno não entendiam o conteúdo da discussão, pois ele falava em francês e eu respondia em português.*

Henrique se refere à editora francesa Doin Éditeurs, de Paris. Ele não havia mandado à Doin nenhum relatório de vendas dos livros sobre psicomotricidade e, portanto, não fizera pagamento algum — mas, entre surpreso e gratificado, aceitou o abraço efusivo do francês, que provavelmente o confundira com outro editor.

Foi um divisor de águas para ele e sua editora.

*Após este episódio constrangedor, passamos a cuidar mais deste assunto.*

"Cuidar mais" é um jeito modesto de descrever o tratamento radical que Henrique, Celso e Adriane imprimiram ao sistema de pagamento de direitos autorais, até transformar a editora de Porto Alegre em referência de controle e pontualidade entre as companhias do setor.

Foi uma longa trajetória. E o início foi duríssimo.

Nos anos 80 e mesmo na primeira metade da década de 90, as editoras enfrentavam um ambiente de negócios mais do que hostil. A inflação alta estabelecia uma guerra de sobrevivência entre os diferentes segmentos do mercado editorial. As editoras eram um elo frágil nesta cadeia. Precisavam financiar a produção do livro e, também, a sua comercialização. Vendiam ao distribuidor. O pagamento entrava em 60 dias, sem correção monetária, e aí começava a pequena tragédia dos Henriques brasileiros. Dois meses de exposição à fúria inflacionária podiam derreter o valor dos recebimentos em 20%, 30% ou bem mais do que isso, conforme o momento.

Esta situação desafiava inclusive as grandes editoras brasileiras. Elas até podiam ter capital de giro suficiente ou estrutura patrimonial mais robusta para aguentar o tranco, mas pagamento de direitos autorais não era tarefa simples. Envolvia um processo complicado de apuração. Saber exatamente o quanto pagar a cada autor. Era preciso contar com relatórios de vendas que vendedores e distribuidores nem sempre enviavam no tempo certo e com a exatidão devida. Papelada e burocracia, em resumo — e numa época em que não se falava em tecnologia da informação. Computador era fetiche, geringonças com baixo poder de processamento e interação com diferentes áreas.

Por falar em computador, a editora de Henrique não tinha uma única máquina, sequer. Funcionários, meia dúzia.

Ainda assim, a apuração e o pagamento de direitos autorais se transformaram em obsessão. E, ao longo dos anos, à medida que o negócio se expandiu, a editora dos Kiperman se tornou uma das únicas do país a adotar uma auditoria externa para controle do pagamento de direitos autorais.

## *Glocal*, uma via de duas mãos

A decisão de produzir localmente não substituiria a publicação de obras estrangeiras, mas a complementaria. A estratégia de Henrique era trafegar em dois sentidos. Queria publicar autores do Sul e projetá-los no mercado brasileiro, mas também trazer o mundo para o Brasil. Ser regional e universal, ou "glocal", termo que alguns estudiosos de estratégia iriam utilizar mais tarde, nos anos 90. Sabia que seria difícil, pois não estava em São Paulo, e sim no extremo sul do Brasil, em um Estado apontado como periférico e, talvez por esta condição, bem como pela proximidade com os países do Prata, autorreferente.

Convenceu-se de que teria de fazer uma opção incondicional por qualidade e relevância, tanto em obras trazidas do exterior

— para não ser uma editora de segunda classe — quanto em conteúdo de autores locais, para não ser visto como bairrista ou localista.

Nessa época, primeira metade dos anos 80, a Artes Médicas Sul lançou títulos como *Medicina do adolescente*, do psiquiatra Luiz Carlos Osorio e colaboradores, que preencheu uma lacuna na atenção específica a quem está deixando a infância. E trouxe ao Brasil *Psicogênese da língua escrita*, obra referencial sobre alfabetização, de autoria da psicóloga e pedagoga argentina Emilia Ferreiro, que havia atuado como pesquisadora-assistente de Jean Piaget. É o primeiro grande lançamento da Artes Médicas Sul na área da educação.

Esta alternância entre conteúdo local e conteúdo de fora seria a tônica da política editorial de Henrique.

Só não podia errar a mão. Precisava de consultores para decidir o que era relevante e o que não era. E de revisores técnicos para que tivesse a certeza de estar publicando conhecimento sólido.

Seriam certificadores de qualidade.

## Mulheres de opinião

A necessidade de olhar bem onde pisava ficou ainda mais clara em um episódio casual, em 1985. Uma dupla de jovens estudantes de psicanálise procurou a Artes Médicas Sul para pedir trabalho, Diana e Mário Corso. Como ela era filha de uma uruguaia, Henrique resolveu pedir que o casal lesse uma obra que ele estava prestes a lançar no Brasil, traduzida do espanhol. Era mais para se certificar de que tudo estava bem e testar a dupla, como gostava de fazer. Mas logo ele recebeu de ambos a notícia de que a tradução para o português tinha problemas na transposição de conceitos de psicanálise. Era preciso fazer uma intervenção urgente, sob um olhar mais técnico.

Henrique ficou em polvorosa. Pelo seu cronograma, já era tempo de dar entrada em gráfica.

— Vocês me tirem dessa enrascada, façam o que tiver que fazer, apelou.

Era mais do que uma urgência, porque ele havia assumido o compromisso de lançar a obra em um congresso que aconteceria em breve. Duas semanas foi o tempo que concedeu ao casal para revisar, pentear, "canetear" e ressuscitar os originais com mais de 300 páginas — e tudo isso na máquina de escrever, que computador ainda não havia.

Disposto a robustecer a revisão técnica de suas próximas traduções do espanhol nesta área, Henrique ficou muito agradecido aos Corso pelo salvamento da obra e os gratificou do seu jeito próprio — dando a eles mais trabalho, que era tudo o que buscavam no seu começo de vida a dois.

Ela e o marido passaram a integrar com certa regularidade o elenco de profissionais a quem Henrique recorria para leitura de originais, antes de se decidir se valia a pena comprar os direitos de tradução ou não. A esse time se juntariam nos anos seguintes, conforme a área de especialidade, um pelotão de *experts*.

E à medida que Henrique e depois Adriane Kiperman empurraram a editora, conhecida pelas obras médicas, em direção à meta de ser referência em educação, o grupo de consultoria passou a ser formado por mulheres, preponderantemente — todas com *pedigree* acadêmico em universidades de primeira linha, como Maria da Graça Souza Horn, Maria Carmen Silveira Barbosa e Beatriz Vargas Dorneles.

> Seu Henrique, esse livro é maravilhoso, mas vai vender só 15 exemplares no Brasil e olhe lá; aquele outro não chega a ser excelente, mas o senhor vai ganhar muito dinheiro; e esses outros aqui podem até não vender muito, mas são relevantes e terão impacto no pensamento dos profissionais; esse livro é uma novidade que está faltando, o pessoal da área tá usando livro já superado por falta de novas referências...

Henrique ouvia, e ouvia. Quando falava, era para perguntar, e no mais das vezes seus questionamentos revelavam que ele tinha noções surpreendentes sobre disciplinas em que não era versado. Nesse escutar e perguntar, lá se iam duas, três horas de reunião, e a sacola de livros trazida do exterior ia se esvaziando, dando origem a dois montinhos — o dos livros com chances e o dos livros sem chances. Eventualmente, uma terceira pilha se formava, reunindo títulos que não recebiam um veredito imediato. Mas havia pouco espaço para hesitações. Sim ou não, Henrique costumava decidir rápido.

A decisão final sempre era dele, porque eram muitas as variáveis que precisava levar em conta. O calibre técnico e científico do conteúdo, a reputação do autor, a atualidade do tema e, importantíssimo, o resultado comercial que se poderia esperar de cada empreitada. Havia também questões políticas. Publicar ou deixar de publicar algum autor de ego proeminente e de forte ascendência sobre círculos influentes tinha consequências. Era preciso sangue-frio e diplomacia para saber como se conduzir em terrenos minados, como na psicanálise e em outras especialidades.

Nesta seara, Henrique desarmava bombas com mais facilidade que outros editores por uma característica pessoal testemunhada por vários autores que publicaram com ele. Seu foco estava dirigido para o objetivo de fazer bons negócios, e não o de atrair os holofotes para si. Tinha a pretensão de construir uma editora de prestígio, não a de incensar-se como um intelectual de proa. Falava pouco, escutava muito. O sucesso de seus autores não lhe causava inveja, porque, embora os admirasse, não almejava ser um deles. Tudo o que sempre sonhou, depois de abandonar a maleta de vendedor de livros, foi ser um grande e respeitado editor.

Ou seja, não media forças com os autores, mas sim com os concorrentes que estabeleciam com sua editora um torneio de competência e respeitabilidade sem trégua. Grandes autores, não os invejava. Pelo contrário, precisava deles. Eram seu cavalo de batalha.

Pagar polpudos direitos autorais a um escritor era tudo o que queria. Por mais que o felizardo lucrasse, chegasse a comprar um bom apartamento só com o dinheiro de um *best-seller*, a óbvia conclusão de Henrique é de que o caixa da editora estaria faturando alto.

Ele tinha, sim, a aspiração de um dia preencher cheques de muitos zeros para seus autores. Mas, nos anos 80, Henrique estava longe de concretizar esta aspiração. O negócio ainda era pequeno.

### Cite cinco palavras relacionadas com livro

A moça entra na pequena livraria na subida da Rua General Vitorino, centro de Porto Alegre. Leva o pequeno anúncio que oferecia vaga para auxiliar de escritório na Editora Artes Médicas Ltda. Um rapaz que se identifica como gerente a conduz até o andar de cima da loja. Um senhor muito sério a recebe.

— Prazer, eu sou Cristina Varela, vim por causa do anúncio.

Recebe uma folha mimeografada contendo um teste com questões de calcular, perguntas sobre capitais de alguns estados e sobre estados a que pertencem certas cidades ("Onde fica Blumenau?").

Chega à questão que sua intuição diz ser muito importante: "Cite cinco palavras relacionadas com livro".

— Leitura. Conhecimento. Aprender. Comunicação. Distração. Eis o que Cristina responde.

No verso da folha mimeografada, ela deve escrever uma carta dirigida a um banco. Depois, é levada à máquina de escrever para datilografar a mesma carta.

O senhor sério agradece, e avisa: que ela espere uma resposta, pois há outros candidatos à vaga.

No outro dia, uma sexta-feira, Cristina Varela recebe uma ligação. É o senhor de pouco sorriso. "É o Henrique, da Artes Médicas. A vaga é sua. Pode começar segunda-feira?"

Em 20 de novembro de 1985, começava o expediente da mais longeva funcionária da editora. Apresentou-se para ajudar os atendentes da livraria, receber os pedidos que as distribuidoras e livrarias faziam pelo telefone, separar as obras encomendadas, chamar o serviço de transporte.

Acostuma-se com a seriedade do Seu Henrique, e, em casa, quando lhe perguntam sobre a brabeza do patrão, diz que a convivência mostra que não é bem isso. "É o jeito dele: o certo é certo; o errado é errado."

No seu cotidiano, ela percebe fazer parte de uma estrutura acanhada, onde trabalha um punhadinho de gente. Além de Henrique, Cristina vê o gerente que a recebeu, duas pessoas atendendo na livraria... e só. Depois, no dia a dia, perceberia a existência de mais alguns colaboradores, poucos, dedicados a vendas externas: um em Pelotas, um em Santa Catarina. E outros que ficavam nos "armários", como todos ali se referiam aos mostruários de madeira que Henrique instalara em alguns hospitais, como o São Lucas, da PUCRS, o Ernesto Dornelles e o São Pedro, de internação psiquiátrica.

Tudo era tão pequeno que nem passou pela cabeça dela a hipótese de ficar na firma por mais de três décadas e um dia usar um crachá luzidio que vincula seu nome a uma imponente "Área de Operações".

### Plano Cruzado, um divisor de águas — e de sócios

A segunda metade da década de 80 começou com turbulências. O Plano Cruzado instalou a primeira e definitiva crise entre os dois sócios da Artes Médicas.

Desnorteado com uma inflação que tinha chegado a 239% em 1985, o governo de José Sarney arquitetou uma medida de choque, anunciada de surpresa em 1º de março de 1986. Todos os preços deveriam ficar congelados nos níveis em que estavam no dia 27 de fevereiro. As maquininhas remarcadoras de preços, que funcionavam em três turnos para etiquetar os produtos com valores que subiam do dia para a noite, teriam de se manter quietas por um ano. A Artes Médicas Sul foi apanhada no contrapé — primeiro de março era exatamente a data em que suas listas de preços seriam atualizadas.

Henrique não se conformou com a obrigação de trabalhar por um ano acorrentado a uma tabela de preços defasada. Todos os seus custos haviam subido em fevereiro. A inflação, naquele mês, fechara em nada menos do que 22%. Conversou com outros empresários, e percebeu que muitos deles estavam em situação parecida. Foram apanhados pelo congelamento na hora H da remarcação de preços.

Soube, então, de um artifício que estava em curso para driblar o congelamento — a emissão de uma lista de preços com data retroativa a 27 de fevereiro.

Demarcava-se, ali, uma divergência insuperável com seu xará, Henrique Hecht, o homem que fundara a Editora Artes Médicas em São Paulo e com quem, até então, sempre tivera uma relação pacífica. O seu sócio na Artes Médicas Sul não queria saber de manobras. Para Hecht, se havia um decreto impondo congelamento de preços, cumpria-se, e assunto encerrado.

— Mas esse congelamento é uma medida estúpida e que nos deixa sem opção, sustentava Henrique.

Hecht até entendia as razões do parceiro, mas não conseguia se ver ludibriando os "fiscais do Sarney", como ficaram conhecidos os populares e principalmente as donas de casa que o governo, de olho na eleição daquele ano, conclamava a agir em nome do presidente para vigiar o cumprimento do decreto e denunciar majorações de preços.

A tensão se instalou entre eles. Henrique viajou a São Paulo para uma reunião com Hecht e seus dois filhos, Jacob e Milton. Para não se sentir isolado, levou junto Celso, então com apenas 20 anos e dois olhos arregalados para entender que diabos afinal se passava entre aqueles dois velhos amigos e, mais do que isso, compadres. Crescera vendo os dois Henriques compartilharem não apenas negócios, mas festas e confraternizações familiares. Será que não havia, mesmo, como contornar aquilo que subitamente os estava dividindo?

Via o pai nervoso, mas, como sempre, contido. Havia brasas sob o seu silêncio.

Foram, pai e filho, para a reunião em São Paulo.

A opção radical de Henrique Hecht pelo caminho da legalidade colocou em apuros os negócios dos Kiperman. O Plano Cruzado desabara exatamente em março. Não havia *timing* pior para quem vivia da venda de livros. Março é início de período letivo. Está para um livreiro como o Natal para um comerciante de brinquedos. A Artes Médicas, de Hecht, era a distribuidora exclusiva para São Paulo das obras que Henrique importava ou traduzia para vender no Brasil com a grife Artes Médicas Sul. Os Kiperman ficaram entre a cruz e a espada. Ou vendiam com prejuízo para atender à exigência do sócio paulista, ou reajustavam os preços e, nesse caso, Hecht cruzaria os braços, interrompendo a distribuição em São Paulo — o destino de 50% de todas as vendas da companhia de Porto Alegre.

Embora muito jovem, Celso logo percebeu que as posições estavam bem demarcadas e aqueles dois bisontes roçariam seus cornos sem retroceder um passo. Henrique tomou duas decisões importantes. Uma, urgente: localizar outro distribuidor em São Paulo para não perder espaço no maior mercado do país. Outra, de fundo estratégico, e mais trabalhosa: discutir a relação com o velho companheiro, o que provavelmente o levaria a repensar a sociedade com Hecht. Antevia que inevitavelmente teria de buscar outro caminho. Alguma coisa havia se partido.

As águas de março de 1986 não fechavam só o verão, tinha certeza.

Com o caixa fragilizado, Henrique foi a São Paulo à procura de outro distribuidor. Atirou no que viu e acertou no que não viu. Ele mirava alguém que quebrasse o galho e resolvesse a emergência, mas encontrou na Brasilivros uma distribuidora com pegada comercial, e muito disposta a mostrar serviço para aquele pessoal do Sul. A substituição trazia uma vantagem adicional para Henrique. O catálogo de obras da Artes Médicas Sul já começava a se estender para outras áreas — e Hecht se mostrava ortodoxo e, até mesmo conservador, na decisão de manter a sua Artes Médicas, em São Paulo, exclusivamente voltada para a literatura médica. Com a Brasilivros, Henrique ganhava no mercado paulista um parceiro mais pragmático e que não estava interessado em discutir com ele posicionamentos — apenas formas de ganhar dinheiro.

Do ponto de vista de negócios, puramente, Henrique saíra ganhando. Mas havia a questão societária para resolver. E não parecia ser simples.

Os dois Henriques não estavam propriamente incompatibilizados, mas o episódio da burla ao congelamento de preços imposto pelo Plano Cruzado havia mostrado diferenças fundamentais de visão e atitude. Hecht e Kiperman se punham de acordo em vários aspectos. A inflação brasileira havia chegado a níveis insustentáveis, mas o congelamento de preços não atacaria as causas estruturais que levavam à corrosão do valor de compra da moeda brasileira e, especialmente, do poder aquisitivo dos trabalhadores.

Também não divergiam no entendimento de que o governo desferira um severo golpe contra empresários, na medida em que os desautorizou a repassar aumentos de custo, que indiscutivelmente sofreram, para os seus preços finais.

Por fim, estavam juntos na crença de que o congelamento era inócuo a médio e longo prazos, como ficou provado em outros países e momentos históricos, e que tudo não passaria de um artifício cujo único proveito seria o de angariar votos[33] ao governo nas eleições marcadas para o final de 1986.

A partir daí, destes três pontos de vista, escancarava-se uma divergência: Hecht não transigia no cumprimento da lei, por mais discutível que fosse — e era.

---

33 De fato, eles estavam certos. A euforia popular com o congelamento de preços levou o partido governista, PMDB, a eleger 22 governadores e nada menos do que 487 deputados federais. Mas, passada a eleição, o Plano Cruzado ruiu estrepitosamente e a inflação voltou com grande ímpeto, produzindo na opinião pública a ideia de que a população fora vítima de um estelionato eleitoral.

Henrique não transigia na sobrevivência do negócio, por mais legalista que fosse — e era.

Nervoso, o chefe do clã Kiperman foi novamente a São Paulo para a conversa inevitável com Hecht. Explicou que depois de tanta coisa que ambos haviam construído juntos talvez fosse melhor que cada um ficasse à vontade para seguir seu próprio caminho. Levou Celso com ele, outra vez, para reforçar a impressão de que já tinha um candidato a sucessor, e tudo ficaria mais claro à frente se a Editora Artes Médicas Sul se desconectasse da nave-mãe paulista.

Henrique não tinha grande cacife para comprar os 50% que Hecht detinha na Artes Médicas Sul. Mas Hecht facilitou as coisas e, ao final, fixou um valor que estava ao alcance de Henrique e ainda parcelou o pagamento. A editora de Porto Alegre passava a ser 100% de Henrique Kiperman.

Uma parceria histórica se encerrava ali — mas os caminhos de ambos voltariam a se encontrar, como eles descobririam em sucessivas oportunidades.

A vida foi aos poucos voltando ao normal, embora nem tudo estivesse encaixado nas expectativas de Henrique naquele ano de 1987. "As coisas são assim, Celso, nem tudo sai como a gente quer", resmungaria ele enquanto seu Chevette 86 deixava a casa de Percival, vendedor da Artmed. Sempre que iam aos jogos do Inter estacionavam na casa do funcionário, que ficava ao lado do Beira-Rio.

Naquele entardecer de domingo ambos voltavam para casa amargando um frustrante empate com o Flamengo de Bebeto e também de Renato Gaúcho, o craque fanfarrão que tinha feito história no arquirrival Grêmio. Com aquele 1 a 1, o rubro-negro estava levando para o jogo de volta, no Rio, uma vantagem que lhe daria a faixa de campeão do Módulo Verde da Copa União. Era um título que Henrique e Celso ambicionavam, saudosos que estavam da segunda metade dos anos 70, quando o Inter se tornou o bicho-papão do futebol brasileiro.

"É... Nem tudo sai como a gente quer", concordou Celso, "mas podia ter sido muito melhor se a gente não tivesse levado aquele gol do Bebeto". Pragmático, Henrique emendou: "E podia ter sido pior também, se o Inter não tivesse conseguido o gol de empate".

Celso encontraria alguns anos depois, fora do futebol, a comprovação da máxima de Henrique de que algo ruim ou mal resolvido sempre pode ficar um pouco pior.

## Uma aposta em jovens ousados e pratas da casa

— Seu Henrique, tem um rapaz querendo falar com o responsável pela editora. O senhor pode receber?

— Quem é?

— Ele disse que é do serviço de ginecologia e obstetrícia lá do Clínicas.[34] Ele quer lhe mostrar um livro.

— Mostrar um livro...? Bom, vamos ver então. Manda entrar.

Eduardo Pandolfi Passos entrou na sala de Henrique e se sentiu alvo de um olhar cortês, mas um tanto intrigado. Percebeu o interesse do anfitrião na encadernação que trazia debaixo do braço, mas preferiu fazer um preâmbulo.

Explicou que fizera dois anos de residência médica na área de ginecologia e obstetrícia do Hospital de Clínicas e recebera, junto com outro colega, convite para permanecer um terceiro ano, participando de algumas atividades científicas. Nesse período, sentiu falta de uma padronização de procedimentos — quem faz o quê, a que tempo, de que modo — quando chega este ou aquele tipo de paciente, para que os médicos-residentes soubessem como agir.

— Não tínhamos referência pra essas condutas do dia a dia. Os livros que a gente usa são todos estrangeiros, e aí percebemos que nós mesmos é que teríamos de produzir alguma coisa que nos ajudasse.

---

34 Hospital de Clínicas de Porto Alegre (HCPA).

Henrique o escutava.

— Então a gente fez isso aqui...

Eduardo estendeu ao anfitrião o volume que trazia, *Rotinas em ginecologia*.

— A gente imprimiu na gráfica da Amrigs.[35] Nós mesmos que bancamos a impressão.

Henrique folheou, folheou.

— É uma coisa bem básica, aduziu Eduardo, como a pedir clemência no exame da obra.

Henrique ergueu os olhos. Se o livro estava pronto, por que a visita?

— Qual é a ideia?, perguntou, recostando-se na cadeira.

Eduardo entendeu que precisava ir direto ao ponto, e compensar a pouca idade com a ousadia que lhe fizera ser ouvido pelos experientes médicos do Hospital de Clínicas quando lhes sugeriu a produção artesanal do *Rotinas em ginecologia*.

— A gente está pensando em partir para uma edição caprichada, com moral de um grande livro, para atingir o Brasil inteiro. Será que a Artes Médicas não teria interesse em lançar o *Rotinas em ginecologia*?

Henrique fez silêncio. Como sabiam todos à sua volta, e como Eduardo Pandolfi Passos descobriria depois, o silêncio dele era carregado de significados. Um desses significados podia ser "Desenvolva, a bola ainda está com você".

— Assim como a gente tinha necessidade de um manual desse tipo, eu acredito que muitos outros profissionais médicos-residentes precisam em todo o país. E para nós seria ótimo se fosse publicado pela Artes Médicas, porque é a referência que a gente tem em livros de medicina. E mais, nós podemos fazer um *Rotinas em ginecologia* e também um *Rotinas em obstetrícia*.

Henrique tinha um fraco por proposições ousadas e defendidas com energia. Mas se policiava para não resvalar no voluntarismo. Sua editora era pequena. Não tinha muitas balas na

---

**35** Associação Médica do Rio Grande do Sul.

agulha. Se uma Guanabara errasse um tiro, dava outro, e mais outro, se necessário. Ele, não. Precisava ajustar muito bem a mira. O caixa modesto não perdoaria desperdício de munição.

— Pode ser uma boa, mas preciso pensar na viabilidade técnica e na viabilidade comercial. Tem outra coisa, a gente vem editando livros de psicologia, não de medicina. Os de medicina nós trazemos do exterior. Compramos os direitos e traduzimos para o português.

— Mas o senhor não acha que pode ter mercado? Todos conhecem a sua empresa por vender grandes livros sobre medicina. Eu imagino que vocês podem também fazer livros médicos. Todo mundo nesta área respeita vocês.

Henrique fez uma cuidadosa análise do mercado editorial, explicou a Eduardo o delicado momento da economia brasileira em meados dos anos 80, com inflação estratosférica, e o jovem médico deixou o escritório da Artes Médicas Sul, no centro de Porto Alegre, com uma certeza. Raras vezes fora escutado com tanta atenção. Foi por isso que ficou esperançoso, apesar da despedida reticente de Henrique, que não dava margem a ilusões.

— Vamos ver, vamos ver, esquivou-se, quando o visitante deixou sua sala.

Anos mais tarde, Eduardo Pandolfi Passos recordaria daquela conversa como uma evidência do quanto Henrique Kiperman dispensava atenção a qualquer pessoa, mesmo a um jovenzinho, como ele era à época. A observação procede, mas houve mais do que fidalguia no interesse de Henrique pela conversa. A realidade é que a provocação do residente do Clínicas descortinou um cenário de oportunidades que ele, como editor, não poderia desprezar.

Se sua editora lançava títulos respeitáveis na área de psicologia e educação, nada mais natural que explorasse também o vasto território das obras médicas. Não partiria do zero, em absoluto. Tinha, a seu favor, um histórico envolvimento com este nicho. Como vendedor e distribuidor, era ele quem levava as grandes novidades aos profissionais de medicina. O nome da empresa, “Artes Médicas Sul”, era um selo poderoso a autorizar incursões mais ambiciosas, agora como editor.

Além do mais, refletiria Henrique, Passos talvez lhe tivesse mostrado a ponta de um *iceberg* gigantesco — médicos brasileiros dispostos a escrever livros referenciados na realidade brasileira. E médicos, hospitais, clínicas e universidades interessados em um conhecimento médico de excelência, mas tropicalizado.

No Sul, havia uma particularidade. Em geral, os médicos não estavam publicando e, quando o faziam, era para emplacar artigos técnicos em publicações científicas.

Se quisessem escrever livros para o circuito comercial, esmoreciam só de pensar em procurar as grandes editoras do Rio e de São Paulo, todas elas ocupadas em franquear oportunidades aos médicos e aos grandes hospitais do Sudeste. O raciocínio típico era de que uma editora paulistana ou carioca precisava ser nacional, e um decreto jamais escrito, mas petreamente construído, estabelecia que nacional é o que tem sede em São Paulo e no Rio. Qualquer outra iniciativa fora do eixo é, com todo respeito, regional.

Haveria como quebrar esta ordem de coisas? Mobilizar médicos gaúchos para escrever? E, caso escrevessem, colocar suas obras no mercado brasileiro, transpondo os limites do Mampituba[36]?

Henrique tinha trânsito em hospitais e universidades da Região Sul por força de sua longa atuação como vendedor de livros. Acompanhara, também, muitos congressos de especialidades médicas que aconteciam em Porto Alegre e na Serra Gaúcha. Sabia quais eram os temas de vanguarda, conhecia muitos médicos sintonizados com as novas fronteiras do conhecimento em suas respectivas áreas. Estava próximo de vários expoentes da medicina brasileira radicados no extremo sul do Brasil, vários deles com formação e projeção no exterior.

---

**36** Rio que separa Rio Grande do Sul e Santa Catarina, no litoral.

Pegou o telefone e discou para Eduardo Pandolfi Passos.

**Doces Rotinas**

— Nós chegamos a uma decisão. Vamos fazer, sim...

Do outro lado da linha, Passos mal deu tempo para Henrique completar.

— Mas que grande notícia, Seu Henrique. Olha, o senhor não vai se arrepender. Vou falar com o professor José Geraldo Lopes Ramos, vamos cuidar de tudo por aqui, dividir a tarefa dos textos entre os médicos... Este livro vai ser muito importante para muita gente, o senhor vai ver.

De fato, foi.

Em 1989, a editora dos Kiperman colocava no mercado a primeira edição de duas obras que se completavam — *Rotinas em ginecologia* e *Rotinas em obstetrícia*, que se converteram nos primeiros *best-sellers* de literatura médica da casa, com sucessivas reedições. Não eram pesados livros-texto, tampouco eram meros manuais. Reuniam embasamentos científicos importantes, mas tinham um cunho muito prático, para uso em hospitais e consultórios.

O sucesso dos lançamentos teve um efeito-demonstração contundente para outros médicos de áreas diversas, principalmente no Hospital de Clínicas, em um primeiro momento. Espalhava-se um rastilho de comentários nos círculos especializados. Havia, enfim, uma editora com capacidade para transformar o conhecimento médico gerado localmente em livros de prestígio e visibilidade para profissionais e instituições, como o Clínicas e seu serviço de ginecologia e obstetrícia.

O próprio Passos colaboraria diretamente para difundir o, digamos, Henrique's *way of publishing*. Falou ao amigo Sady Selaimen da Costa que descobrira uma editora gaúcha que era capaz de publicar um guri como ele — "como eu e como tu" — desde que o projeto de livro fosse robusto tecnicamente. Selaimen, que também era médico, estava morando em Ribeirão Preto e tinha vindo a Porto Alegre rever a família e os amigos. Voltara havia pouco dos Estados Unidos, onde concluíra um *fellowship*[37] na Universidade de Minnesota com uma das grandes referências mundiais em otorrinolaringologia, Michael Paparella.

Selaimen tinha a idade de Eduardo, 28, e a mesma gana de fazer as coisas acontecerem. Contou ao amigo que se sentia muito empolgado com a possibilidade de publicar algo com a sua marca pessoal, depois de ter praticamente gerenciado a finalização do livro-texto do professor Paparella, aclamado como uma bíblia da otorrinolaringologia mundial.

— Quer que eu fale para o dono da editora te receber, Sady? Acho que tem chance.

Selaimen se tomou de coragem e foi falar com Henrique. Temia esbarrar na sua credencial acadêmica. Não era doutor, nem mestre. Era mestrando — da USP, sim, mas mestrando. Confiava nas suas convicções, estava seguro de sua formação, mas e se Henrique o achasse novo demais para uma empreitada tão ambiciosa? Bem, havia o precedente de seu amigo Eduardo, e isso era um estímulo. Aliás, Eduardo tinha dito que Henrique era de escutar e ponderar. *Só tem que ir com uma proposta bem estruturada.*

Foi o que Selaimen fez. Desembrulhou perante Henrique a concepção básica de uma obra de otorrinolaringologia que atingisse um segmento amplo — além do estudante de graduação, do especializado e do médico-residente, o livrão deveria ser um guia teórico e prático para não otorrinos, como pediatras, socorristas e médicos de família, entre outros perfis.

— O mercado potencial para um projeto assim parece interessante, avalizou Henrique, em um aperto de mãos que, no futuro, Selaimen definiria como o *turning point*[38] de sua carreira.

---

37 *Fellowship*, neste caso, corresponde a uma etapa de formação médica nos Estados Unidos que oportuniza o contato com um professor mais experiente da área, visando ao aperfeiçoamento de práticas.

38 Virada, ponto de inflexão que muda o rumo e a tendência.

Pelo tamanho e fôlego do empreendimento, logo que começou a rascunhar um sumário, Selaimen se deu conta de que era uma obra para muitos profissionais, e que ele deveria atuar como organizador. Voltou a conversar com Henrique, e juntos traçaram uma estratégia que daria alcance nacional ao lançamento. Os capítulos foram loteados e entregues a professores ligados às melhores universidades de diferentes estados brasileiros, o que potencializou a repercussão de *Otorrinolaringologia: princípios e prática*, que em diversas edições se mantém como referência na especialidade.

Henrique passaria a ser procurado por muitos outros médicos, em estágios de carreira bem mais avançados, e a sua editora ingressaria em uma fase de crescimento de negócios e uma reputação crescente e de alcance nacional no mercado CTP, como é designado o segmento de editoras de livros científicos, técnicos e profissionais. A fórmula levou a outros *best-sellers* de autores locais, como *Ortopedia e traumatologia: princípios e prática*, de Sizínio Hebert e colaboradores. Com textos de profissionais que Sizínio recrutou em quase todo o país, o livro pesava um quilo e meio[39] em sua primeira edição e fez história como a primeira grande obra de ortopedia e traumatologia escrita por médicos brasileiros. Ao longo de sucessivas edições, romperia a barreira de 30 mil exemplares vendidos.

Ao escalar e mandar para campo dois jovens talentos como Eduardo Pandolfi Passos e Sady Selaimen da Costa, Henrique se revelou um estrategista não convencional no jogo pesado da literatura médica. E passou algumas mensagens ao mercado. A primeira delas é que apostaria em divisões de base como seu Inter fizera com grande êxito nos anos 70. Se havia algum autor com competência e maturidade para pensar em projetos editoriais que fizessem a diferença, teria na sua editora um parceiro. Não interessava a idade, e sim a competência. E o CEP da sua

---

39 Em 2017, a 5ª edição, com o título *Ortopedia e traumatologia*, foi lançada pelo selo Artmed com 1.684 páginas e pesando quase quatro quilos.

residência, clínica ou hospital não necessariamente tinha de estar em São Paulo e no Rio para se tornar um "autor nacional".

Para os cânones do mercado editorial, era, de certa forma, também um *turning point*.

**De mudança para o sobrado**

O Brasil ganhava em 1988 uma nova Constituição Federal, a primeira desde a volta da democracia, e as mudanças no país pareciam soprar em todo lugar e em todas as direções. Também para Henrique muita coisa havia mudado. De vendedor, nos anos 60, passara a livreiro, nos anos 70. Era mais gaúcho que paranaense, e manejava com perícia os espetos. Torcia pelo Inter, e não mais pelo Ferroviário de Curitiba. Em vez de carteira de trabalho, tinha um CNPJ, era sócio de uma empresa. Desfizera a sociedade e era dono de seu próprio negócio. Só duas coisas não haviam mudado nem haveriam de mudar nunca — o casamento com Leda e o casamento com livros, seus dois enroscos de todo dia.

Pensando bem, havia, sim, outros legados, mas estes precisavam ser postos de lado. Um deles era o cigarro. Outro, o lendário endereço na subidinha da General Vitorino, perto da Santa Casa de Porto Alegre. Apesar de toda a simbologia em torno daquelas duas garagens sobrepostas que ele comprou para instalar a primeira sede própria, como Artes Médicas Sul Ltda, a realidade é que o espaço se tornara pequeno. Se tivesse a cabeça no presente, ainda poderia prosseguir acomodando processos e pessoas aqui e ali. Mas para o futuro que passava na cabeça de Henrique, estava mais do que na hora de mudar.

Já há tempos vinha pensando nisso, mas o dia a dia empurrava a decisão para depois. Foi quando soube que a Editora Guanabara queria fechar a filial de Porto Alegre e vender tudo — a sede, os livros, o que houvesse.

Henrique conhecia, claro. Era uma casa, um sobrado, na Jerônimo de Ornelas, perto do Bairro Bom Fim, onde a família de Leda sempre morou. Ficava perto, também, do Clínicas, o hospital-escola vinculado ao MEC, o que só fazia aumentar seu interesse. E, para mexer ainda mais com ele, era nada menos do que... o QG porto-alegrense da Guanabara, a gigante das publicações médicas e científico-profissionais, o lugar onde ele começara como vendedor, no Paraná e em Santa Catarina, e onde muito provavelmente teria feito carreira se não tivesse pleiteado comissões à altura das vendas que fazia.

Outra vez tinha que conversar com o sujeito do espelho. *Bah, mas como concorrente deles eu vou ter de ser muito cara de pau pra ir lá no Rio e pedir que me vendam a sede deles aqui.*

Henrique sabia ser cara de pau. Viajou ao Rio e, ao entrar na sede da Guanabara, o que passou na sua cabeça não foi o filme, como se diz, mas um seriado inteiro. Parecia ver na sua frente o carismático Abrahão Koogan, fundador da então Guanabara Koogan, naquele distante e conturbado 1964, a elogiar seu desempenho como vendedor da filial de Curitiba, mas oferecendo a ele uma gerência no Nordeste, e não em São Paulo, como ambicionava.

Tudo estava diferente na Guanabara. Seu Abrahão já havia falecido, inscrevendo seu nome na história dos grandes pioneiros do mercado editorial brasileiro do século XX, mas a empresa continuava de pé, e muito próspera, administrada pela família Koogan Lorch.

Henrique não foi bem recebido. Foi muito bem recebido. A Guanabara aceitou vender a sede para Henrique, e fez um preço bem razoável. Só não aceitou parcelar, que aí já era pedir demais — e desta vez Henrique não teve a cara de pau de pedir duas vezes.

Saiu de lá, a caminho do aeroporto, já se sentindo nas nuvens. Queria levar a boa nova para Leda, para Celso, para Adriane, para a família estendida que estava lá na editora, se apertando.

A notícia empolgou a todos. Sinal de que o negócio crescia, que haveria mais espaço para todos,[40] do ponto de vista físico e de oportunidades. Cristina Varela comentava com seus colegas que tinham menos tempo de casa que o patrão andava meio mexido em seus sentimentos. *Acho que é uma coisa bem importante pra ele entrar naquele casarão da Guanabara... Deve estar lembrando que começou na Guanabara, visitando consultório de maletinha...*

Leda assumiu, com o reforço de Cristina, o trabalho de montagem da nova sede na Jerônimo de Ornelas, 670. Um dia, o montador não apareceu. Chave de fenda em punho, Leda se virou para Cristina, que já se lançava à cata do desaparecido.

— Quem sabe nós mesmas montamos estes móveis, Cristina?

Cristina era parceira dos Kiperman para o que desse e viesse, e repartia tarefas de montagem de estandes da Artes Médicas com o atendimento ao público nos primeiros congressos médicos, em Gramado e Canela. Quando a família vendeu a casa em Capão da Canoa para comprar outra em Atlântida,[41] Leda pediu que Cristina fosse junto para ajudá-la a montar e organizar tudo. No momento de embalar as coisas em Capão da Canoa para colocar no caminhão, Henrique comentou com Cristina que a casa tinha sido do pai de Leda, Seu Jaime, e já foi ficando com os olhos cheios d'água.

Ela o conhecia bem. Naqueles dias que antecediam a mudança para o antigo casarão da Guanabara, ele andava do mesmo jeito.

---

**40** Todos não significa muitos, neste caso. Como Henrique lembraria anos mais tarde em um de seus emocionados discursos em festas de confraternização da empresa, nesta época a editora cabia numa Kombi. Mas havia uma rede de colaboradores (tradutores, revisores técnicos, consultores) que compunham uma estrutura virtual mais numerosa.

**41** Capão da Canoa é uma das principais cidades do litoral norte do Rio Grande do Sul, distante 140 quilômetros de Porto Alegre. Atlântida é uma praia menor, situada a 6 quilômetros de Capão.

## Uma ponte no coração, outra na empresa

A mudança para o sobrado deu nova vitalidade a Henrique. A caminho de completar 52 anos, em 1990, ele sentiu que era hora de acelerar. Estava na metade da vida, percebia que toda a caminhada até ali fora uma preparação para o que estava por vir — a construção de uma editora grande e respeitada.

Tudo parecia estar nos eixos, mas não. O coração, que também tinha sido o ponto fraco de sua mãe, Ana, o derrubou pela primeira vez e, como toda primeira vez, o baque foi enorme.

O curioso é que Henrique não teve um ataque cardíaco. Nem mesmo sentiu dores no peito, falta de ar, tonturas ou outros sinais de alerta. Estava bem, levando sua vida, sem dar trabalho para os médicos. Quando muito, ouvia uma reprimenda sobre o fato de fumar demais, um conselho para pegar mais leve com o churrasco, controlar o peso. Eventualmente escutava ladainhas sobre os riscos do sedentarismo na meia-idade. "Um pouco de exercício só faz bem... ainda mais para uma pessoa ansiosa", escutava ele de vez em quando, fingindo prestar atenção. A saúde estava ok, era o que sentia e era o que bastava.

Por isso mesmo, foi grande a surpresa quando exames de rotina o colocaram frente a frente com um cardiologista de expressão preocupada. O médico tinha uma notícia má e outra nem tanto para transmitir a ele.

A ruim era que ele apresentava entupimento em artérias do coração e se não tomasse providências poderia ser fulminado por um infarto.

— Que providências, doutor?

A solução mais radical era a cirurgia. Henrique entrou em pânico. A coragem e o atrevimento que lhe sobravam para fazer negócios desapareciam quando se tratava de duelar com a morte. Sempre tivera muito medo de morrer, e em momento algum de sua vida tentou esconder isso de Leda, Celso e Adriane. Deitar em um leito cirúrgico, deixar-se apagar pelo efeito de poderosos anestésicos, saber que o peito seria devassado sem que ele pudesse ter a mínima consciência do que lhe fariam, e nem mesmo ter a certeza de abrir os olhos outra vez, tudo aquilo era terrível.

— Mas precisa mesmo operar?, era a pergunta, quase apelo, daqueles dias.

Precisar, mesmo, não precisa, dizia-lhe o cardiologista. A natureza era sábia, e o coração de Henrique havia criado ramificações naturais para dar conta da passagem do sangue. Portanto, o entupimento da artéria não seria necessariamente fatal. Ele poderia driblar a cirurgia — e o risco de "ficar na mesa" — se adotasse uma opção mais conservadora. Levaria uma vida com mais limitações, é verdade, mas poderia controlar o problema com medicação.

Henrique hesitou. Fugir do bisturi era tudo o que queria, mas passaria a vida inteira pagando o preço de uma opção medrosa. Adeus fortes emoções — no trabalho, à mesa, ao volante. Vida na retranca. Era o melhor?

Decidiu buscar uma segunda opinião, e então foi aconselhado a procurar um jovem especialista do Hospital Moinhos de Vento que havia estudado em Harvard, Jorge Pinto Ribeiro.

Contou da primeira consulta e sobre a intenção inicial de evitar a cirurgia, para não correr riscos maiores.

— Mas isso é uma bobagem!, reagiu Ribeiro. "Risco, mesmo, é não operar!"

A um Henrique de olhos arregalados, o cardiologista explicou que pessoas naquela situação morriam de forma abrupta — caminhando na rua, enquanto dormiam, ou em meio a uma conversa — exatamente porque a obstrução dos vasos era assintomática, e nem elas, nem ninguém na família, sabiam da existência do problema.

Mas Henrique sabia, e era inaceitável que fugisse da cirurgia, insistiu Ribeiro — mesmo com todos os riscos.

Foram dias de tormento para Henrique e a família. Emotivo, deixou-se abater por pensamentos sombrios. "Vou morrer", Adriane ouviu-o murmurar, desamparado, enxugando os olhos.

Ela procurava ser firme, assim como Leda, enquanto Celso, sentimental como Henrique, saía de perto para se resolver com suas aflições.

A atmosfera foi ficando pesada, mas o senso de urgência se impôs. Quase um mês havia se passado, e era preciso tomar uma decisão. Ouviu Leda, Celso e Adriane mais uma vez. Apesar da tensão, o alto comando dos Kiperman entendia que o general deveria arrojar-se, ir em frente, ter fé na ciência médica, ele que tantos livros de medicina publicava. Adriane lembrava as palavras de Jorge Pinto Ribeiro para seu pai:

— Risco, claro que tem, mas passando a cirurgia o senhor vai ter aí uns dez anos, pelo menos, de vida normal. E nesse tempo a medicina vai jogar a nosso favor, vai criar outras soluções.

Henrique, o torcedor que não gostava de ver seu Inter retrancado, o motorista que acelerava com prazer para escutar o rugido do motor e não tinha muita paciência com os "tranca-rua" do trânsito, estava precisando ser ele mesmo.

Suspirou.

— Vou operar!

Os dias passam lerdos e pesados até a hora H, o momento em que Henrique se submeteu a uma cirurgia para colocação de quatro pontes de safena.[42] Na editora, instalou-se um ambiente de nervosismo e prontidão porque o hospital requisitou doadores de sangue.

A cirurgia transcorreu bem, mas a recuperação foi lenta e afastou Henrique das rotinas da empresa e até mesmo de atividades triviais, como dirigir. Ele passou a ter tempo suficiente para pensar na vida, na empresa, na família. Era preciso fazer

---

42 Procedimento pelo qual se retira uma parte da veia safena, localizada na perna, para transplantá-la para o coração. Esse pedaço da veia safena é colocado por cima dos vasos obstruídos, de modo a liberar a passagem do sangue para o miocárdio. Atualmente, a técnica mais comum é o uso de *stents*, minúsculos tubos de aço inox ou liga de cobalto que são colocados dentro da artéria para desobstruir a passagem do sangue. Henrique receberia uma intervenção deste tipo dez anos depois, confirmando o prognóstico otimista do médico Jorge Pinto Ribeiro sobre novas respostas que a medicina acabaria encontrando.

algumas escolhas. Teve uma conversa por telefone com o amigo Marcos Grupenmacher, que conheceu aos seis anos de idade no jardim de infância da Escola Israelita Brasileira Salomão Guelmann, em Curitiba. Contou do susto que ele e a família tomaram.

— Mas também, Henrique... Você sempre teve uns quilinhos a mais, lembra que lá no colégio te apelidaram de Gordo *Eche*? Então... É gordinho, fuma que nem louco, não gosta de praticar esporte e ainda por cima trabalha cada vez mais...

Sempre foram bons amigos e mesmo quando Henrique deixou Curitiba mantiveram contato. Filho de mãe polonesa e pai russo, Marcos teve uma cadeia de lojas de móveis e uma empresa de construção civil, em sociedade com irmãos. Deu um conselho a Henrique:

— Larga um pouco, deixa na mão da criançada, deixa eles errarem, deixa eles fazerem...

Henrique estava de acordo no essencial, que era pensar a empresa sem ele, ou depois dele, mas ponderou que tudo tinha um tempo para acontecer. Celso e Adriane, cada um a seu tempo, e do seu modo, estavam se preparando.

De todo modo, agora que tinha uma ponte para desviar o sangue de artérias bloqueadas, precisava criar outra ponte para que a empresa passasse por cima das incertezas ligadas à sua saúde.

### Celso põe o pé na estrada

O revés de saúde em 1990 convenceu Henrique de que estava chegando a hora de um batismo de fogo para Celso. No ano seguinte, o primogênito começou a acompanhá-lo no grande evento anual de prospecção de negócios, a Feira de Frankfurt. Até então, a participação de Celso se resumia a pesquisar os catálogos das grandes editoras e entregar ao pai uma lista de obras que poderiam interessar. Depois, ficava esperando Henrique voltar, mal contendo a ansiedade de saber o que havia resultado de toda a sua pesquisa, para quais obras e autores o pai tinha conseguido licença, ou preferência, para traduzir e publicar no Brasil.

Henrique invariavelmente voltava carregado de histórias, e o filho se perguntava como aquilo podia ser possível para alguém que não era fluente em inglês. Aliás, a rigor Henrique não se mostrava eloquente nem mesmo em português, pois apesar de suas múltiplas leituras e da curiosidade intelectual inerente a um editor, todos à sua volta sabiam que era um homem talhado para o silêncio e a observação.

Celso não ousava dizer, mas por vezes ficava pensando se metade daquelas narrativas de um monoglota em terras estrangeiras não seria fruto de, bem, alguma imaginação. Viu que não era exagero quando passou a viajar com o pai, em 1991.

Da primeira vez, estava em êxtase. Queria muito conhecer a Europa, e mal conseguia acreditar quando viu o roteiro que iriam fazer. Londres, Paris, Frankfurt — um banquete para um esfomeado. A grana era curta, Henrique deixava bem claro.

— Não vai pensando em grandes luxos porque vamos ficar em hotéis baratinhos. Essas passagens custam uma fortuna e a gente vai ter de ficar pelo menos uns 20 dias girando por lá pra valer a pena todo esse investimento.

Algum dinheirinho era reservado para visitar pontos turísticos, uma concessão que Henrique fazia aos interesses do filho, então na ansiedade dos 25 anos. Mas a rotina era dureza: peregrinar pelas grandes livrarias britânicas e depois repetir a dose nas lojas francesas antes de tomar o rumo da grande feira editorial alemã, onde outra maratona os esperava.

Londres estava na rota dos Kiperman por causa das publicações médicas. E Paris era imprescindível por sua tradição na chamada "área psi".[43] Lá se foram os dois, o rapaz esperando ouvir do pai uma instrução qualquer, uma pista, sobre o que afinal estavam indo fazer nas livrarias, mas nada, nem uma palavra. O método Henrique de *coaching* parecia ser o

---

43 Publicações de psicologia, psicanálise, saúde mental.

"descubra-você-mesmo". O estranho, e até engraçado, foi a transformação que Celso reparou no chefe do clã assim que pisou na primeira das imensas livrarias londrinas que visitaram. Em missão de negócios, o homem caladão se tornou desenvolto, e com alguma boa vontade se poderia dizer que Mr. Kiperman estava quase loquaz. Era uma metamorfose desconcertante, como se aquele tipo alto e pesado vestisse repentinamente um figurino de jóquei.

A partir daí, Celso passou a frequentar todas as edições da Feira de Frankfurt ao lado de Henrique. Ambos faziam aulas de inglês. Celso, com mais preocupações formais. Queria encontrar a forma certa de comunicação para negociar com as editoras estrangeiras. Se a Artes Médicas Sul era pequena, precisava passar uma impressão de profissionalismo. Ensaiava as conversas que iria ter, partia com perguntas pensadas e respostas engatilhadas. Operava *by the book*. Improviso era para Henrique, o carismático.

A dupla funcionava bem, cada um a seu modo, na abordagem das senhoras do mercado editorial. É isso mesmo: a gestão dos contratos de cedência dos direitos autorais pelas grandes editoras estava concentrada em um pelotão de mulheres. Elas eram duras na negociação, mas sempre dispostas a baixar um pouquinho a guarda quando ouviam a melodia certa.

Henrique fazia o tipo sério, mas atencioso e cavalheiresco. Bem mais extrovertido, Celso despertava compaixões maternais. Certa vez, ele conseguiu amolentar o coração de mármore de uma executiva da norte-americana Lippincott. Era uma das editoras que Henrique tentava conquistar havia um bom tempo, mas seus arremates sempre batiam na trave. Ainda modesta, a Artes Médicas Sul acabara de entrar no mercado dos grandes títulos, concorrendo em desvantagem com outras casas editoriais brasileiras. Não infundia confiança na dama da Lippincott.

Então, Celso apareceu na frente da circunspecta senhora munido de seu inglês ensaiado. Não só o inglês, diga-se. Tudo, nele, era planejamento, quase premeditação. Levava um caderno cheio de marcações e apontamentos para guiar a conversa. Não queria errar nada. O embate com as grandes editoras globais era algo importante demais para ele. Se Henrique era um "peixe pequeno" aventurando-se em zona de tubarões, o que dizer dele, Celso, ainda um filhote? Sentia a adrenalina lá em cima, como se estivesse deixando as partidas amistosas de tênis na zona sul de Porto Alegre rumo aos duelos de Roland Garros.

Seu nervosismo não passou despercebido pela leoa da Lippincott, mas, em vez de devorá-lo, a mulher tomou delicadamente o caderno das mãos de Celso e se pôs a examinar aquelas anotações todas que ele fizera. Comoveu-se com o esforço do rapaz para conseguir aquele contrato. Mas não foi só compaixão. Havia, nela, também uma certa admiração. Um jovem editor com tanta garra para adquirir certos direitos autorais provavelmente estava convicto de que iria fazer um grande negócio, e trabalharia duro para transformar os lançamentos em *best-sellers*.

Então veio o voto de confiança, e a Artes Médicas Sul penetrou nos domínios da Lippincott, lançando no Brasil vários *best-sellers* da editora.

No vai e vem frenético de editores pelos corredores da Feira de Frankfurt, Henrique sumia das vistas dos concorrentes e, também, de seus compadres do Sul. Certa vez, viajou à Alemanha com Roque Jacoby, fundador da extinta Mercado Aberto, uma das mais importantes editoras de Porto Alegre nos anos 80 e 90. Ambos haviam se tornado amigos nos tempos em que atuaram juntos na Câmara Rio-Grandense do Livro. Roque notou os sumiços do colega, e quando teve a chance de catá-lo dentro daquela multidão quis saber como estavam indo os negócios. Surpreendeu-se com a resposta. Naquele dia, Henrique estava correndo para dar conta de 17 reuniões — cada encontro durando em torno de meia hora. Os dias seguintes não seriam muito diferentes.

Os editores brasileiros costumavam se reunir informalmente, em algum momento da feira, para uma conversa descontraída. Dificilmente o quórum era completo, porque cada um tinha sua agenda e interesses próprios, mas na chacrinha das letras a figura menos assídua era Henrique. Quando Henrique voltava a encontrá-los, lembra o editor Jackson Alves de Oliveira, a turma pegava no pé dele.

— E aí, Henrique? Como é que foram as reuniões? Pegou todos os livros? Deixou algum pra gente?

Jackson lembra que a reação de Henrique era dar um discretíssimo sorriso — nem tão efusivo que significasse um brado de vitória, nem tão fechado que pudesse parecer uma confissão de derrota.

— Só que depois a gente ia ver e realmente, no ano seguinte, começavam a aparecer bons lançamentos pela editora dele.

Era um tipo com fome de negócios, Henrique.

E Celso que se virasse para acompanhá-lo.

Neste convívio por livrarias e feiras na Europa e nos Estados Unidos, pai e filho foram forjando uma unidade no modo de pensar e de fazer negócios. Havia entre eles uma convergência natural no entendimento do que era uma oportunidade real ou simplesmente uma "canoa furada".

Sob certo aspecto, nem poderia ser diferente.

No início, Celso fazia de tudo para seguir os passos de Henrique em um território no qual estava ainda engatinhando. Via-se como um aprendiz. Tinha um molde, um padrão a observar. Era o padrão Kiperman. Mexer demais no que estava dando certo era um risco. Lembrava do pai urrando no Beira-Rio em 1975, magnetizado por aquele meio-campo que conduzia o Inter para a conquista do primeiro campeonato brasileiro. Aos nove anos, cerrava os punhos junto com Henrique. Nada podia ser melhor que Capaçava, Falcão e Paulo César. E ai de quem viesse com alguma proposta diferente de escalação.

— Se tá dando certo, melhor não inventar, ouvia Henrique dizer sobre seu Inter — seu e de todos os Kiperman.

Não inventar. Celso seguiria este conselho.

Mas não por muito tempo.

Afinal de contas, a diferença entre inventar e inovar era tênue, e basicamente determinada pelo resultado. No futebol, como nos negócios, um "inventor" rapidamente se convertia em "inovador" se tivesse sucesso.

E Celso, como o pai, convivia bem com uma certa dose de risco.

### No "fio do bigode"

A década de 90 chegou sem autorizar qualquer otimismo aos brasileiros.

Parecia-se assustadoramente com os anos 80, que foram apontados como a "década perdida" porque a economia brasileira ardia em uma combinação terrível de crescimento baixo, ou recessão, com inflação nas alturas.

Todo aquele pesadelo dos 80 estava de volta, mas com um agravante: a incerteza política. Fernando Collor de Mello, primeiro presidente eleito pelo voto direto desde 1964, adota um conjunto de medidas radicais e inesperadas para conter a inflação, o Plano Collor.[44] E em 1992 a turbulência se agrava com a instauração de um processo de *impeachment* que não chegou a se concluir porque o presidente renunciou ao mandato antes da votação final de sua deposição.

Ao longo da primeira metade dos anos 90, o cenário de estagnação — ou "estagflação", neologismo criado pelos economistas — tornava o ato de empreender um risco permanente.

As empresas não conseguiam enxergar o cenário à frente para planejar investimentos, dada a incerteza geral a respeito de variáveis importantes. Nos momentos mais críticos, os preços das matérias-primas e custos de produção subiam todos os

---

**44** Em março de 1990, logo após tomar posse, o governo de Fernando Collor de Mello decretou o bloqueio de depósitos bancários e contas de poupança que excedessem a quantia de 50 mil cruzeiros — o equivalente, na época, a 4 mil dólares — alegando ser necessário retirar moeda de circulação para conter a alta de preços. Como não havia dinheiro girando, os negócios esfriaram de maneira brusca. Em 1990, o PIB brasileiro encolheu 4,3%. (Esber, 2017, p. 255).

dias, o que determinava remarcações constantes em todos os valores de mercadorias e serviços.

A área editorial e gráfica sofria com todas estas mazelas, mas era abalada por um fator, particularmente — o valor do dólar era uma incógnita, e quando disparava tinha o efeito de encarecer o custo do papel, que era importado. Ou, pior ainda, como já visto no caso de Joseph Gress e sua Gráfica Metrópole, a desvalorização da moeda brasileira podia elevar às alturas o endividamento em dólar de quem havia importado equipamentos gráficos.

Jaci De Lazzari, o dono da Gráfica Edelbra, de Erechim, era um dos muitos náufragos da desvalorização da moeda brasileira. Tinha dívida em dólar por conta da importação de um moderno maquinário alemão.

Foi bater à porta da Artes Médicas Sul.

— Seu Henrique, a minha salvação é conseguir contratos que garantam para a Edelbra um fluxo de receitas firme, mês a mês. Senão a empresa não consegue se recuperar.

— Bom... A coisa não tá fácil. Mas vamos ver... Quanto tem que ser?

De Lazzari detalhou os valores de que precisava. O dinheiro tinha que entrar, havendo ou não havendo prestação de serviço à altura. Pagaria com serviços à medida que a Artes Médicas tivesse demanda, em um sistema de encontro de contas. Mas não podia deixar de faturar aqueles valores porque tinha compromissos a honrar lá fora.

Era uma emergência.

Henrique lembrou-se de outros tempos, em que o proprietário da Edelbra fora oferecer seus serviços gráficos. Tinha sido muito franco com De Lazzari.

— Nosso caixa está uma porcaria neste momento. Temos lançamentos pra fazer, mas não estou em condições agora.

— Não se preocupe, Seu Henrique. O senhor faz conosco, sem compromisso.

— Como assim?

— Eu tenho equipamento instalado, e um ótimo equipamento. Tenho papel em estoque. Pode imprimir na Edelbra. Pagamento se vê depois. Eu acredito em vocês!

Henrique retribuiu a confiança e De Lazzari pôde, então, conduzir sua Edelbra para fora daquela crise. Ambos honraram sua palavra, sem papel assinado. E, como era do estilo de Henrique, a parceria de negócios evoluiu para uma amizade.

## O primeiro milhão

Ao voltar de sua primeira participação na Feira de Frankfurt, Celso estava empolgado com as oportunidades que enxergara lá fora, e que compensavam, em parte, o cenário sombrio da economia brasileira em 1991.

Em quase todos os mercados, de indústria ou de serviços, os negócios andavam escassos, e a ordem geral era não contratar. Mas em razão da licença-maternidade de Cristina Varela, houve a abertura de uma vaga, e o próprio Celso fez as entrevistas com os candidatos. Ficou triste de ver a fila de gente às portas do casarão da Jerônimo de Ornelas. Da melancolia daquele quadro, restou uma boa lembrança — ele acertou na seleção, e a editora ganhou Altamir Licker,[45] que faria da empresa sua segunda casa.

Mesmo em um ano danado, como 1991, Celso via a editora da família progredindo com lançamentos importantes, a maioria trazidos de fora. Alguns, gestados no Brasil, resultantes de apostas que fazia em autores locais.

Apostas não são comuns, como se sabe, em períodos de crise econômica, quando empreendedores normalmente adotam um comportamento de recuo e espera, decorrente de um sentimento de "aversão ao risco". Não é um fenômeno dos negócios,

---

45 Licker se tornou um curinga para a empresa e para a família Kiperman. Achava Henrique um homem bravo até descobrir a fórmula de ver o chefe tão descontraído como nas festas da empresa. "Fazer o que é certo, e fazer bem feito. E nunca deixar um livro fora de lugar." Funcionário até hoje, diz ter orgulho de ter acompanhado e feito parte de uma transformação. "O sobradinho aquele virou um império."

mas da vida, como ilustrou o cantor e compositor Paulinho da Viola no refrão do samba "Argumento":

*Faça como o velho marinheiro*
*que durante o nevoeiro*
*leva o barco devagar.*

Mas foi precisamente em meio ao nevoeiro infernal do biênio 1990/1991 que Henrique acelerou seu barco na mira de algo grandioso, confiando que não se tratava de um rochedo.

Decidiu lançar um livro com mais de 500 páginas que trazia uma abordagem nova na literatura médica brasileira e que tinha, como principal autor e organizador, um norte-americano com modestos conhecimentos de português.

Esta é, em síntese, a história improvável de um grande sucesso, *Medicina ambulatorial: condutas de atenção primária baseadas em evidências*, de Bruce Duncan.[46]

Casado com a pediatra brasileira Maria Inês Schmidt,[47] professora da Ufrgs, Bruce havia se transferido para o Brasil e de imediato procurava formas de aproveitar seus conhecimentos enquanto se adaptava ao país. Como havia escrito um capítulo para um livro sobre medicina interna lançado nos Estados Unidos, discutiu com a esposa a possibilidade de publicar algo do gênero no Brasil. Maria Inês o ajudou a montar um grupo de *experts* para avaliar a empreitada, e a maioria aconselhou Bruce a ampliar o escopo da obra, de modo que não tratasse apenas de medicina interna.

Se Bruce já tinha o desafio natural de publicar em uma língua que não era a sua, as dificuldades cresceram à medida que, ampliando o escopo, aumentava o leque de especialistas que

---

46 Até a segunda edição o subtítulo desta obra era *condutas clínicas em atenção primária*. A alteração feita posteriormente refletiu uma mudança de enfoque promovida pelos autores.

47 Conheceram-se nos Estados Unidos, quando Maria Inês foi fazer um estágio (*fellowship*) na escola de medicina da Universidade John Hopkins, em Baltimore, onde Bruce fazia sua formação como médico.

teria de recrutar. Seria um processo trabalhoso, porque os profissionais que lidavam com atenção primária não eram muitos, e nem todos estavam vinculados ao ambiente acadêmico ou eram afeitos a escrever.

Com o apoio de Maria Inês, conseguiu gerar alguns poucos capítulos e foi bater à porta de Henrique. Tinha ouvido falar nos corredores da Ufrgs que a Artes Médicas ainda era fundamentalmente uma importadora e tradutora de livros de medicina, mas começava a abrir uma fresta de oportunidade para autores locais.

Bruce deixou na Artes Médicas os seus parcos capítulos e levou para casa uma promessa cordial de Henrique de estudar com atenção a proposta. Pensava que aquela era uma cartada decisiva para o projeto. Recebendo um não da editora, teria de fazer um caminho mais longo e íngreme: conseguir um jeito de chegar a editoras do Rio e de São Paulo.

Em suma, ele não tinha um "plano B", nem teria tempo de pensar em algum, porque uma semana depois Henrique o surpreendeu com uma ligação. E não era para dizer não, como acontece normalmente quando a resposta chega rápido.

— Vamos em frente com o livro!

O que ficou daquele dia foi uma sensação memorável de acolhimento para Bruce Duncan, que gostava de fazer brincadeiras com seu português, embora já estivesse até mesmo lecionando na Ufrgs. "Ele acreditou na gente, embora o principal organizador fosse um estrangeiro, que não tinha muitas relações aqui", rememoraria Bruce, em um evento público, anos depois.

De fato, Henrique investiu na ideia, e bancou o lançamento de um livro custoso, com mais de 500 páginas, em um cenário de incerteza econômica como o que caracterizou o ano de 1991. *Medicina ambulatorial: condutas de atenção primária baseadas em evidências*[48] trouxe uma coletânea de textos de especialistas e introduziu no mercado de obras médicas um passo a passo essencial para alunos de medicina, residentes e médicos

---

**48** Organização de Bruce Duncan, Maria Inês Schmidt e Elsa Giugliani.

generalistas. Sua importância foi a de apresentar as condutas básicas apropriadas em diferentes situações que se apresentavam para o médico, independentemente de sua especialidade. Com a implementação do Sistema Único de Saúde (SUS), criado pela Constituição Federal de 1988, o tema da atenção primária ganhou relevância, a ponto de o médico de família, até então sem espaço entre as especialidades clássicas, ser reconhecido, também, como um especialista.

O livro foi adotado como referência em muitas faculdades de medicina e em programas de governo voltados ao desenvolvimento da atenção básica para famílias. Teve quatro edições[49] — a última em 2013, já com quase duas mil páginas e 200 capítulos.

Foi uma das tacadas mais certeiras de Henrique. Certeira e surpreendente, porque desferidas em meio à nebulosidade política e econômica de 1991.

Ao final daquele ano, Celso se impressiona ao ver que o faturamento da editora rompeu a marca do primeiro milhão. De dólares.

Impressiona-se, fica orgulhoso, *pai, é uma dinheirama sem fim, nossa empresa se tornou gigantesca.*

Henrique olha para Celso com uma expressão enigmática, como quem diz *Ok, os negócios estão indo bem, mas como chamar de gigantesca uma empresa com menos de dez funcionários? E como considerar "dinheirama sem fim" um faturamento* — não lucro — de um milhão?

Era o velho Henrique pés no chão.

Mas que ele sorriu, sorriu.

### O dilema do guerreiro solitário

Em 1993, a empresa completa 20 anos, mas ainda é muito pequena. Certa vez, quando quis levar seus funcionários para

---

**49** Adotado por programas governamentais de saúde da família, o livro chegou a atingir em 2006 (em sua terceira edição), um pico de vendas de 50 mil exemplares.

uma confraternização de final de ano, Henrique alugou uma Kombi da funerária que ficava nas proximidades da sede da Artes Médicas Sul, a Armador Majewski. A lembrança o divertia, mas a realidade é que desde a época em que enfiara toda a empresa dentro de uma Kombi os negócios haviam evoluído — só o tamanho da firma permanecia acanhado.

Por quê?, perguntava-se.

Em parte, pelo modelo de operação que construíra, baseado na premissa de trabalhar com o custo fixo mais baixo que fosse possível. Era próprio do seu jeito de pensar. Vigiava-se para não dar o passo maior que as pernas, causa da vida breve de muitas empresas — inclusive no ramo editorial. Preferia, então, ter um núcleo muito pequeno de pessoas para cuidar da parte administrativa e do atendimento ao púbico na livraria, e terceirizar atividades de editoração para uma rede de *free-lancers* que ele gerenciava pessoalmente. Se o volume de livros em produção crescesse, contratava os serviços da AGE — Assessoria Gráfica e Editorial, de Paulo Ledur, o professor que coordenara o curso de editoração que Henrique frequentou na FDRH[50] nos anos 70, e de quem se tornou amigo e parceiro em vários empreendimentos.

O problema, um ótimo problema, era a sobrecarga de trabalho em razão das frentes que Henrique estava desbravando tanto no exterior, com a compra de direitos de publicação de obras no Brasil, quanto no lançamento de autores locais. Nem ele, nem seus *free-lancers*, nem a equipe da AGE de Ledur estavam dando conta. Havia chegado a hora de repensar a estrutura e investir na montagem de uma equipe de produção própria. Precisava, pelo menos, de alguém para cuidar da supervisão editorial, liberando-o de etapas críticas como contratar e acompanhar o trabalho de tradutores e revisores técnicos.

Pediu indicações a Geraldo Huff, professor da Universidade Federal do Rio Grande do Sul e um dos artífices da Editora da

---

**50** Fundação para o Desenvolvimento de Recursos Humanos, ligada ao governo do Estado do Rio Grande do Sul, hoje extinta.

Universidade. Sem demora, o telefone tocou na casa de Letícia Bispo, que naquele dia só tinha cabeça para a formatura em Publicidade e Propaganda, que aconteceria dentro de poucas horas.

— Letícia? É a Cristina Varela, da Artes Médicas. O Seu Henrique Kiperman precisa falar contigo.

Henrique Kiperman... o nome lhe estremeceu o ouvido. Como esquecer do riso nervoso que ela compartilhava com seus dois sócios, Mônica Ballejo Canto e Paulo Campos, cada vez que a pequena empresa de revisão de textos que eles tinham era chamada para uma reunião de *feedback* com Seu Henrique? *Vai tu... Não, desta vez vai tu..., Quem sabe vamos nós três...* Henrique era um dos clientes principais, e se os chamava não era para jogar conversa fora. Geralmente, a escolha do interlocutor para encarar o mais exigente dos fregueses recaía, por dois votos a um, em Mônica. Ela recebia o encargo e um elogio apaziguador. "Tu és a mais corajosa, Mônica, vai."

Desta vez o chamado era para Letícia, e ela foi. Assim, um dia depois da colação de grau, estava empregada, e longe de supor que seria para toda a vida.

Letícia se tornaria uma das pessoas fundamentais para a operação editorial, mas seu começo foi muito difícil. Tinha apenas 23 anos e uma visão restrita do mundo editorial, porque basicamente o que sabia fazer era revisar. E na função que Henrique a estava colocando precisaria ter outras aptidões, e mais complexas do que simplesmente caçar erros em originais. Teria de lidar com revisores técnicos, com tradutores, gente de trato nem sempre fácil. Para complicar, em seu primeiro emprego de carteira assinada trabalhava diretamente com o patrão. E o patrão era uma pessoa difícil — ao menos naquele momento, primeira metade dos anos 90.

Ela notava que seu aprendizado poderia ser mais rápido — e seu desempenho, muito melhor — se tivesse acesso a determinadas informações que, por alguma razão, Henrique não passava a ela. Por quê?, era a dúvida que a acompanhava naqueles dias, semanas, meses. Qualquer conclusão a que chegasse seria desestabilizadora. Ele podia estar desconfiado do interesse dela em ter acesso a informações estratégicas. Será que a via como uma inimiga na trincheira, uma espiã? Logo ela, tão séria, tão compenetrada no trabalho. Ou quem sabe o chefe entendesse que a compenetração é o disfarce perfeito dos espiões? O pensamento viajava, e outras hipóteses a azucrinavam. E se ele a achasse uma garotinha imatura, "verde" demais para a missão? Estaria arrependido de sua contratação, e por isso mesmo filtrava informações mais importantes porque sabia que logo ela estaria longe dali, talvez trabalhando na concorrência?

Ela tinha o apoio de todos os colegas, mas isso não significava muito, porque o corpo funcional da editora se resumia, em 1993, a cinco funcionários[51] — Letícia incluída. Tentavam tranquilizá-la contando que até a sua chegada todas as atividades operacionais mais importantes, especialmente as relações com autores, revisores técnicos e tradutores, eram executadas pessoalmente por Henrique, e ele precisaria de um pouco de tempo para adquirir confiança e delegar funções a outra pessoa. *Calma, as coisas vão se ajeitar, tudo tem seu tempo,* lhe diziam.

Identificou em Celso um perfil mais comunicativo, e foi em busca de respostas.

— Eu entrei para dar apoio ao Seu Henrique, porque ele precisa se liberar mais. O problema, Celso, é que às vezes o Seu Henrique centraliza tanto as coisas nele que eu não ajudo como gostaria, e ele também não mostra muita vontade de me colocar a par dos procedimentos, dos detalhes. Aí eu fico por fora.

— Esse é o meu pai, sorriu Celso, condescendente. "Comigo foi parecido. Quando eu entrei na empresa, eu não sabia nada, não tinha 18 anos. Me deu uma mesa, uma cadeira, e disse 'Vai aprender'..."

---

**51** Até 1997, cinco anos depois do ingresso de Letícia Bispo, a editora continuava tendo apenas cinco funcionários.

Celso exagerava, mas só um pouco. Além de mesa e cadeira, o pai deu a ele um talão de cheques, *É pra pagar as contas da firma...*, sem maiores esclarecimentos. Mas naquilo que realmente importava a Henrique — a catalogação perfeita dos livros, ele foi claro com o filho, embora sem espichar conversa.

— Primeiro, vem sempre o sobrenome do autor.

A conversa com Celso acalmou Letícia, e aos poucos ela foi, como se dizia na época, "sacando" o patrão, e entrando na cidadela do guerreiro solitário. Juntando fragmentos do que ouvia com suas próprias observações, compreendeu que Henrique tinha, mesmo, uma dificuldade para delegar porque era um *self-made man*, alguém que sempre fizera tudo por ele mesmo, indo atrás, colocando a mão na massa, e que tudo era uma questão de conquistar, pé por pé, metodicamente, sua confiança. E metódica ela sempre foi. Paciente, também.

O tempo foi passando e, diante da nova moldura em que passou a vê-lo, entendia melhor aquele estado de permanente desconfiança que percebera em Henrique no início. O xis da questão não era ela e sua inexperiência; era ele e seu receio de colocar a perder o que estava construindo com tanto zelo e esforço. Embora fosse óbvio que Henrique era um tipo arrojado nos negócios, também ia ficando evidente que, da porta da rua para dentro, ele operava no modo de segurança, sempre verificando o alinhamento de cada tijolinho que assentava em sua editora. Henrique apenas começava a se acostumar com a ideia de que não podia ser o engenheiro, o mestre de obras e o pedreiro, mas por algum tempo ainda teria recaídas. Era por isso, apercebia-se Letícia, que quando ele passava a ela uma tarefa, parecia ficar por trás, inspecionando. Parecia, não. A seu modo, ele ficava, mesmo. Uma execução bem-feita era fator-chave, para o fracasso ou para o sucesso.

Lembrava-se do que ele lhe dissera quando a contratou:

— Letícia, o negócio livro é 70% indústria e 30% emocional.

O dia a dia foi dando contornos mais precisos à afirmação, e Letícia a tomou como uma sentença. O chefe não compartilhava da visão romanceada que permeava o mercado editorial, sempre visto como pouco profissionalizado. Ele esperava que todos tivessem uma visão pragmática e profissional do processo de produção de livros. Havia arte na atividade, e o próprio Henrique gostava de discutir grafismo, capas e outros quetais, mas que ninguém esquecesse da Fórmula Kiperman — 70% do negócio livro é indústria.

Em uma indústria, refletiu Letícia, cada função é entregue a um especialista — e que formação tinha ela para gerenciar pessoas e processos em uma atividade tão importante para aquela casa, como a produção editorial? No dia em que se fez este questionamento, tudo fez sentido. À parte todas as particularidades de Henrique, dava-se conta, enfim, de que dependia dela, e só dela, capacitar-se para o crachá de supervisora editorial e passar a ser vista pelo patrão como uma profissional, e não mais como aprendiz.

Matriculou-se em um curso de gestão empresarial e, quando deu a informação a Celso, teve a primeira surpresa: a empresa queria pagar metade da pós-graduação. A segunda surpresa foi quando recebeu a informação de que a segunda metade também seria custeada pela editora. Então ela e os colegas entenderam que as regras do jogo estavam dadas. Quem tivesse ou buscasse conhecimento aplicável ao negócio, construiria suas próprias oportunidades de crescimento.

Na indústria de Henrique, as polias e roldanas que ficavam entre sua mesa e a de Letícia passaram a funcionar cada vez melhor. Ela deu as provas de que ele precisava para delegar com segurança, e então se produziu um fenômeno curioso. Ele confiava tanto na auxiliar e no seu poder de concentração que passou a largar na mão dela um volume de trabalho quase inadministrável. Em certo momento, nada menos do que 250 livros estavam sendo produzidos sob a supervisão de Letícia.

Ela não reclamava da sobrecarga. Mas, se quisesse, teria crédito e sobretudo proximidade para alertá-lo. Afinal, a interação cotidiana dera a ela noções muito boas sobre Henrique, por mais enigmático que ele se mostrasse. Por diversas vezes Letícia, como outros colegas, o veria emocionar-se. *Típico de canceriano,* registrava para si mesma. Por vezes, pessoas próximas admiravam-se de um homem tão sério e objetivo ceder às lágrimas. "A seriedade e o jeitão meio fechado são pura defesa porque ele traz as emoções à flor da pele", interpretava.

De vez em quando aparecia alguém querendo saber como poderia ter certeza de que Seu Henrique realmente gostou de alguma coisa — se o projeto podia ir em frente, se a capa era bem bolada, se um projeto de negócio o atraía, se ele aprovava a contratação de alguém. O compêndio de *henriqueologia* de Letícia matava a charada: "Presta atenção no sorriso de canto dele. É sutil, mas dá para ver. Se ele der um sorrisinho de canto, está tudo certo, pode ir em frente. É o jeito dele de mostrar aprovação".

Décadas mais tarde, quando Henrique se recuperava de um tratamento de saúde que lhe exigira muito combate, Letícia achou que deveria ir ao encontro dele e dizer de sua gratidão:

— Seu Henrique, eu só quero agradecer por tudo... Por ter confiado em mim, por ter apostado em mim...Por tudo que o senhor me ensinou.

Foi discreto, mas ela viu.

O sorrisinho de canto de boca.

## Artes educacionais

Pode uma editora que forjou sua marca na memória das pessoas como "Artes Médicas" enveredar pelo caminho da educação sem confundir o mercado?

Esta era uma pergunta que Henrique se fizera muitas vezes, ele que sempre cuidou de não desviar de um rumo, nem despersonalizar sua editora. *O senhor não pensa em publicar ficção? Há médicos que se projetaram na literatura, como Cyro Martins, Moacyr Scliar... Há grandes médicos publicando crônicas, não seria uma oportunidade para a Artes Médicas...?*

A todas essas sugestões, Henrique respondia com certa reticência, ou então deixava claro que literatura não era a especialidade da casa.

Mas educação era um chamado permanente. Ele e Leda sempre expressaram aos filhos a importância de uma boa formação, o valor do conhecimento. Os próprios sucessos editoriais da Artes Médicas eram produzidos por uma elite intelectual que se fez a partir de escolas de excelência — desde a base. Quantos brasileiros tinham acesso a uma boa educação?

Muitas vezes pensava sobre os rumos da educação no Brasil, para calcular que futuro seus filhos, e depois seus netos, teriam.

Henrique tinha uma professora em casa. Via Leda se preparando com esmero para dar suas aulas de OSPB ou Geografia. Era testemunha do orgulho que ela, desde jovenzinha, demonstrava em lidar com crianças e adolescentes. Era um sentimento de missão, de saber que nas carteiras atrás dela sentavam-se sonhos, destinos, a esperança de um bom futuro, uma vida melhor.

A partir de certo momento, notou que a esposa se preocupava com os descaminhos da educação de um modo geral, mas especialmente na escola pública.

Henrique lembrava-se de sua escola, de seus professores. O tempo mostraria o quanto aquelas experiências seriam importantes na vida dele — inclusive as que não traziam boas recordações.

O professor Cardozo, por exemplo. Teve aulas com ele durante quatro anos, no período à época denominado de ginásio e científico.[52]

*Eu me considero um bom leitor devido ao Cardozo.*

1 a 0 para a escola do passado.

Agora, a memória o conduzia ao primário.

---

52 O ginásio correspondia ao período que hoje começa na 5ª e termina na 9ª série do ensino fundamental. Já o científico equivalia ao ensino médio da atualidade.

*As professoras da escola Salomão Guelmann eram um capítulo à parte. A lembrança maior que eu tenho era da Dona Alice. Dona Alice morava nas proximidades da minha casa, ou melhor, minha casa estava no caminho entre a escola e a casa dela. Na minha casa se reuniam alguns e esperavam a passagem da Dona Alice, que nos acompanhava até a escola.*

*No fim do horário, se repetia o ritual.*

*Quando algum aluno tinha problemas para a compreensão da matéria dada, ia com Dona Alice para a casa dela para conseguir entender a aula dada.*

*Dona Alice me acompanhou no 1º e no 2º anos primários, e Dona Zoé na 3ª e 4ª séries.*

*Além delas, tínhamos a Dona Manhe que dava aula de iídiche e hebraico aos quatro anos da escola primária.*

2 a 0 para a escola do passado.

*Tínhamos, além dessas professoras, um diretor que comandava a escola, o professor Bariach.*[53] *Uma fera que andava pela escola com uma régua de madeira. Ai de quem falasse mais alto ou sorrisse na frente dele. Ele mandava mostrar as palmas das mãos e a régua comia solta.*

*O professor Bariach, este grande "pedagogo", que jamais vi sorrir, foi um grande sionista, e com ele tivemos noção de sionismo, que ficou arraigado em nós, principalmente em mim.*

Um ponto negativo, um ponto positivo.
3 a 1 para a escola do passado.

*O "patrono" da escola, Sr. Salomão Guelmann, a meu ver, foi uma figura excepcional, adiante de seu tempo.*

*Quando ele vinha à instituição, a escola parecia que respirava melhor, porque, acredito, o professor Bariach não tirava casquinha com ele.*

---

**53** O professor Baruch Bariach assumiu a direção da escola de 1933 a 1946. No período em que comandou a escola, o ensino foi ampliado de cinco para seis anos para acompanhar a metodologia adotada na Polônia.

*O Sr. Salomão chegava fazendo festa, carregando uma caixa de maçãs geladas para distribuir entre os alunos. Era a oportunidade para comer maçã sem estar doente.*

*Além de altruísta, ele era irreverente nas datas dedicadas ao Rohs Hoshaná e Yom Kipur. O Sr. Salomão passeava com seu carro e buzinava para ser visto. Com ele não tinha dogmas e ritos a serem seguidos sem explicação.*

Depois deste depoimento, o placar fecharia em goleada a favor da escola antiga. Mas se ele desse mais rédeas às lembranças, detectaria no passado exemplos de práticas e comportamentos que não deixavam saudade. Como o de um professor de desenho no Colégio Estadual do Paraná:

*Este professor tinha o costume de fazer um desenho geométrico na lousa e os alunos tinham de copiar. Era o modelo didático da época: o professor ditava ou escrevia no quadro e o aluno copiava no caderno*

*Voltando ao professor em questão, ele fez o desenho e, enquanto eu estava copiando, ele apagou. Neste momento, pensando em voz alta, eu disse "Pô, professor, isto é sacanagem".*

*Ele ficou furioso e me expulsou da sala, me dizendo que jamais eu voltaria a frequentar sua sala de aula.*

*Fiquei um mês sem assistir a aula de desenho e se a situação persistisse eu iria rodar no fim do ano.*

*Naquele ano, o colégio tinha instituído um gabinete de orientação e assistência aos alunos, onde trabalhavam duas jovens simpáticas e que ainda não tinham sido impregnadas pelo ambiente austero da instituição.*

*Fui ao gabinete e relatei o episódio e a preocupação de perder o ano só por ter dito "sacanagem".*

*Quando repeti a palavra "sacanagem", vislumbrei um sorriso delas. Elas entenderam que eu não sabia o significado do termo. Disseram que iriam dar solução para o caso e que o professor não podia tomar aquela atitude sem comunicar a direção.*

*Passados alguns dias, ele me encontrou no corredor da sala que era da minha turma e disse que eu já podia voltar para sua aula.*

*Só então fui procurar no dicionário o significado da palavra.*

*Os tempos mudaram. Hoje em dia, em vez de dizer "sacanagem", é possível que o aluno parta para a agressão ao professor.*

Este não era o pior episódio do seu baú de reminiscências escolares. Há uma passagem que estarreceu não apenas Henrique, mas toda a sua família e, principalmente, Abrahão Kiperman, que recorreu a uma solução constrangedora para todos.

Uma farsa coletiva.

*Quando eu estava no 2º ano do ginásio, fui um dia chamado para a sala do diretor do colégio estadual do Paraná. Quando entrei, estavam me aguardando o diretor, professor Ribeiro, e uma figura execrável que nós alunos víamos de tempos em tempos, cujo cargo era o de "inspetor de ensino", que me parecia ser um cargo federal.*

*Sem mais delongas, o inspetor me avisou que iria ser expulso do colégio visto que minha situação no 2º ano era irregular, pois eu deveria ter 11 anos ou completar 11 anos até o dia 30 de junho, na data do exame de admissão e da matrícula no 1º ano ginasial.*

*Isto seria uma tragédia para mim, visto que eu e toda a minha turma estávamos juntos no ginásio.*

*A maioria de meus colegas fazia aniversário em abril e maio, e eu em 1º de julho. Somente um autêntico burocrata iria procurar nos documentos dos alunos este tipo de irregularidade.*

*Voltei para casa e contei para meu pai o problema.*

*Ele de imediato foi consultar um "rábula" que prestava serviços para toda a comunidade. O rábula encontrou de imediato a solução. Ele acompanhou meu pai ao cartório em que fui registrado, junto com as testemunhas que constavam no registro, que eram o tio e um amigo da família.*

*O rábula, então, junto com o chefe do cartório e as testemunhas, declararam que todos tinham se enganado e que na realidade eu havia nascido no dia 30 de junho, com o que o cartório emitiu uma nova certidão de nascimento chamada verbum ad adverbum,*[54] *que descrevia o assunto e retificava minha data de nascimento.*

*Hoje, decorridos tantos anos, meus amigos, minha família e eu ficamos em dúvida sobre qual a data de meu nascimento e qual o dia para comemorar.*

Os tempos haviam mudado muito. Os jovens daquele início de anos 90 se definiam como a "Geração Saúde". Ótimo para uma editora chamada Artes Médicas. Mas Henrique, como Leda, não estava totalmente de acordo com o bordão muito em voga na época, "Saúde é o que interessa, o resto não tem pressa".[55] A educação tinha pressa, sim, pensava Henrique, cada vez mais inclinado a transformar sua editora em referência também para a educação. Já tinha alguns lançamentos de prestígio, como *Psicogênese da língua escrita,* da argentina Emilia Ferreiro, nos anos 80. Introduzira o construtivismo[56] na educação brasileira. Mas ainda queria mais.

Em seu giro por feiras do exterior, à procura por lançamentos na área de psicologia, descobria muitos títulos importantes direta ou transversalmente relacionados com a educação e que poderiam oxigenar o pensamento dos pedagogos brasileiros. Também deparava com obras que tinham foco específico em temas como avaliação escolar ou uso de novos métodos pedagógicos em sala de aula, e se perguntava se ali não estava um manancial de oportunidades — para a escola brasileira, e para os negócios da editora.

---

**54** A expressão *verbum ad adverbum* é uma locução latina que significa "palavra por palavra". É uma certidão "de inteiro teor".

**55** Esta é a abertura e encerramento das intervenções do personagem Paulinho Cintura no programa humorístico "Escolinha do Professor Raimundo", de Chico Anysio.

**56** Corrente pedagógica que difere do ensino convencional por não dar ênfase à absorção de conteúdos por todos os alunos de uma turma, indistintamente, e sim ao estágio de desenvolvimento e às referências de vida de cada estudante. Em lugar de uma abordagem centrada em definir o que uma criança aprende, pedagogos filiados à orientação construtivista atentavam para o modo como ela aprende.

Passou do pensamento à ação em 1992, quando contratou uma assessora específica para esta área. Não pensava em criar uma editora "Artes Educacionais", propriamente — não com este nome,[57] ao menos. Queria dar volume e constância aos lançamentos. Chamou Beatriz Vargas Dorneles, que começava um doutorado em psicologia da aprendizagem na USP. No seu estilo, foi claro e conciso:

— Já somos muito conhecidos na área médica e de saúde mental. Agora, temos que ser referência em educação.

Beatriz foi contratada para fazer reuniões mensais com Henrique sobre os livros que ele garimpava no exterior. Recebia as obras em inglês, francês e espanhol, elaborava pareceres escritos sobre cada uma delas e tomava o rumo do sobrado de Henrique, que ocupava a primeira salinha à direita de quem entrava. Avaliava o potencial de cada livro por critérios técnicos, exclusivamente.

A visão de mercado, quem tinha, era Henrique. Mas ele surpreendeu Beatriz em vários momentos por demonstrar um nível de informação considerável, embora não especializado, sobre temáticas da educação moderna, correntes de pensamento e outros conhecimentos que transpareciam nas perguntas que ele fazia antes de decidir se o volume em discussão ia para a pilha dos "com potencial" ou para o amontoado dos "sem potencial".

A régua empregada por Henrique nas reuniões com Beatriz e outras consultoras media muito mais do que o número de leitores que se interessariam por um livro. O faro comercial de Henrique era evidente, segundo todas as consultoras que trabalharam com ele, mas um "patinho feio" do ponto de vista comercial poderia ser salvo da pilha dos rejeitados se ficasse demonstrado seu valor para mudar mentes na educação. Em resumo, se o caixa autorizava apostas, e até mesmo fracassos comerciais prováveis, Henrique se permitia investir em títulos relevantes

---

57 A filha de Henrique, Adriane Kiperman, psicóloga de formação, assumiria mais tarde a liderança da produção de conteúdos e criaria o selo Penso para obras sobre educação.

para trazer à editora outro tipo de dividendo — reputação de seriedade perante acadêmicos.

Os anos 90 acabaram significando a arrancada da editora na área educacional, com a publicação no Brasil de obras trazidas da Itália e da Espanha que tiveram impacto na pedagogia brasileira. Por vezes, Henrique trazia um livro e seus consultores avalizavam e recomendavam, como fez Beatriz nos pareceres sobre as obras de Howard Gardner, criador da teoria das inteligências múltiplas. Em outros momentos, invertia-se a mão, e os consultores é que alertavam Henrique sobre o que havia de novo e de mais instigante lá fora, como fez Maria Carmen Silveira Barbosa ao recomendar que desse uma boa olhada na produção acadêmica de uma região da Itália que, segundo ela havia lido na revista *Newsweek*, estava praticando a melhor educação infantil do mundo. Henrique não perdeu a dica, e assegurou os direitos para publicar no Brasil livros que uniram sucesso comercial e prestígio no meio universitário.

## Adriane completa o quarteto

Henrique sempre quis ter a empresa dentro da família, e a família dentro da empresa, mas não fez convocação aos familiares. Foi de modo espontâneo que Leda passou a frequentar diariamente a editora quando se aposentou do magistério. Para não perder o ritmo, decidiu se apresentar à editora, assumindo tarefas de revisão de livros compatíveis com sua formação.

Celso também se juntara espontaneamente ao pai, e era curioso ver aquele garotinho tentando ser útil na exposição de livros que Henrique montava em congressos médicos. Já na adolescência, passava na loja do centro quando voltava das partidas de tênis na zona sul de Porto Alegre. E ocupou definitivamente sua mesinha em 1984, quando uma greve retardou o início de suas aulas na Ufrgs.

Faltava, apenas, Adriane, a caçula, envolvida simultaneamente com duas faculdades, Psicologia e Comunicação. No momento de fazer o estágio em Psicologia, deixou de lado o curso de Publicidade e colocou toda a energia no suporte a mães atendidas pela área de ginecologia e obstetrícia do Hospital de Clínicas de Porto Alegre. Pelas situações que vivenciou ali, Adriane acabou se sentindo desafiada a mergulhar fundo em histórias que nem sempre tinham final feliz, e se voluntariou para passar um ano adicional estagiando no Clínicas.

Concluída a faculdade, Adriane se lançou a uma especialização em psicoterapia da infância e da adolescência, abriu um consultório de psicologia e começou a dedicar algum tempo à editora do pai, a partir de 1991. Não dava expediente, como era a rotina de Celso havia sete anos. Participava da escolha de capas para livros de psicologia infantil, e assumia a revisão técnica[58] de livros de sua área de estudos.

Assim como a mãe e o irmão, Adriane teve seu tempo e sua maneira de ingressar na empresa da família. Sabia que Henrique não faria qualquer cobrança para que entrassem na sua barca, e tampouco dispararia algum convite sutil, *Olha, isso aqui um dia será de vocês, vão pensando nisso...* O pai não funcionava assim. Mas, por entre os silêncios que fazia, ela tinha a convicção de que na ótica de Henrique, família e empresa, empresa e família, sempre foram uma coisa. E que desejava ter o quarteto Kiperman unido e perfilado ali, com ele.

A partir de 1994, isso começou a se materializar.

### O homem do cheque

O que tem a ver o serviço de *buffet* do casamento de Adriane em 1995 com as passagens aéreas da viagem de Henrique e Leda a Chicago e como tudo isso vai se misturar com a atividade

---

58 Na definição de Beatriz Vargas Dorneles, uma das *experts* que Henrique contratou para calibrar as apostas em livros sobre educação, revisão técnica é o "calcanhar-de-aquiles" da área editorial. Faltam profissionais para dar conta do volume de lançamentos no segmento técnico-científico-profissional.

febril do novo contratado da editora, Angelo Castrogiovanni? Resposta: todas as pontas se juntam na mesa de Celso.

Para entender, melhor começar por Angelo, o *free-lancer* que por mais de uma década vinha fazendo jornada dupla. De dia trabalhava na área de câmbio de um banco internacional e à noite mediava os contatos de Henrique com as editoras do exterior. Com as participações cada vez mais assíduas de Henrique em feiras pelo mundo, agora com o reforço de Celso, a demanda ia crescendo e não eram raros os sábados em que Angelo comparecia para colocar o serviço em dia — Henrique ditando em português o que queria dizer ou escrever em inglês.

Extenuado, e enfrentando o luto pela perda do pai, Angelo pensa em largar tudo e ir morar perto de familiares, nos Estados Unidos. Encontra em Henrique um ponto de apoio e, mais tarde, repensando a decisão de ir embora, recebe proposta para trabalhar *full-time* na editora. O volume de negócios com o exterior tinha crescido bastante. O número de contratos de direitos autorais adquiridos lá fora, especialmente na Europa, só aumentava. Henrique preferia Angelo não só pela confiança, decorrente do longo convívio, mas por entender que em momentos de melancolia o trabalho, especialmente se contiver um grande desafio, serve para reequilibrar[59] uma pessoa.

— Angelo, vamos precisar organizar uma carteira de direitos autorais para dar conta de tudo. Até agora, quem organizou tudo nestes anos todos foi minha esposa, Leda. Mas com o volume, vamos precisar de um reforço na estrutura.

---

59 Henrique demonstraria esta crença ao receber a coordenadora de Produção Gráfica e Digital, Marta Ferreira, que voltava de férias muito abatida em 2010. O pai não havia ido ao casamento dela porque adoecera na véspera. Morreria sete dias depois. Não houve núpcias, nem férias, e na volta de Marta à editora Henrique se interessou por ouvir como tudo tinha acontecido. Falou sobre a dor e as provações da vida, e tratou de colocá-la para cima, do seu jeito:

— Nós sentimos, Marta. Muito mesmo. Mas olha, tu tá chegando em boa hora, nós estamos com bastante trabalho e precisamos muito de ti.

Toda a negociação com as editoras passava por Angelo, e por mais seletiva[60] que a editora se mostrasse, os valores a pagar se tornavam expressivos.

E como acontecia desde 1984, quando Henrique entregou a ele o talão de cheques da empresa, todos os pagamentos partiam da mesa de Celso. Direitos autorais comprados em dólar, reforma da casa de praia, casamento dele próprio ou da irmã, viagens de seus pais, tudo redundava em cheques com a assinatura de Celso. Até aquele momento, como é comum nas empresas familiares, o caixa não distinguia contas da empresa e contas da família. Por força da rotina de pivô, Celso se sentia um pouco "dono" da empresa.

Mas na cabeça de Henrique começava a se formar uma equação complexa sobre como estruturar uma empresa e um patrimônio de maneira que o grande manda-chuva fosse o Fator K — o núcleo familiar como um todo.

Não foi uma construção fácil, como se verá.

## Irmã do Paulo, não do ministro

O governo é um grande cliente para grande parte das empresas, mundo afora. E em um país como o Brasil, de dimensões gigantescas e com quase 40% da riqueza administrada pelo setor público, o protagonismo governamental chega a um nível superlativo. O ramo editorial está entre aqueles que têm, entre suas grandes fontes de receita, as compras públicas, o que sempre dá margem, nas disputas de mercado, a rumores de favorecimentos ou decisões baseadas em tráfico de influências. Um dos amigos e fornecedores de Henrique, Jaci De Lazzari, da Gráfica Editora Edelbra, sustenta que em quase meio século de atuação não viu motivos para duvidar do rigor com que os técnicos e consultores do MEC avaliam os livros escolhidos pelos programas oficiais

---

60 Henrique ressaltava o perfil de editora especializada. "Precisamos dar tiro certeiro, não de canhão", dizia. Na atualidade, são mais de mil contratos de direitos autorais em diferentes partes do mundo.

de distribuição às escolas. De fato, no inventário de décadas de escândalos nas relações público-privadas, não despontam muitos casos ligados à compra de livros pelo governo.

Não significa, é claro, que este seja um ambiente acima de quaisquer suspeitas. Em sua autobiografia, intitulada *O serelepe*, o editor Ruy Mendes Gonçalves, um dos construtores do gigantismo da Saraiva, expõe um fato controvertido do passado:

"A Saraiva foi uma das principais editoras de livros didáticos no Brasil até o início dos anos 40, quando houve a reforma Capanema, referência ao ministro da Educação na época, Gustavo Capanema.

"A visão que tenho de Getúlio Vargas, então o presidente da República, é de que ele era o 'pai dos pobres', como ficou conhecido, mas também era a mãe dos ricos. Quando saiu a reforma, a Editora Nacional já tinha os livros prontos, com todas as modificações exigidas. Foi privilegiada, pois somente ela tivera acesso antecipado ao conteúdo das mudanças. Já a Saraiva precisou jogar fora quase seu estoque inteiro, porque se tornou proibido adotar um livro fora da reformulação pedagógica. A empresa quase quebrou.

"O velho Joaquim, fundador da Saraiva, bateu na mesa: 'Nunca mais faremos livro didático nesta empresa', declarou. E aquilo virou tabu."

Toda a tradição brasileira de confundir público e privado pesou sobre os ombros da pedagoga Maria da Graça Souza Horn no início de 1995, quando o ex-diretor do Banco Interamericano de Desenvolvimento, Paulo Renato Souza, seu irmão, foi convidado pelo presidente Fernando Henrique Cardoso a comandar o Ministério da Educação.

Graça havia ingressado na Ufrgs 14 anos antes, e trazia o orgulho de ter sido a primeira professora concursada para a área de educação infantil na universidade. Quando eclodiu uma greve nas universidades federais, tomou parte das assembleias de professores, mas teve de impor limites a colegas que passaram a vê-la não como a irmã do Paulo Renato, mas como a irmã do ministro. Uma dirigente de universidade resolveu abrir o jogo, sem meias palavras, nem pruridos.

— Olha, Graça, diz por favor para o teu irmão...

— Não vou dizer nada, cortou Graça. "A instituição universidade é que deve falar com o ministro."

Graça começou a trabalhar como consultora editorial de Henrique três anos antes de seu irmão virar ministro da Educação, e continuou ligada à editora muito tempo depois da saída de Paulo Renato, ao final do segundo mandato de Fernando Henrique Cardoso. Fez muitas reuniões com Henrique. Dava sua opinião sobre os livros que ele trazia do exterior, sugeria temas que deveriam merecer a atenção da editora, e só. Nunca falou sobre o irmão ou sobre o MEC. E Henrique, diz ela, continuou o mesmo tipo cavalheiresco que ela conhecera em 1992. Nunca perguntou ou tentou sondá-la sobre os rumos que Paulo Renato pretendesse imprimir à política educacional brasileira.

O que sabia, sabia pelos jornais.

Registre-se que Graça tem dois livros publicados pela editora. O primeiro[61] resultou de sua tese de doutorado, e é de 2002. O segundo, *Projetos pedagógicos na educação infantil*, teve como coautora sua colega de revisões técnicas e de consultoria à revista pedagógica *Pátio*,[62] Maria Carmen Silveira Barbosa, que todos na editora conhecem por Lica. Este livro, que venceu um edital do MEC e teve boa parte de seus exemplares comprados pelo Fundo Nacional de Desenvolvimento da Educação (FNDE) em 2008, está ligado a uma história muito reveladora sobre como funcionava a cabeça de Henrique, que bem podia ser um lorde, na definição de Graça, mas um lorde teimoso na defesa de suas convicções.

Graça e Maria Carmen haviam acertado com a equipe dirigida por Adriane todos os detalhes para a publicação de *Projetos*

---

**61** *Cores, sons, aromas e sabores: a organização dos espaços na educação infantil.*

**62** Ver informações sobre a revista no tópico "Pátio, o encontro de pai e filha" (pág. 140).

*pedagógicos na educação infantil.* Mas Henrique hesitava em publicar porque o livro estava "magrinho", segundo ele. Esta é, aliás, uma das máximas que Henrique jamais registrou solenemente, mas todos que estiveram próximos dele recolheram impressões e muxoxos que dariam forma ao seguinte mandamento:

— Não se publicará livro fininho, e revogam-se as disposições em contrário.

Adriane, a chefe da dupla na revista *Pátio*, onde fora publicado o artigo que deu origem ao livro, entrou em campo para demover o pai, mas alertou as autoras de que um capítulo a mais na obra reforçaria seu cacife de argumentação.

O capítulo adicional foi escrito. Mas Henrique ainda achava o livro um tanto fininho.

Adriane conversou com Graça e Maria Carmen, narrou a dificuldade, *O pai tem essa coisa do livreiro, que curte o livro grande, vistoso.* Afastava, porém, a hipótese de que a dupla tivesse de procurar outra editora. Confiava no seu poder de persuasão, embora tivesse consciência de que Henrique não se dobraria facilmente, e ela sabia por quê. Um dos maiores incômodos do pai era a marca que a então Artes Médicas Sul deixara, no início de suas operações, nos anos 70, de fazer "bons livrinhos", imagem reforçada pela opção de ingressar no mercado editando livros de psicanálise, que eram mais curtos, e em formato menor.

Ao final, Adriane convenceu Henrique de que o livro teria grande valor por subsidiar os educadores com dicas objetivas sobre como povoar o espaço da escola não só fisicamente, mas pedagogicamente. E, então, *Projetos pedagógicos na educação infantil* saiu em 2008 com o selo Penso, totalizando 128 páginas. A obra foi repassada pelo MEC a escolas infantis e, diante do sucesso comercial do livro, Maria da Graça brincaria com Adriane, ao encontrá-la no corredor da editora. "E esse fininho, hein? Os fininhos satisfazem!"

### Artes Médicas Sul vira Artmed

Em 1996, Henrique ousava ao inaugurar uma filial da Editora Artes Médicas Sul em São Paulo. Era um passo importante rumo à expansão dos negócios para além do Rio Grande do Sul, mas o assanhamento reinstalou o mal-estar nas relações com o antigo sócio. Henrique Hecht chamou seu xará para uma conversa.

— Esta situação não pode continuar.

— Não vejo problema. São duas empresas diferentes, com linhas editoriais diferentes.

— Mas se você traz a Artes Médicas Sul para São Paulo, vai haver confusão. Aqui é a sede da Artes Médicas, temos uma longa tradição neste mercado e será complicado ter outra empresa com praticamente o mesmo nome atuando no nosso território.

Henrique sabia que o compadre paulista tinha razão, mas, que diabos, ele também se sentia um construtor da grife "Artes Médicas", pela qual editou tantas obras no Sul do país. Estava numa enrascada. Abrir mão daquele nome era quase como renunciar a sua própria identidade. Muita gente no mercado o chamava de "Henrique da Artes Médicas". Seus filhos eram o "Celso da Artes Médicas" e a "Adriane da Artes Médicas".

Socorreu-se, então, de sua notória vocação para bolar nomes, mas não fez uso da criatividade para inventar algo novo e sim para driblar a situação em que se viu metido.

Tinha que mudar, mas no fundo não gostaria de mudar.

Pensando daqui e dali, saiu-se com um meio termo: Artmed. É isso, animou-se: a sua empresa passaria a se chamar Artmed.

Pronunciou aquele nome com o vagar de quem degusta um bom vinho. Gostou da sonoridade. Mais do que isso, o novo nome não sugeria uma ruptura com o passado. Ao contrário, parecia um destes arranjos que os homens de *marketing* encontram quando querem "modernizar" marcas sem desprezar sua história e sua tradição. Artmed...

Será que Henrique Hecht consideraria a mudança suficiente? Ou iria arquear sobrancelhas, a desconfiar de uma artimanha do xará do Sul para mudar não mudando?

Não estava pessimista, nem otimista. Estava preocupado e um tanto triste, porque a festiva interação entre as duas famílias, adubada com telefonemas cordiais nas datas e nos eventos importantes, havia esfriado.

Mas a histórica relação que os dois Henriques haviam construído desde 1964 acabou se impondo sobre os desentendimentos. Hecht seguiria com Artes Médicas, e Kiperman lançava a sua Artmed.

O acordo foi celebrado.

**Pátio, o encontro de pai e filha**

À medida que as rotinas de finanças da empresa passavam às mãos de Celso, Henrique se sentia liberado para relaxar um pouco e dirigir sua atenção para algo que sempre gostou de fazer: criar um projeto de dupla face, bom conteúdo e bom negócio.

Estava, há tempos, pensando em fazer algo diferente de livro. Atraía-se pelo gênero revista, porque era um tipo de publicação que se prestava a trazer abordagens analíticas, próprias para instigar reflexões — e com a vantagem de ser periódica, e por isso muito próxima de formar uma comunidade de leitores regulares, talvez fiéis.

Quando procurava imaginar do que trataria uma revista feita em uma editora como a sua, o que lhe vinha à mente era tão-somente educação.

Pensou em seus filhos, e não teve dúvida. Era um projeto talhado para Adriane, não para Celso — que cumpria o papel de *businessman*, não de produtor de conteúdos. A própria Adriane, com formação em psicologia, também não estava pronta, porque até então se dedicara mais a revisões técnicas em obras de sua especialidade. Mas Henrique a considerava, por perfil e jeito, uma editora em potencial. Era quem tinha gosto pela atividade acadêmica.

Adicionalmente, Henrique entendia ser estratégico distribuir, para seus futuros sucessores, missões complementares: Celso no *business*, Adriane no conteúdo. E, para além de todas as motivações ditadas pela razão, havia outra: embora fizesse força para não demonstrar, derretia-se pela filha. Gostava de tê-la por perto, e já era hora de se dar esta oportunidade, uma vez que, na empresa, sempre estivera mais próximo de Celso — os dois emotivos, os dois ansiosos, os dois loucos por novidade, os dois amantes de carros, os dois quase inseparáveis, enfim, o *Cascata* e o *Cascatinha*[63], na espirituosa definição de Leda.

Pois queria também Adriane entrando no seu gabinete mais vezes, ela e seu cabelo luzidio, exprimindo juventude e positividade no modo de falar e de se vestir, no sorriso fácil, brincando com o jeito sério dele, desanuviando o dia. *O sorriso da Adriane ilumina a sala inteira*, Henrique dizia.

Todos esses fatores se associaram naquele dia em que resolveu chamar a filha à sua sala, em 1997.

— Adriane, estive pensando que a gente deve fazer uma revista. Uma revista de educação.

Ela sabia que quando o pai vinha com uma ideia era porque as coisas já estavam adiantadas — ao menos na cabeça dele.

— Uma revista sobre educação, pai? E como seria?

— Não sei bem, mas a gente vê a educação cada vez pior, muito professor desatualizado. Quem sofre é o aluno, ainda mais na escola pública.

— E como a revista pode ajudar?

— Eu acho que a gente pode trazer artigos sobre novidades pra que o professor dê uma aula melhor. Sei lá, simplificar a linguagem da pedagogia. Levar pra escola mais conhecimento, a um custo mais baixo... Até já pensei num nome pra essa revista...

---

**63** "Cascata e Cascatinha" são personagens de um quadro humorístico criado por Chico Anysio nos anos 80. Chico vivia *Cascata*, o pai, e o ator carioca Geraldo Freire de Castro Filho, o Castrinho, personificava *Cascatinha*. Os diálogos impagáveis entre um pai e um filho que se admiravam cegamente se encerravam sempre do mesmo modo. "Meu garoto", derramava-se Cascata. "Meu paipai", retribuía o pequeno gorducho.

O velho Henrique de guerra continuava em forma, tinha nome para tudo. Na empresa, todos sabiam que, depois que alguém criava um produto, quem batizava era ele.

— Ah, é? Que nome, pai?

— Pátio. Eu pensei nesse nome... O que é que tu achas?

O nome era muito bom, disse Adriane, que se pôs a discorrer sobre a relevância social do projeto. Achou que o pai devia ir adiante com a ideia.

E de fato ele foi em frente, embora de um jeito não planejado.

Alguns anos antes, na primeira metade da década de 90, Henrique havia conhecido a socióloga Lourdes Atié, em São Paulo. Ela dirigia o centro de formação de professores da Escola da Vila, colégio particular paulistano fundado no início dos anos 80 e que oferecia, como novidade, métodos de ensino alinhados com a visão construtivista.

A escola tinha dificuldade para encontrar professores engajados com os conceitos de uma educação que colocasse foco no aluno, e não no conteúdo, como na pedagogia tradicional. Por isso, decidira formar seus próprios profissionais, promovendo cursos e palestras com teóricos vindos de países como Argentina e Espanha, principalmente.

Um dia, Lourdes quis fazer contato com a professora da Universidade de Buenos Aires Ana Maria Kaufman, autora de livros sobre alfabetização, leitura e escrita, e hoje pesquisadora do Programa *Escuelas para El Futuro*, da Universidade de San Andrés, na Argentina. Disseram-lhe que para chegar à autora teria de falar com um editor de Porto Alegre, de sobrenome Kiperman.

Quando ligou, uma voz pausada, em tom baixo e formal, a atendeu.

Ela pediu para falar com o dono da editora.

— Eu sou o dono, disse o senhor, com cortesia.

Lourdes pensou em um jeito educado de pedir para falar com a pessoa que realmente dirigia a editora, pois imaginou que do outro lado da linha estivesse um fundador já desligado das rotinas da empresa, e que estivesse passando casualmente por ali quando o telefone tocou.

Em poucos instantes, porém, deu-se conta do enorme equívoco. Henrique não era apenas o dono. Era o líder da editora. Deu todas as informações de que ela precisava. Foi a primeira surpresa. A segunda foi quando Henrique visitou a Escola da Vila para trocar informações sobre obras e autores de referência para a educação brasileira. Ele tinha bem menos idade do que a voz sem fôlego sugeria ao telefone.

Henrique e Adriane passaram a acompanhar de perto as atividades da Escola da Vila, e Lourdes, os lançamentos da Artmed em educação. Numa ocasião, depois de voltar de Barcelona, Lourdes contou a Henrique de uma iniciativa que a impressionara.

— Henrique, em Barcelona existe um jornal semanal voltado para professores. Fiquei encantada. *Vambora* fazer um jornal desses aqui no Brasil, Henrique!

Com certa fleuma, Henrique comprimiu os lábios, um jeito muito próprio de não dizer sim, nem não. Mas não ficaria em cima do muro.

— Jornal... Não, Lourdes. Eu estava mesmo pra te falar que eu tô a fim mesmo é de fazer uma revista...

— Revista, Henrique? Mas você tem alguma experiência com revista?

— Não... Mas e tu, Lourdes... tem alguma experiência com jornal?

Os dois riram, a carioca despachada e irreverente e o sulista introspectivo, mas sempre dado a uma pincelada de humor no meio de assunto sério.

Lourdes já havia saído da Escola da Vila e retornado ao Rio de Janeiro quando recebeu a incumbência de fazer o projeto e a edição-piloto da revista *Pátio*. Antes da execução do número 1, Henrique e Lourdes combinaram que a *Pátio* deveria buscar um caminho próprio, totalmente diferente da publicação líder do setor, a revista *Nova escola*, da Editora Abril.

— Não acho que a *Pátio* deva ser vendida em banca, como a *Nova escola*, sentenciou Henrique.

Ele queria que a *Pátio* fosse tão importante para escolas e professores que chegasse regularmente, via assinatura, não por venda avulsa.

Henrique, como editor de livros, sabia que o ciclo de produção de uma obra envolvia um tempo mais longo, e que era desejável atualizar de modo mais rápido os professores e os gestores de escola.

— Eu não quero que um professor tenha de esperar um livro do César Coll[64] para conhecer o pensamento dele.

Lourdes concordou com Henrique, e sugeriu que, nesse caso, a *Pátio* deveria colocar o especialista escrevendo diretamente para os profissionais da educação.

— Vai ser outra diferença em relação à *Nova escola*, porque lá é o jornalista que traduz a fala do especialista para o leitor.

Henrique apoiou.

— Isso. Vamos botar especialista falando diretamente para o professor.

Com o piloto da *Pátio* na mão, Henrique chamou Adriane à sua sala.

— Aqui tá o boneco da revista. Eu acho que ficou bom, Adriane. E tu?

— Eu gostei, pai. Acho que é um projeto bem interessante e necessário.

— Então "toca ficha", Adriane. Assume.

Aquilo soou como um petardo. Mas era o estilo do pai, seco e direto.

---

**64** César Coll Salvador, da Universidade de Barcelona, teve forte influência na reforma educacional implementada na Espanha e atuou no Brasil como consultor do MEC para a elaboração dos Parâmetros Curriculares Nacionais nos anos 90. Com pesquisas nas áreas de educação e psicologia, tornou-se uma das grandes referências do construtivismo e publicou, entre outras obras, *Ensino, aprendizagem e discurso em sala de aula*.

Ela tentou se recompor da surpresa, agradeceu a confiança dele ao colocar na mão dela um projeto desafiador — seria a primeira revista em uma editora que publicava livros. Só pediu que ele tivesse paciência, porque ela não estudara Jornalismo, e sim Psicologia. Aliás, embora estivesse pensando em deixar de clinicar, seu consultório de psicologia ainda estava ativo, e tinha pacientes à sua espera. Sobre educação, entendia de fundamentos teóricos, não do exercício do magistério. E seus conhecimentos sobre produção editorial ainda eram incipientes — decorriam mais de observação que de vivência prática.

Henrique não parecia impressionado com tantas ressalvas. Ao contrário, entendeu que Adriane, exatamente por ter consciência de todas as dificuldades que iria enfrentar, redobraria esforços e executaria o projeto com nível máximo de atenção e envolvimento. Sabia, também, que a filha era apaixonada por ele (*Um édipo,* brincava ela), e que faria qualquer coisa para conquistar sua admiração.

Em resumo, Adriane aprenderia o que tivesse que aprender para "dar conta do recado", como Henrique costumava dizer.

Ela passaria dias com aquilo na cabeça. "Então toca ficha. Assume."

Estava um tanto aflita, porque o pai sempre havia se mostrado um editor crítico e exigente. E, como líder, ele tinha uma convicção férrea no princípio de que todos, absolutamente todos, podiam dar o seu melhor. Que qualquer pessoa podia fazer bem feito o que lhe fosse dado fazer, e melhorar e caprichar ainda mais, sempre. Se o coração era amanteigado, o olhar era durão. Um veredito.

Ela sentira pressão semelhante em meados dos anos 80, quando estava em dúvida sobre a faculdade que iria fazer. Por ter psicanalistas na família, pelo lado da mãe, Adriane pensou em fazer Psicologia.

— Se tem dúvida, cursa outra faculdade junto com Psicologia. Publicidade, por exemplo, ou Pedagogia. Mas naquilo que for fazer, faz o teu melhor. Pensa grande, sempre.

Era um conselho.

E era um recado.

Muitas histórias circulavam na empresa sobre o zelo implicante de Henrique com detalhes e com exatidão.

A coordenadora editorial da área de Ciências Humanas, Cláudia Bittencourt, jamais se esqueceria do dia em que fora chamada pela primeira vez ao gabinete de Henrique. Tinha pouco tempo de casa, e não havia sido apresentada a ele. Cruzavam-se pelos corredores, olhavam-se, ela presumindo quem ele era.

*Seu Henrique quer falar contigo*, vieram lhe dizer tempos depois, e as pernas fraquejaram. Pegou bloquinho e caneta e se foi, fazendo força para não denunciar, na voz e nas mãos, o nervosismo. Não por medo, porque na visão de Cláudia a figura dele, calada e grave a circular pelos ambientes, impunha mais respeito que qualquer outra coisa.

Henrique tinha sobre a mesa o livro *1001 Exercícios e jogos de aquecimento*, cujos direitos de tradução e publicação no Brasil haviam sido adquiridos por Celso. *Ele não deve ter gostado da capa*, supôs. Então, veio a pergunta que a desnorteou.

— Tu tens certeza de que são mesmo 1.001 exercícios?

Cláudia se enrolou, pensou em dizer *Claro que são, ou devem ser, porque se trata de uma simples tradução*, mas com humildade engoliu a pergunta, pediu licença e voltou a seu posto para contar, um por um, os tais 1.001 exercícios.

Voltou lá, orgulhosa e contente por estar onde estava.

— Agora eu lhe afirmo, Seu Henrique. Podemos colocar na capa que são 1.001 exercícios porque são mesmo!

Outra faceta de Henrique era ser do tipo *hands on*, ter gosto por botar a mão na massa, envolver-se nos projetos, e isso animava Adriane. Objetivamente, ela teria um *coaching* valioso. E, no plano subjetivo, enxergava a missão que o pai lhe colocara nos ombros como a oportunidade de estarem mais próximos.

Para dar forma e personalidade à *Pátio*, Adriane começou a formar um time de *experts* incumbidos de definir a pauta de assuntos de maior atualidade e relevância no campo da educação. Estes editores selecionariam os nomes dos articulistas que seriam convidados a escrever para a revista e também validariam o padrão de abordagem. Afinal, a *Pátio* se impunha a missão de zelar para que os textos chegassem aos professores em uma forma amigável, acessível, interessante, sem "academiquês" mas também sem concessões à superficialidade.[65]

Lançado em 1997, o projeto de revista prosperou de todas as formas que Henrique imaginou.

Como empreendimento, a *Pátio* ocupou um espaço importante na atualização pedagógica das escolas brasileiras e chegou a alcançar tiragens surpreendentes, de até 160 mil exemplares, impulsionada pelo interesse do Ministério da Educação. A certa altura, Adriane partiria para o desdobramento da publicação em três títulos, de modo a dialogar melhor com os professores de cada estágio da vida escolar. Surgiram, então, os filhotes *Pátio Educação Infantil*, *Pátio Ensino Fundamental* e *Pátio Ensino Médio*.

A primeira grande missão que a *Pátio* procurou cumprir foi encurtar, e baratear, o ciclo de atualização de professores e escolas. Revista chega mais rápido, e a custo mais baixo, que livro — especialmente quando se está falando de obras estrangeiras.

A segunda missão era tornar os artigos, que não eram escritos por jornalistas, e sim por especialistas, compreensíveis e amigáveis para o professor de uma humilde escola pública no agreste nordestino ou na periferia de uma grande cidade. Tudo ficava mais complicado ainda quando o conteúdo era referenciado em autores complexos, prolixos. Henrique discutia com Adriane o ponto certo da tropicalização de autores de leitura árdua, ou cujas visões estavam referenciadas em realidades distantes do Brasil.

---

**65** O *Manual Artmed de editoração*, publicado em 1999, assim descrevia o propósito da nova publicação: "PÁTIO — Revista Pedagógica oferece uma fonte de informação séria e de leitura prazerosa, além de ser um meio de capacitação e atualização profissional para todos os que atuam ou se interessam pela educação, sem pretender ser uma publicação acadêmica. Sua leitura é acessível, sem, contudo, mediocrizar o conhecimento, evitando tornar-se um pacote de receitas pedagógicas de caráter superficial".

— Não pode ficar uma coisa que não dá pra entender, avisava Henrique.

Estavam de pleno acordo.

— Nosso desafio é esse aí, pai, fazer esse grande debate sobre educação ficar acessível. Não fácil. Acessível, viável para a compreensão de qualquer professor daqui do Brasil.

Uma terceira missão mobilizou Adriane. À medida que ia conquistando o respeito da academia como fonte de grandes obras sobre educação, a Artmed corria o risco de ser vista como inatingível para novos autores — ou para quem escrevia em português.

Adriane se apercebeu disso quando orientou sua equipe na *Pátio* a garimpar os talentos do conhecimento pedagógico no Brasil para encomendar artigos. Celso Antunes, um escritor e palestrante que lotava auditórios pelo Brasil, ficou surpreso e orgulhoso quando ela lhe fez um convite para publicar seus livros com a Artmed. "Eu me sinto como alguém saindo do SBT para ir para a Globo", brincou ele, quando Adriane o apresentou a Henrique.

Também foi pela Pátio que Adriane e seu time chegaram a uma jovem pesquisadora, Katia Smole, que começava a se notabilizar pelo trabalho que fazia na área da educação matemática. Um dia, Adriane recebeu uma dissertação de mestrado de Katia, "Matemática na pré-escola: uma abordagem consentânea à teoria das inteligências múltiplas". Junto com o volume, um bilhete, em que ela, humildemente, dizia ter ciência de não era uma autora estrangeira e não possuía doutorado, mas atrevia-se a submeter a dissertação ao crivo da Artmed, por ver no material "alguma coisa que poderia ser importante".

O tom da mensagem revelava o trabalho que precisaria ser feito para que a editora de Porto Alegre não fosse colocada em um Olimpo e perdesse ótimos autores só porque lhes faltasse um extenso currículo acadêmico. Neste e em muitos outros casos em que a qualidade era evidente, a opção passou a ser publicar. Katia recebeu o aval da Artmed para colocar no mercado seu livro de estreia, *A matemática na educação infantil*, e com esta obra inaugurou uma série de bem-sucedidos lançamentos na área da educação matemática no Brasil. Em 2018, se tornaria secretária de Educação Básica do MEC.

Além de mostrar que a Artmed estava disponível para bons autores brasileiros, Adriane e Henrique trataram de sinalizar, com sua política editorial, que a casa estava aberta a todas as correntes científicas. "A ciência tem suas igrejas e precisamos nos posicionar com neutralidade", dizia Adriane, interpretando um princípio de Henrique. Foi com esta preocupação que a editora, depois de introduzir com sucesso os autores e as obras de referência para a introdução do construtivismo na escola brasileira, partiu para o lançamento de outras visões pedagógicas, como as que se baseavam no método fônico de alfabetização.[66]

Na mesma perspectiva, Adriane e o pai atuaram juntos na decisão de publicar livros de psicologia cognitivo-comportamental. Não era uma atitude fácil. Quando a editora deu seus primeiros passos na área da saúde mental, a psicanálise era uma espécie de "coqueluche" no Rio Grande do Sul, como Henrique definira certa vez. Natural, portanto, que os lançamentos se concentrassem na vertente psicanalítica, e um pequeno desvio nesta trajetória abriria flanco aos críticos do behaviorismo[67] e do cognitivismo, cujos argumentos Adriane conhecia desde os tempos de Psicologia na PUCRS. Mesmo sob o cerco de um fogo amigo, porque tinha vários psicanalistas em seu círculo de amizades e inclusive na família, Adriane assumiu a defesa da pluralidade, mantra de Henrique. "Se é relevante e se é ciência, temos que publicar, de forma imparcial. Os leitores que façam suas escolhas."

---

**66** Método tradicional em que a criança é alfabetizada a partir da associação entre as letras e seus sons.

**67** A teoria behaviorista derivou dos estudos de psicologia experimental sobre o comportamento humano conduzidos pelo psicólogo norte-americano Burrhus Frederic Skinner (1904-1990). As ideias de B.F. Skinner tiveram aplicação, também, no campo da aprendizagem.

A *Pátio* também funcionou como um laboratório para Adriane se tornar uma executiva da área de produção editorial e, desse modo, cumprir o diagrama de sucessão silenciosamente desenhado por Henrique: Celso no *business*, Adriane no conteúdo. Da *Pátio*, passou a expandir seu envolvimento para a direção editorial de livros. Foi um processo longo e consistente, com muitas idas e vindas, entre sua mesa e a sala de Henrique, para dominar as variáveis fundamentais do ofício editorial — e do negócio.

Abandonou a psicologia clínica e submergiu nas rotinas da empresa da família. Cada dia, cada situação, geravam uma experiência nova sobre as idiossincrasias do relacionamento com autores, os meandros da negociação com fornecedores, a gama de fatores que determinam o sucesso ou o fracasso de um lançamento, o equilíbrio por vezes tenso entre concepções teóricas e o raciocínio prático, uma ciência que seu pai dominava.

— Certo, Adriane, acho interessante essa solução. Mas quanto esse tipo de recurso gráfico vai pesar no valor final do livro?, sabatinava Henrique.

E lá voltava ela à mesa para tentar fazer o bom e o bonito dialogar com uma planilha de custos.

No retorno, tinha uma cifra razoável. Mas agora Henrique hesitava de novo.

— Outro problema?

— Esse livro... branco, desse jeito, vai sumir na prateleira.

E foi nesse vai e vem que Adriane foi dominando o fazer editorial, e formando outras pessoas na, digamos assim, "UniKiperman". Embora com um estilo de liderança bem diferente do pai, por ser comunicativa e informal no trato com as equipes, ela certa vez sorriu, interiormente, quando alguém da equipe veio trazer uma sugestão de livro que, dizia, tinha tudo para dar certo.

— Ótimo, mas qual é o público-alvo?

Parecia um Henrique de batom. *Te devo esta e muitas outras, Gordo*, pensou. O pai tinha sido decisivo para mostrar a ela a vida real que existia fora da bolha em que foi mantida em anos e anos de faculdade, especialização e mestrado — uma redoma onde se estudava de tudo, menos como sobreviver na vida profissional.

**Bookman, e as digitais de Celso**

Prestes a completar 32 anos em 1998, Celso tomou algumas decisões. Entrara na empresa aos 18 anos, em 1984, e desde então seu mundo era aquele. Formara-se em Administração, havia se casado recentemente — e as novidades terminavam aí. Tudo o mais era trabalho. Era o grande operador do caixa da empresa, que aliás não se distinguia do caixa da família, um tipo de confusão contábil e operacional pelo qual praticamente todas as empresas familiares passam ou passaram um dia.

Tudo passava por Celso, o que o tornava importante na empresa, mas em contrapartida aquela situação fazia com que se sentisse uma peça de engrenagem.

Tinha, é claro, um protagonismo — especialmente no fortalecimento das relações com a classe médica e na gestão da compra de direitos de tradução de obras de medicina, espaço que ocupou quando Henrique precisou voltar suas energias para o desenvolvimento dos títulos no segmento de saúde mental e educação.

Mas, ainda assim, queria mais. Vinha pensando em fazer um negócio para chamar de seu. Não sabia bem o quê, nem como.

Procurou o pai, tentou sintonizá-lo com o seu momento, mas Henrique não era uma pessoa de se abrir com facilidade, nem de puxar o fio de novelo das emoções de alguém — especialmente de um filho. E com Celso era ainda mais difícil. Desde garoto, o diálogo de Celso com ele, se não era de futebol ou de outras amenidades, era sobre trabalho.

Celso avaliou que precisava de um tempo para si e planejou ficar 30 dias nos Estados Unidos para aprimorar o inglês. Foi para Santa Mônica, pequena cidade perto de Los Angeles, na Califórnia.

Em algum momento da viagem, pensou na sua formação como administrador e nos autores fundamentais que havia estudado sobre estratégia empresarial, entre outras disciplinas, como o *marketing*. E se deu conta de que, no arco de temas que a editora de sua família cobria, havia uma grande lacuna nesta área. E ele estava indo para a meca da biblioteca empresarial. Os Estados Unidos eram a sede das grandes escolas de negócio e de editoras renomadas em administração — a começar pela McGraw-Hill, parceira da Artmed em muitas obras de medicina, traduzidas para o português e publicadas no Brasil pela interveniência de Celso. Uma porta à sua disposição.

A viagem acabou sendo dedicada, em parte, a uma peregrinação por editoras, e Celso voltou ao Brasil trazendo livros importantes para publicar. Quando reingressou no casarão da Jerônimo de Ornelas, seu espírito estava mudado em relação ao Celso da partida. Voltava com um projeto que tinha as digitais dele: uma editora para chamar de sua. Já pensava em estender o alcance do selo editorial que seria criado, abrangendo não só administração, mas outras ciências aplicadas.

Faltava, porém, um nome, e nessas horas ele só tinha um rumo a tomar — a sala do pai.

Henrique era o guru das marcas, batizador de produtos, desaperto de todos que precisavam de uma sacada para achar o título certo para um livro, por exemplo.

— Que lhe parece, Seu Henrique?

— Não me agrada. Título tem que ser curto!

Celso nem precisou se demorar muito na fundamentação do projeto de criar um selo, para obras de administração. Por uma razão simples. A mesma ideia estava na cabeça de Henrique.

Esta era uma particularidade do relacionamento de pai e filho, e talvez a base do apelido que a dupla recebeu no âmbito da família — *Cascata e Cascatinha*. Pareciam compartilhar visões, especialmente *insights* sobre novos negócios, mas também ilações, pontos de vista diante de algo que estivessem vivenciando. "Tu tá pensando o que eu tô pensando?", cutucavam-se, por vezes.

Quando começou a relatar os resultados de seu périplo pelas editoras norte-americanas, Celso constatou que, outra vez, o pai via o mesmo que ele via — a fumaça do bom negócio.[68] Dias depois, chamou Celso.

— Pensei num nome pra tua editora.

— E então...?

— Bookman.

— Bookman, pai?

— É... Bookman.

Celso revolveu o nome na língua, como um chiclete. Bookman... Bookman.

— Taí, acho que pode funcionar. Bookman!

Funcionou mesmo, pelo nome e também por causa do acerto dos lançamentos iniciais. Na sacola de livros cujos direitos havia adquirido nos Estados Unidos, Celso trouxe uma obra de referência sobre o Sistema Toyota de Produção, na época alvo de grande interesse nas universidades e no primeiro escalão das empresas, além de autores japoneses, como Shigeo Shingo, sobre Qualidade Total e Engenharia de Produção.

A Bookman Companhia Editora se revelou tão promissora que seria uma temeridade colocar a produção de seus títulos na arca de Letícia Bispo, a já sobrecarregada gerente de produção. Os primeiros lançamentos da Bookman ficaram sob as asas dela, mas os prognósticos de Celso indicavam a chegada de mais dezenas, centenas de novas obras. Seria insustentável.

Saiu em busca de alguém para a gerência editorial da Bookman. Fixou-se em Arysinha Affonso, uma jornalista com

---

68 Adaptação, pelo autor, da expressão "fumaça do bom direito", que profissionais do mundo jurídico utilizam, inclusive na versão em latim, *fumus boni iuris*, quando querem dizer que há indícios muito claros a apontar qual é a melhor decisão ou orientação a ser tomada pelo juiz.

passagem pela editoria de Mundo do jornal *Zero Hora* e que, nos últimos anos, trabalhava como editora na empresa que publica a revista de negócios *Amanhã*, em Porto Alegre.

Arysinha foi indicada à Artmed, e a Artmed também foi indicada a Arysinha, que praticamente desconhecia a editora e imaginava que fosse uma casa de livros para médicos, exclusivamente. A conversa com Celso a surpreendeu. Descobriu o muito que não sabia sobre a abrangência das atividades editoriais da Artmed, nome que ainda tendia a pronunciar à antiga, "Artes Médicas".

De início, Arysinha só não entendeu direito como era possível que aquela gente fizesse tanta coisa em tão pouco espaço. O que ela encontrou ao ingressar pela primeira vez na Artmed foi uma casa de dois andares estrategicamente situada perto do Hospital de Clínicas de Porto Alegre. Ali, aglomeravam-se 30 pessoas.

O prediozinho da Rua Jerônimo de Ornelas, 670, tinha aos fundos um pequeno depósito de livros. Fora dali, havia a livraria na General Vitorino, centro de Porto Alegre, o embrião do que viria a ser a Artmed. E havia ainda outro depósito de livros no Bairro Santana, que era alugado — e onde chovia dentro. A estrutura se completava com um pequeno depósito alugado no Bairro de Pinheiros, em São Paulo.

Na sede, era voz corrente que a operação estava estrangulada por falta de espaço físico. Mas prevalecia a filosofia de Henrique, adepto da expansão acelerada dos negócios, mas com pés bem plantados no chão. Em outras palavras, primeiro fazer crescer o caixa, e só depois investir em infraestrutura.

O caixa vinha, de fato, se robustecendo, e à medida que a Artmed ganhava potência todos se perguntavam até quando a estrutura física suportaria. Em seus primeiros dias, Arysinha constatou que a área editorial era muito pequena. Impressionava-se de ver a supervisora editorial Letícia Bispo enredada em uma teia de publicações de medicina, de educação e também de saúde mental. Em cada um destes segmentos, havia muitos títulos em produção e outros tantos chegando por conta da frenética movimentação dos Kiperman, caçando *best-sellers* no país e no exterior. Tudo estava sob o comando de Letícia, que se apoiava em uma assistente, dois estagiários — e só.

Egressa de redações, Arysinha sabia com quantos serões e vai e vem de textos se faz um jornal ou uma revista. Mas ao ver a equipe de Letícia atolada em conteúdo, ficou impressionada. A comparação era ainda mais drástica quando ela observava o ciclo lento, minucioso e pesado de elaboração de um livro, em contraposição ao cronograma fluido de periódicos — e especialmente de um jornal diário. No final dos anos 90, usava-se muito cópia impressa em todas as etapas de produção de uma obra, e no segmento técnico-científico-profissional, em que a Artmed atuava, esta exigência era absoluta.

Cada livro criado ali gerava de quatro a cinco cópias do total do conteúdo. Tome-se como exemplo um livro de mil páginas, extensão que não era incomum na área médica. Aquilo significaria a impressão de cinco mil páginas ao longo de todo o processo — uma cópia integral para quem iria traduzir, outra para o redator fazer uma primeira leitura (fase tecnicamente conhecida como "preparação de originais"), e então o catatau seguia para a editoração. Retornava para a revisão profissional de um grupo de médicos, a quem competia validar tecnicamente o conteúdo. E, por fim, a leitura final a cargo de um revisor de português, que trabalhava sobre uma cópia que já incorporara todas as correções definidas nas etapas anteriores.

— Quanto papel!, admirou-se Arysinha. Ela se admiraria, também, de dois papéis, em sentido figurado. O de Henrique e o de Celso.

Como coordenadora editorial do selo Bookman, ela tinha pouca interação com Henrique, porque ele era o grande norteador da linha editorial das publicações médicas e, em dobradinha com Adriane, dos livros sobre educação. A bibliografia de administração, nicho de Arysinha, era domínio de Celso, e com ele despachava a todo momento.

Observadora, prestava atenção no senhor que tinha inventado tudo aquilo que estava ali e que nas conversas informais pelos corredores era tido e referido como uma entidade.

Se fosse um tipo falante, o que não contaria? Mas, pensava ela, talvez fosse exatamente por ser lacônico que a palavra de Henrique tinha tanto peso. O mínimo agradecimento, elogio, que fizesse, calava fundo em todos ali. Se fosse uma crítica, então... Arysinha também não era de muitas palavras. Como redatora, e como leitora, apreciava a concisão, a sentença exata, limada de adjetivações. Henrique era meio como um bom texto, a entregar o mínimo a quem pretendesse lê-lo com afoiteza, *calma, quem sabe no próximo parágrafo, na página seguinte*.

De uma coisa ela ficou certa logo de início: Henrique irradiava algo muito marcante, e não tinha a ver com exercício de poder, mandonismo, passadas ruidosas sobre o assoalho. Não havia nada disso. A pisada era normal, mais para macia até. O tom de voz, sempre baixo, ainda que o fôlego curto, legado de um coração operado desde 1989, às vezes o fizesse falar de um modo mais rascante.

A palavra que encontrou para definir o que ele infundia não era uma, mas duas. Respeito e confiabilidade. A partir de 2005, quando já manejava com destreza a rotina de buscar tradutores, garimpar revisores técnicos e coordenar todo o processo de produção de um livro, Arysinha recebeu "sinal verde" para sair um pouco da retaguarda e acompanhar os Kiperman na Feira de Frankfurt, a mais tradicional do setor editorial. Começava a ter a experiência de participar de uma caçada em busca de direitos autorais — ainda sem direito a espingarda, que a primazia era de Celso, Henrique e Adriane, mas integrando a linha de frente. No mínimo, passaria a entender melhor como é que vinham parar tantos pedidos de produção na sua cozinha, a Bookman, e na de sua colega Letícia Bispo, que gerenciava os demais selos.

Foi quando teve mais proximidade com Henrique, e conseguiu vê-lo longe da jaula corporativa, à espreita de negócios como um felino na pradaria. Por sete anos consecutivos, a partir de 2005, Arysinha esteve em Frankfurt, e as incursões com os Kiperman por aqueles infindáveis e tumultuados corredores e galpões da Feira de Frankfurt delinearam, em sua mente, traços básicos do perfil de pai e filho, e o papel de um e outro.

Em comum, o faro apurado para negócios.

A distingui-los, além da idade, a bagagem e o tipo de munição que carregavam.

Celso se mostrava enérgico, confiante, desenvolto nas negociações — em parte pelo melhor domínio do inglês, em parte pelo instrumental executivo de sua formação como administrador. Como *publisher* da Bookman, naturalmente acompanhava as mais modernas formulações dos teóricos de *marketing*, inovação, posicionamento e estratégia, mas ia além do *management* e abria a lente da editora para livros sobre macroeconomia, cálculo, estatística aplicada, matemática aplicada, gestão da produção, engenharia, finanças, informática e arquitetura. Empolgado com a versatilidade do selo que havia criado, Celso fazia pesca de arrastão.

Henrique Leão Kiperman tinha uma juba especial, era o venerando Mr. Kiperman conhecido por grandes editoras da Europa e da América do Norte com quem elas negociavam desde o início dos anos 80. O carisma de editor respeitável e competente funcionava como abre-alas para conseguir *appointments*[69] importantes. E, durante as reuniões que Henrique fazia com editores estrangeiros, Arysinha pensava na figura peculiar de Henrique. Era observador. E na hora de acionar o gatilho, certeiro, arguto, um olho impressionante. Por isso, talvez, não empunhasse uma metralhadora verbal. Bastava um 38 com seis balas no pente, e ele se resolvia.

— Lembrei do meu pai, que tinha uma expressão que me veio à cabeça, comentaria Arysinha, tempos depois das jornadas de Frankfurt. "Ele dizia, sobre uma ou outra pessoa, *este*

---

69 Agendamento de reuniões com executivos de editoras estrangeiras para negociar direitos de publicação de obras relevantes no Brasil.

*conhece o rengo sentado e o cego dormindo.* Acho que o Seu Henrique era assim."

Vez ou outra, Arysinha veria Henrique e Celso em divergência, impetuosidade daqui, teimosia dali, mas nada nem remotamente próximo do que a bibliografia — inclusive na Bookman — reporta sobre empresas familiares em que a batalha pelo poder se avulta a um nível que põe em risco a estabilidade do negócio. Desde seu ingresso na editora, em 1999, percebeu que Henrique patrocinava uma transição suave de poder em favor do primogênito. Suave e informal, sem ritos de passagem. Simplesmente abria caminho para um protagonismo crescente do filho, por mais que as transformações que estavam em marcha, especialmente no campo tecnológico, lhe doessem, como de fato doeriam.

Em resumo, o papel de Celso era levar em frente os negócios — a começar pela unidade que ele próprio fundara, a Bookman, que em 19 anos alcançou um catálogo de mais de 500 títulos, ampliando seu escopo para além da administração, mas sempre seguindo o caminho do interesse empresarial — as engenharias, tecnologia da informação e outras ciências aplicadas.

E o papel de Henrique parecia ser, àquela altura da vida e da carreira, mexer cuidadosamente as peças do tabuleiro para manter a unidade da família, dentro e fora da empresa, com a cumplicidade vigilante de Leda.

Conseguiria, apesar de alguns sobressaltos.

## De braço dado com as instituições científicas

No final dos anos 90, Henrique começou a explorar com afinco um trunfo que, no exterior, abriria muitas portas. Sua Artmed é a editora oficial da Associação Brasileira de Psiquiatria. A chancela da ABP não apenas impulsionou as vendas no país como reforçou o cacife dos Kiperman para negociar nas feiras editoriais do exterior os direitos sobre as obras mais importantes nesta área, e em outras que são conexas.

Com o tempo, e o acúmulo de novidades que fazem sucesso no mercado brasileiro, a Artmed elevou o tom e passou a se apresentar como "a mais importante editora da área de saúde mental em língua portuguesa", reivindicando o pioneirismo na publicação de obras das principais escolas psicanalíticas. Os materiais que Henrique levava na bagagem, assim como as correspondências que ditava para Angelo Castrogiovanni verter para o inglês, batiam nesta tecla, a do pioneirismo, em várias publicações — de manuais de psicofarmacologia a guias de tratamento de alcoolismo e drogadição. A conquista de um ano robustece as credenciais do ano seguinte, e a certa altura a Artmed chama para si a primazia de ter introduzido no Brasil obras que se tornaram referência em psicologia cognitiva, em psicoterapia de família, em neurociências, além de assinalar que publica os dois mais importantes critérios diagnósticos internacionais em saúde mental, CID e DSM.[70]

A estratégia que Henrique seguiu para criar plataformas seguras de lançamento de suas obras foi precisamente a de buscar o endosso e a participação de instituições científicas, que examinavam o conteúdo para atestar sua robustez técnica. Ao passar por este crivo, um livro ganha acesso a uma espécie de *highway* que o conduzirá a escolas de medicina, consultórios, hospitais e órgãos públicos e privados ligados à saúde. Nesta perspectiva, sob a liderança de Adriane, a Artmed firmou parceria com o Instituto de Psiquiatria da Faculdade de Medicina da USP e se tornou a editora oficial da Associação Brasileira de Psicologia Organizacional e do Trabalho e, também, da Federação Brasileira de Terapias Cognitivas.

Da saúde mental, área que inaugurou a editora no final dos anos 70, Henrique enveredou para o campo da medicina em geral apoiando-se no mesmo modelo de associação com as instituições científicas e profissionais, e novamente se verificou um

---

**70** Estes critérios estão estabelecidos na Classificação Internacional de Doenças (CID) e no DSM, sigla em inglês para Manual Diagnóstico e Estatístico de Transtornos Mentais da Associação Norte-Americana de Psiquiatria e da Associação Brasileira de Psiquiatria.

processo em que causa e efeito se confundem. A conquista de direitos sobre obras importantes do exterior, que Henrique definia como "paradigmáticas", lubrificava canais de relacionamento com as instituições brasileiras, como a Sociedade Brasileira de Ortopedia e Traumatologia. E a parceria que daí advinha empurrava a Artmed um pouco mais para cima na órbita das editoras brasileiras respeitadas pelas casas editoriais da Europa e da América do Norte, com as quais Henrique e Celso marcariam *appointments* na próxima Feira de Frankfurt.

O que parece claro é que a iniciativa mais importante de Henrique para deflagrar este processo bidirecional de crescimento foi a decisão de dar o braço a Leda, pegar a maletinha e cruzar a fronteira do país — inicialmente, garimpando obras de psicanálise em Buenos Aires, e, já nos anos 80, embrenhando-se nos corredores de Frankfurt para aprender como ser visível àqueles funcionários de editoras internacionais que lhe lançavam um olhar *blasé, Sorry, but you have to make an appointment.*[71] Ao dirigir seu olhar e seu faro para livros em inglês, espanhol, italiano e francês que lançassem um pensamento renovado ou inovador em áreas como educação, por exemplo, Henrique deu sentido prático aos primeiros *slogans* da Artmed — "Livros para uma melhor qualidade de vida" e, posteriormente, "Respeito pelo conhecimento".

Construtivismo, ensino por competências, pedagogia por projetos, teoria das inteligências múltiplas... No campo da educação, como em outras áreas, Henrique e depois Celso e Adriane foram calibrando os sensores para perceber nestes e em outros temas o potencial de mudar a cabeça ou ao menos influir na visão de profissionais e acadêmicos brasileiros. Se um possível lançamento não fizesse sentido para ao menos um destes dos mundos, o acadêmico e o das instituições científicas e profissionais, Henrique até poderia publicar, mas como exceção.

71 Tradução: "Lamento, mas você precisa agendar uma reunião".

# Rumo aos trópicos

**Ao lado e nas próximas páginas, os documentos com que Abrahão e Ana Kiperman, os pais de Henrique, deixaram a Polônia e ingressaram no Brasil.**

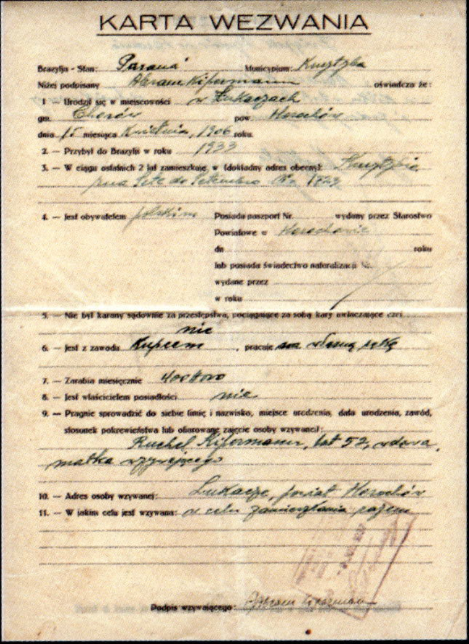

KARTA WEZWANIA

Brazylja - Stan: Paraná Municypium: Kurytyba

Niżej podpisany Abram Kiperman oświadcza że:

1 — Urodził się w miejscowości w Łokaczach

gm. [illegible] pow. Horochów

dnia 15 miesiąca kwietnia 1906 roku.

2. — Przybył do Brazylji w roku 1933

3. — W ciągu ostatnich 2 lat zamieszkuje w (dokładny adres obecny): Kurytybie rua Sete de Setembro Nr. [illegible]

4. — Jest obywatelem polskim Posiada paszport Nr. ........ wydany przez Starostwo Powiatowe w Horochowie do ........ roku lub posiada świadectwo naturalizacji Nr. ........ wydane przez ........ w roku ........

5. — Nie był karany sądownie za przestępstwa, pociągające za sobą kary uwłaczające czci ........ nie

6. — Jest z zawodu kupcem, pracuje na swój rachunek

7. — Zarabia miesięcznie [illegible]

8. — Jest właścicielem posiadłości nie

9. — Pragnie sprowadzić do siebie (imię i nazwisko, miejsce urodzenia, data urodzenia, zawód, stosunek pokrewieństwa lub ofiarowane zajęcie osoby wzywanej): Ruchel Kiperman, lat 52, wdowa, matka wzywającego

10. — Adres osoby wzywanej: Łukacze, powiat Horochów

11. — W jakim celu jest wzywana: w celu zamieszkania razem

Podpis wzywającego: [illegible]

**Na última imagem da família reunida, antes de o casal Kiperman deixar Lokacze, aparecem, além de Abrahão e Ana (posições 1 e 2); os pais de Ana, Marsche e Marcos Ginsberg (posições 3 e 4); o irmão de Ana, Arão Ginsberg (5); e, lado a lado (6 e 7), a irmã e a cunhada de Abrahão.**

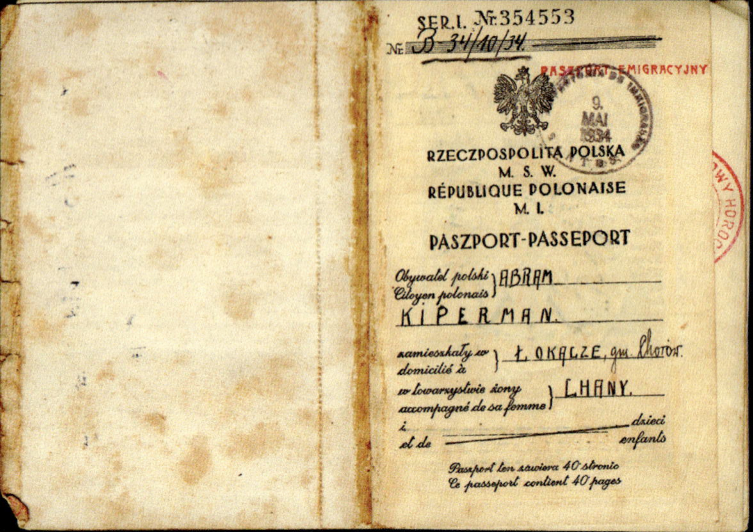

SER.I. №354553

№ B-34/10/34.

PASZPORT EMIGRACYJNY

9. MAI 1934

RZECZPOSPOLITA POLSKA
M. S. W.
RÉPUBLIQUE POLONAISE
M. I.

PASZPORT-PASSEPORT

Obywatel polski / Citoyen polonais: ABRAM KIPERMAN.

zamieszkały w / domicilié à: ŁOKACZE, gm. Chorów.

w towarzystwie żony / accompagné de sa femme: CHANY.

i / et de ———— dzieci / enfants

Paszport ten zawiera 40 stronic
Ce passeport contient 40 pages

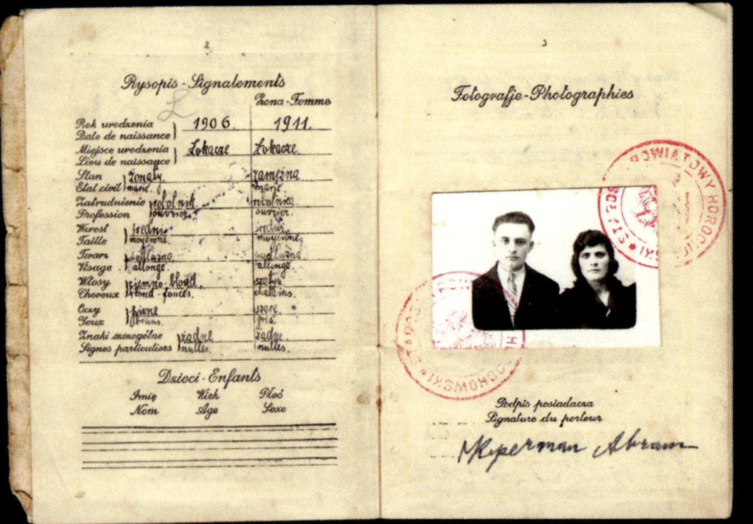

2

Rysopis - Signalements

| | | Żona - Femme |
|---|---|---|
| Rok urodzenia / Date de naissance | 1906. | 1911. |
| Miejsce urodzenia / Lieu de naissance | Łokacze | Łokacze |
| Stan / Etat civil | żonaty / marié | zamężna / mariée |
| Zatrudnienie / Profession | robotnik / ouvrier | robotnica / ouvrière |
| Wzrost / Taille | średni / moyenne | średni / moyenne |
| Twarz / Visage | podłużna / allongé | podłużna / allongé |
| Włosy / Cheveux | ciemno-blond / blond-foncés | szatyn / chatains |
| Oczy / Yeux | piwne / bruns | szare / gris |
| Znaki szczególne / Signes particuliers | żadne / nulles | żadne / nulles |

Dzieci - Enfants

| Imię / Nom | Wiek / Age | Płeć / Sexe |
|---|---|---|
| | | |

3

Fotografje - Photographies

POWIATOWY HOROCHÓW

Podpis posiadacza
Signature du porteur

Kiperman Abram

 Abram

I.) **Stan cywilny.**

Urodz. dn. 15/IV 1906 r. w Łokacze

Gmina Chorów Pow. Horochów

Województ. Wołyńskie Wyzn. mojżesz.

Język macierzysty żydowski

Imiona rodziców † Hersz-Lejb i Ruchla

Miejsce ich zamieszk. (gmina powiat) m. Łokacze gm. Chorów pow. Horochów

Stan rodzinny (wolny, żon., wdowiec): wolny

Daty ślubu: 1. ........ 2. ........ 3. ........

Imię i pan. nazw. żony: 1. ........

2. ........ 3. ........

**Dzieci.**

| Urodzone | Zmarło |
|---|---|
| ..../.... 19.... r. | ..../.... 19.... r. |
| ..../.... 19.... r. | ..../.... 19.... r. |
| ..../.... 19.... r. | ..../.... 19.... r. |
| ..../.... 19.... r. | ..../.... 19.... r. |
| ..../.... 19.... r. | ..../.... 19.... r. |
| ..../.... 19.... r. | ..../.... 19.... r. |

**W razie ciężkiego wypadku należy uwiadomić** (kogo? dokładny adres)

(Wypełniać ołówkiem) Ruchla Lipperman, Łokacze gm. Chorów pow. Horochów

Lipperman 

II.) **Wykształcenie cywilne.** (jakie? — data ukończenia, zakład naukowy)

W chwili wcielenia piśmienny

Późniejsze studja ........

Tytuły naukowe ........

Znajomość języków polski, żydowski

III.) **Zawód cywilny.**

W chwili wcielenia handlowy

Późniejsze zawody ........

IV.) **Stałe miejsce zamieszkania.** (miejscowość, gmina, powiat, województwo)

W chwili wcielenia Łokacze, gm. Chorów, pow. Horochów, woj. Wołyńskie

Późniejsze zmiany ........



***Wznowienia - Renouvellements***

*Termin ważności paszportu przedłuża się*
*La validité du passeport est prolongée*
*do dnia / jusqu'au* ........

*Pieczęć / Sceau*

*Podpis / Signature*

*Data / Date*

*Termin ważności paszportu przedłuża się*
*La validité du passeport est prolongée*
*do dnia / jusqu'au* ........

*Pieczęć / Sceau*

*Podpis / Signature*

*Data / Date*



***Uwagi - Observations***

Paszport ważny na jednorazowy wyjazd zagranicę

KOMISARJAT RZĄDU
M. ST. WARSZAWY
INSPEKTOR EMIGRA...
14 KWIE 1934
WIZA UDZIEL...
Nr. 9E. 1451 34
Za Komis...
Inspekt...

H. Taube
Sekretarz

## Família brasileira

Clara chega em 1935. Henrique, em 1938. Ana divide seu tempo entre cuidar das crianças e atender no pequeno armazém que montou em casa mesmo. Abraão, fora das fotos, passa o dia longe de casa, vendendo roupas de porta em porta, com sua inseparável charrete puxada pela égua Rosilha.

## Velhos tempos, belos dias

Com a família, em festa de casamento na Sociedade das Mercês, em Curitiba (ele está agachado, de gravata, último à direita).

Henrique (agachado, primeiro à esquerda) com a turma da Escola Israelita Salomão Guelmann, em Curitiba: em casa, o chamam pelo apelido Eche (adaptação de Herche, seu nome em ídiche). No colégio, para alguns coleguinhas, ele é o "Gordo Eche".

Henrique na formatura da Escola Israelita Brasileira Salomão Guelmann.

Turma do futebol: à esquerda, sem camisa, entre amigos depois da pelada. Zagueiro com vigor de sobra e nenhum enfeite. Sentados, ao lado dele, estão Juca Zokner e Salomão Blinder, pela ordem.

Formatura como economista, a opção que fez depois de uma tentativa para estudar Medicina em Curitiba.

Com o sobrinho Edson Pudles no colo: durante a viagem da irmã, Clara, acompanhando temporada de estudos do marido, Waldemar Pudles, na França, Henrique foi a "babá quase perfeita".

## Conexão Porto Alegre

1966: Casamento com Leda, a gaúcha que o tirou de Curitiba. Na foto as
aias Silvia Passarof e Tais Lederman e o pajem Nelson Passarof.

Raízes: Na foto do casal, a família de Henrique: Leizer, Saul, tia Ethel, a irmã mais velha de Ana Kiperman, Leda e Henrique; a irmã, Clara, com o filho Edson e o marido Waldemar Pudles; os pais, Ana e Abrahão Kiperman, e a tia Pessie, irmã de Abrahão.

Com Leda na formatura como socióloga, em 1968. A esposa iria seguir a carreira do magistério, lecionando Português, entre outras matérias. Aposentada, atuaria na editora da família como revisora.

Henrique gostava de lembrar que houve um tempo em que sua empresa era tão pequena que cabia inteira em uma Kombi. Eis a relíquia, a Kombi da funerária Armador Majewsky. Henrique a alugou para transportar os funcionários para uma festa de fim de ano.

O icônico baú de Henrique, marco zero da livraria e da editora que ele construiu. Levava o baú carregado de livros médicos por estradas e grotões, onde houvesse hospital, clínica, consultório e faculdade de medicina. Dentro, quilos e quilos de conhecimento. Por fora, estofamento para ter onde descansar as pernas.

Garagens na Rua General Vitorino, centro de Porto Alegre: quando Henrique comprou, no início dos anos 70, ninguém entendeu o negócio. O sentido apareceria logo em seguida, com a inauguração da livraria Artes Médicas (foto abaixo). Era o primeiro salto. De vendedor de livros, tornava-se um livreiro.

Com o sócio Henrique Hecht
(à esquerda).

Encontro das famílias: De pé, da esquerda para a direita, Milton Hecht com a esposa, Anete; Martin Rojas, então noivo de Adriane; Dona Esther com Henrique Hecht; Henrique e Adriane. Sentados: Léa Hecht, esposa de Jacob (que não está na foto), Celso e Leda.

Abrahão Koogan, fundador da editora Guanabara, editor e empresário brilhante, na definição de Henrique, a quem ousou pedir a gerência da filial de São Paulo.

Percival, o vendedor que acompanhava Henrique pelo interior do Rio Grande do Sul e em domingos de Beira-Rio.

Inauguração da livraria da Rua General Vitorino. Na foto, os dois últimos à direita são, pela ordem, o amigo Breno Veisman e o sogro de Henrique, Jaime Erdman.

## Nasce uma editora de referência

**No final dos anos 70, Henrique se transforma em um editor, pouco tempo depois de inaugurar sua livraria. É seu segundo salto. Os negócios prosperaram e ele compra a sede da Editora Guanabara na Jerônimo de Ornelas.**

O casarão, já reformado, em 1995.

Exibindo dois troféus: o prêmio "O Sul e os Livros" (2003) e Destaque Feira do Livro de Porto Alegre / Marketing (2008)

Com Celso na feira do livro de Frankfurt: garimpando novos lançamentos para o mercado brasileiro.

Com o amigo Simão Piltcher, o escritor e médico Moacyr Scliar e Adriane, no lançamento da Revista BMJ (British Medical Journal) no Brasil, em 2007

As confraternizações de final de ano eram marcadas pelos discursos breves e emocionados de Henrique e por homenagens a colaboradores. Nas fotos, Cristina Varela, Angelo Castrogiovanni, Claudia Bittencourt, Letícia Bispo, Arysinha Affonso, Ligia Centeno e Denise Nowaczyk.

Com Renato Veisman, Adriane e Celso, na entrega do troféu de 25 anos a Altamir Licker, um dos primeiros colaboradores da empresa

Em novembro de 2010, Henrique foi agraciado pelo Jornal do Comércio, de Porto Alegre, com o Troféu Cultura Econômica. Na foto aparecem, da esquerda para a direita, na fileira à frente, Angelo Castrogiovanni, Cláudia Bittencourt, Marta Ferreira, Henrique e Leda, Adriane com a filha Débora; Lourdes Atié, da Revista Pátio; Martin Rojas com o filho Rodrigo. Na segunda fileira, da esquerda para a direita: Ana Paula Abruzzi, Renato Veisman, Celso, Paola Manica, Letícia Bispo, Patrícia Rosa e Michael Menta. Na fileira de cima: Bruno Weiblen, André Weber e Monica Ballejo Canto.

A todos os novos colaboradores, Henrique segue deixando seu recado. Assista ao vídeo usando o QR code.

[in]auguração, em 2000, do Centro Logístico na Rua Ernesto Alves, em Porto Alegre. Entre muitos amigos dos Kiperman, Marcos Lederman (à esquerda) pediu a palavra para um discurso que comoveu Henrique e a família. À direita, o editor Paulo Ledur, da Editora AGE, um dos consultores de Henrique no início da carreira editorial.

**Em 2005, o sobrado da Jerônimo de Ornelas veio abaixo para o erguimento de um prédio de 5 andares, até hoje a sede do Grupo A. Por um ano, durante a construção, os funcionários da editora foram deslocados para o Centro Logístico, na Rua Ernesto Alves.**

Gabinete da presidência, no 5º andar: a cidadela onde Henrique se recolhia para tomar decisões, orquestrar a participação da família na empresa e dar as linhas gerais da política editorial.

Henrique na inauguração de uma das filiais da Artmed em São Paulo.

Celso, entre George Lippert e Renato Veisman: a compra da operação brasileira da gigante norte-americana McGraw-Hill, em novembro de 2009, foi um marco na história do Grupo A. Em um vídeo interno de comemoração da conquista, Henrique superou a timidez e a modéstia habituais, e lascou: “Agora eu estou me sentindo ‘o cara”! Assista ao vídeo usando o QR code.

Da esquerda para a direita: Henrique com o “embaixador” do Secad, Geraldo Huff, Renato Veisman e Celso.

Henrique contando alguns de seus causos.
Para assistir ao vídeo, use o QR code.

Henrique cuidava pessoalmente do relacionamento com fornecedores. Na foto da esquerda, Josef Gress, o Zeco, da Gráfica Metrópole; Renato Veisman; Odalci Tempes, da Gráfica Pallotti, e Henrique. Na foto seguinte, Henrique ao lado de Jaci De Lazzari, da Gráfica Editora Edelbra.

Placa oferecida pelos colaboradors quando do aniversário de 30 anos da Artmed.

## O primeiro de muitos clássicos

**O psicanalista e romancista Cyro Martins assinou o livro que inaugura a trajetória de Henrique como editor: *Relação Médico-Paciente*, de 1979. Em 2014, 35 anos depois, a obra teve um relançamento comemorativo.**

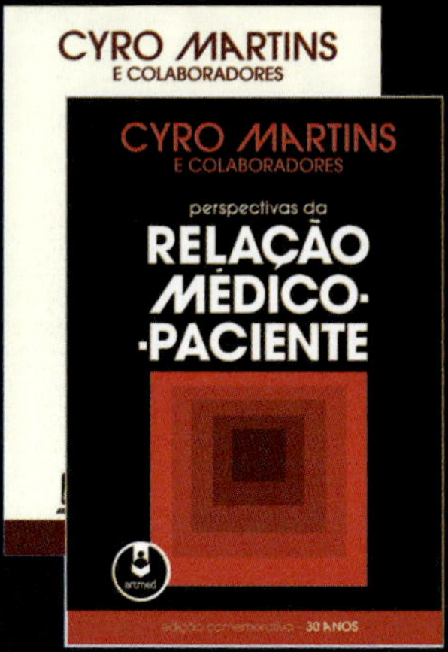

**Com o livro de Osorio, a então Artes Médicas Sul preenchia uma lacuna na literatura médica, publicando para os profissionais que lidam com adolescentes.**

**A parceria com a McGraw-Hill garante à Artmed o direito de publicar no Brasil um dos mais importantes tratados de medicina interna do mundo.**

Com Emilia Ferreiro, o primeiro pé no mercado de livros para educação, área em que a editora seria referência na América Latina.

O investimento na obra de Diana e Mário Corso, rejeitada por outras editoras, rendeu mais de 35 mil exemplares vendidos e a condição de finalista no Prêmio Jabuti.

*Pátio*: conhecimento mais acessível a professores e gestores de escolas nos três níveis de ensino para atualizá-los sobre novos conceitos e ferramentas para melhorar a educação.

Henrique tinha paixão por capas, e gostava de títulos e ilustrações com pegada, como *Conflitos da vida real*, de Gley Costa.

O psiquiatra Aristides Cordioli criou um sistema de listagem eletrônica dos psicofármacos para orientação dos residentes do Hospital de Clínicas de Porto Alegre. Henrique propôs a Cordioli transformar o conteúdo em livro, e a obra se tornou uma referência. Atualmente, é também um app.

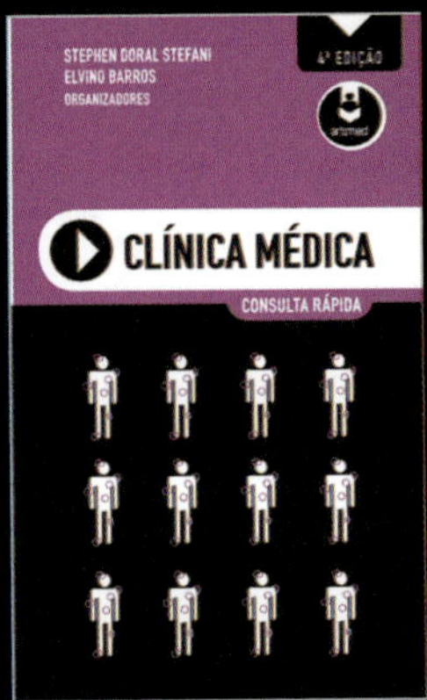


Elvino Barros, autor e organizador de diversos livros da Artmed, é um caso exemplar de médico com faro de editor: vários livros de sucesso contam com a sua participação.

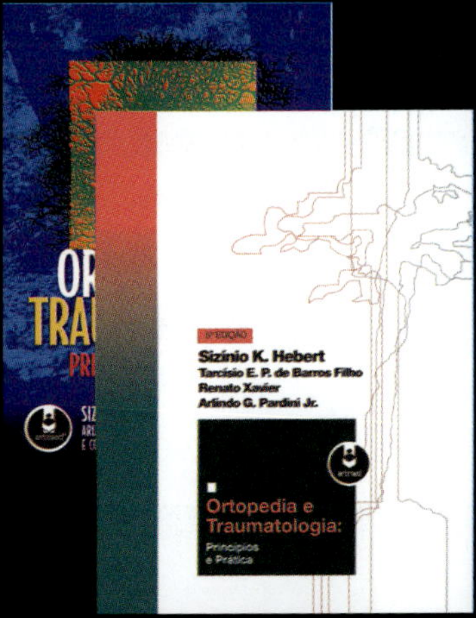


*Ortopedia e Traumatologia*, best-seller de Sizínio Hebert: uma das apostas bem-sucedidas que Henrique fez no conhecimento médico gerado por especialistas do Sul.

*Medicina Ambulatorial*: um clássico que chamou a atenção dos profissionais da saúde para condutas de atenção primária, um tema novo no Brasil e que ganharia relevância ainda maior com a criação do SUS.

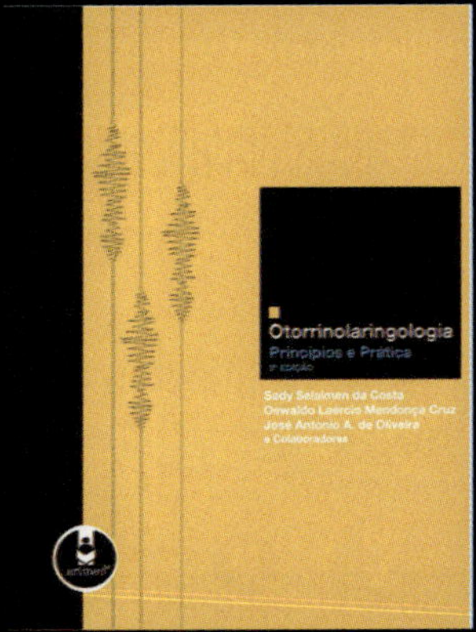


*Otorrinolaringologia*: da reunião de profissionais de todo o país nasce uma fórmula de sucesso ampliada para outras especialidades médicas.

*Rotinas em Obstetrícia* e *Rotinas em Ginecologia*: a fórmula de oferecer padronização de procedimentos teve grande aceitação, e inspirou lançamentos em outras áreas da medicina.

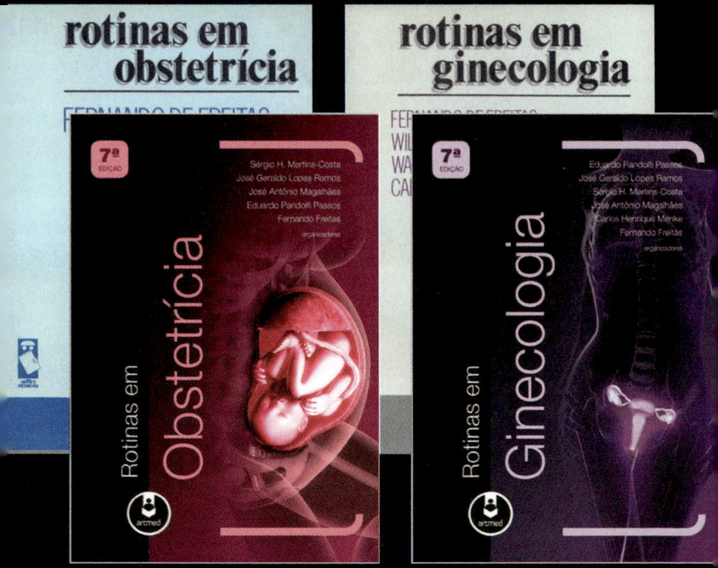


*Manual Grupo A de Editoração*: a iniciativa de Henrique, ainda nos anos 80, era uma novidade — inclusive para editoras de maior porte no centro do país. Na primeira edição, uma capa com obra de Botticelli: arte e design sofisticado não eram usuais em publicações técnico-científicas.

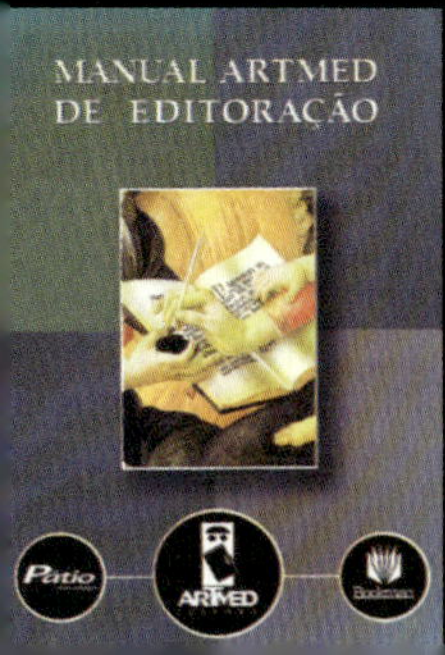

30 | Economia > ZERO HORA > DOMINGO | 10 | DEZEMBRO | 2006

Gente Filho de imigrantes dirige uma das maiores editoras técnicas do país

# O mascate de livros que virou dono de editora

SEBASTIÃO RIBEIRO

**No princípio, era a peregrinação pelos consultórios, bater de porta em porta oferecendo as novidades da literatura médica. E também as bancas improvisadas nos corredores de hospitais-escola, os estudantes do primeiro ano ávidos pelos livros de anatomia. Sem contar as viagens para o Interior, primeiro de ônibus, depois no Mercury 48, o próprio carro transformado em abrigo para o estoque.**

É com naturalidade que Henrique Kiperman, 68 anos, lembra hoje de seus tempos de vendedor e relata sua ascensão a dono de uma das maiores editoras técnicas do país, a Artmed.

– É o caminho normal. Todo livreiro tem sonho de ser editor. O livreiro acha que o editor faz tudo errado, e o editor acha que o livreiro não sabe vender – diz o empresário.

Filho de dois imigrantes judeus que chegaram a Curitiba em 1932, Kiperman passou a infância brincando em meio à venda de secos e molhados dos pais. Ao contrário do que poderia se imaginar, estar atrás do caixa nunca foi interesse do menino. O dom para as vendas só se manifestou quando começou a trabalhar para editora Guanabara, em seu primeiro emprego, há 52 anos. De lá para cá, mesmo formado em economia, nunca largou os livros. Em 1964 veio para Porto Alegre, onde virou representante, depois gerente, sócio e, enfim, desde 1987, dono da Artes Médicas Sul, transformada em Artmed.

**Empresa traça estratégias para assegurar o futuro**

Muitos médicos que compraram os livros de Kiperman na faculdade hoje são autores da editora, que, de 1980 até hoje, já publicou 2,1 mil títulos, dos quais 1,4 mil permanecem ativos.

– Eu estudava medicina na década de 60 em Pelotas e tinha um colega de quarto que era como que um representante do Henrique na faculdade. Então, eu torcia para que ele não vendesse os livros, para que pudesse estudar neles, já que na época não tinha dinheiro para comprar – rememora o psicanalista Gley Costa, que já publicou três livros com a Artmed.

Na administração do negócio, Kiperman é, ao mesmo tempo, conservador e inovador. Conservador porque gosta de manter relações antigas, negocia fácil com autores que tradicionalmente publicam com a empresa, mantém um quadro de funcionários estável. Inovador porque está sempre aberto a novas apostas e leva em conta a intuição para tomar decisões.

Desde o primeiro título da Artmed – "A Relação Médico – Paciente", de Cyro Martins, publicado em 1980 –, a editora mudou. Criou novos selos, ampliou o leque de assuntos que aborda. Hoje, tem publicações em diversas áreas – engenharia, pedagogia, educação física, informática, entre tantas outras – e é, segundo seu dono, uma empresa preparada para o futuro.

– O livro sempre vai existir. Mas estamos entrando no mercado virtual, nos aprontando não só para vender pela Internet. Mas também para que o usuário, com uma senha, possa baixar nossos livros (*pela rede*) – relata.

Kiperman, por mais paradoxal que possa parecer, é, ao mesmo tempo, conservador e inovador nos negócios que faz

**Perfil da empresa**

**Estrutura:** baseada em Porto Alegre, a Artmed tem uma unidade em São Paulo e representantes e operadores logísticos no Rio de Janeiro, Curitiba, Salvador, Belo Horizonte e Fortaleza

**Funcionários:** 94

**Títulos já publicados:** 2,1 mil, dos quais 1,4 mil ativos

**Novos títulos publicados em 2006:** 140

**Faturamento previsto para 2006:** R$ 40 milhões

## Família unida dentro e fora da empresa

No domingo, é o churrasquinho no apartamento da Bela Vista, na Capital. O lugar também pode ser Atlântida ou Canela. O cardápio pode variar para algo mais sofisticado, um prato que Henrique Kiperman tenha aprendido a fazer em um curso de culinária. O que não costuma mudar é o público: os pais, os dois filhos, os quatro netos, a nora e o genro. Na Artmed, Leda Kiperman (*mulher de Henrique*) atua no controle de qualidade, Celso (*filho*) cuida das finanças e Adriane (*filha*), da revista pedagógica Pátio.

– Comecei aqui quando tinha 17 anos. O meu pai não me explicou nada, me passava os cheques e eu assinava e fazia os pagamentos. Hoje, eu sou o responsável pela gestão e nós nunca tivemos uma conversa sobre a minha função aqui – diverte-se Celso.

**Reportagem no jornal gaúcho Zero Hora: curiosidade sobre as peripécias e feitos de Henrique, da infância modesta à construção de uma das editoras líderes no segmento CTP (livros científicos, técnicos e profissionais).**

**Uma versão audiovisual da trajetória. Assista ao vídeo usando o QR code.**

## Momentos marcantes de Henrique e Leda

No noivado, em 1965 — logo depois de Henrique se transferir de Curitiba para Porto Alegre. O casamento aconteceria um ano depois, em janeiro de 1966.

Festejando 32 anos de casamento, em 1998.

No casamento de Celso em 1998.

Dançando na festa de bodas de ouro do casamento.

## É muito amor!

No aniversário de Celso, o primogênito, com Adriane no colo.

Bar Mitzvah de Celso, em 1979.

No aniversário de 7 anos de Adriane.

ˑom Celso, no Muro das Lamentações, em viagem para o
ˑar Mitzvah de Rodrigo e Fernando.

ˑa festa pelas bodas de ouro,
ˑbraçado a Adriane.

Israel

## Muitas milhas voei

Suíça

Bariloche

Israel com os netos

Costa Amalfitana

Toronto

Bahia

Viena

## Paixão incondicional

Henrique se derramava em afetos pelos netos.

No aniversário de 4 anos de Rodrigo

Com Fernando, na inauguração do prédio da Editora, em 2005.

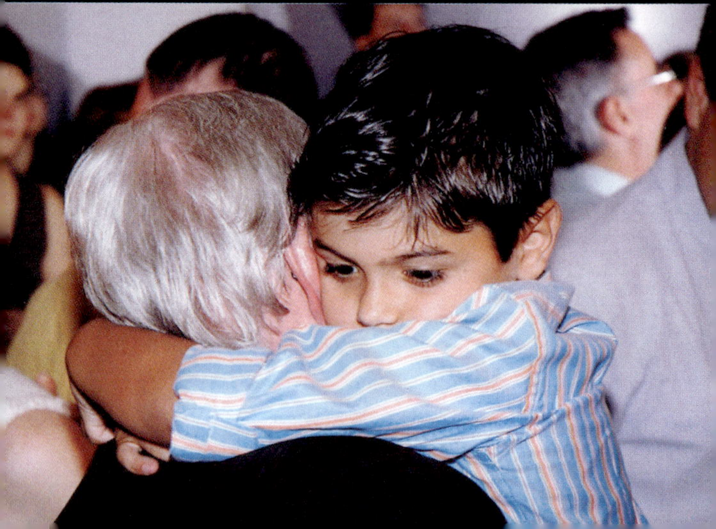

No aniversário de 1 ano de Julia.

Aniversário de Débora.

דרכי
דרכי
נעם
וכל
נתיבותי
שלום

## A 5 cm do chão

Para Adriane, Henrique parecía levitar de emoção durante a viagem que a família fez a Israel, em julho de 2012, para o Bar Mitzvah dos netos no Kotel, o Muro das Lamentações.

O Bar Mitzvah foi celebrado pelo Rabino Uri Lam (na foto abaixo, o segundo da esquerda para a direita).

Bar Mitzvah de Rodrigo em agosto de 2012.

Bar Mitzvah de Fernando em setembro de 2012.

Em maio de 2014, no Bat Mitzvah de Debóra.

Henrique com os netos no Bat Mitzvah de Debóra, em 2014

Duas festas em uma só: 80 anos de Anita Erdman, mãe de Leda, e 32 anos de casamento.

Surpresa e alegria na festa dos 70 anos de Henrique em 2008.

Ao lado de Adriane e do tio Nestor, irmão de Anita (mãe de Leda), a quem Henrique chamava de "Tio Nheco". Foi ele quem, a pedido da mãe de Leda, viajou a Curitiba para apurar quem era o rapaz que cortejava Ledinha. Voltou com parecer favorável ao então vendedor da Editora Guanabara.

Bodas de Prata do casamento de Jussara Schestatsky, filha de Nestor, com Willi Dal Zot. A comemoração se deu poucas horas antes do nascimento de Rodrigo, primogênito de Adriane.

Com toda a família curitibana, no batizado de Ana, filha de Márcia (de azul, ao lado de Leda) e de Marcos Raskin (atrás de Leda).

## Amigos de sempre

Henrique era de pouca conversa, mas de muitas e duradouras amizades, das quais Leda mantém registros cuidadosamente organizados no álbum da família.

Henrique e Leda no México, com Breno e Gisela Veisman.

Com Salomão e Marlene Wolf na Grécia.

Com os casais Jubilo e Iara Spiguel e Zilda e Mário Schwartzman, em Vancouver, no Canadá.

Com Iara e Décio Jalfim na inauguração do novo prédio na Jerônimo de Ornelas.

Henrique recebendo os amigos Beto Pecis e Andre Susserman.

Brindando com Nelson Russowsky, Marcos Lederman, Salus Finkelstein e Guido Rojas.

Com Simão Piltcher, Moacir Zaducliver, Breno Veisman, Solon Soirefmann e Salomão Wolf.

Ao lado de Marcos Grupenmacher, amigo de infância em Curitiba.

Em sentido horário: David Raskin, Dorinha Piltcher, Marlene Wolf, Jacira Raskin, Leda, Bete Goldfeld, Henrique e Simão Piltcher em Punta del Este.

O trio na inauguração da nova sede do Grupo A, então Artmed, em 2005.

A família Kiperman reunida para as bodas de ouro de Henrique e Leda, em janeiro de 2016.

## Festa, ambulância e, então, mais festa

Foi intenso, depois tenso e, enfim, foi cômico. Em meio à festa de bodas de ouro, Henrique caiu e se cortou. Sorte dele ter, na sua festa, uma verdadeira junta médica que brindava com ele, com Leda e a família. Quem primeiro o atendeu foi o cardiologista Marco Wainstein. Acercaram-se dele os outros médicos que estavam na festa: Helena Gonzalez, Otavio Piltcher e Marcelo Teruchkin, que aparecem, nesta ordem, na foto da confraternização, seguidos por Marco Wainstein. Entre Celso e Leda está o Rabino Guershon — o motorista da "ambulância" improvisada que levou Henrique ao Hospital de Capão da Canoa, cidade do litoral gaúcho onde Henrique dava o "festão", como gostava de dizer.

Depois de levar pontos, Henrique voltou para continuar a cerimônia das bodas e as comemorações. Já os médicos "aproveitaram" a ida ao hospital para ajudar no atendimento de um menino gravemente ferido. "Sem querer, o pai fez mais uma mitzvah, uma boa ação", diria Adriane, depois, quando todos se reuniram outra vez para a foto com Henrique — de pulso enfaixado e sorriso aberto.

## Comunidade e compartilhamento

Rabino Guershon, o elo de Henrique com a fé.

Com o então governador do Rio Grande do Sul, Germano Rigotto, e o Rabino Guershon, no Pessach Comunitário. Henrique idealizou o evento.

Celso e Henrique com Sérgio Caraver, presidente da Sibra, sinagoga frequentada pelos Kiperman, e parceiro de Henrique na visão de um judaísmo liberal.

## "Somos o povo do livro"

Henrique, em sua última aparição pública, em julho de 2017. No ato de inauguração da Biblioteca Henrique Kiperman do Colégio Israelita de Porto Alegre, já fragilizado pelas sucessivas intervenções no coração, caminhou para o microfone a passos lentos. Estava orgulhoso, especialmente quando cruzava o olhar com os netos — Rodrigo, Débora, Julia e Fernando, que aparecem nesta ordem, na foto acima.

Tremia levemente — mais pela emoção que por qualquer outra coisa. Fez um sinal ao filho.
— Fica do meu lado, Celso. Se eu não segurar, tu continua.

Tudo pronto, fez um discurso pausado, com mensagens que já tinham, em perspectiva, o legado que gostaria de deixar.
— Somos o povo do livro, o que justifica o nosso amor pela reflexão, o nosso vínculo com o conhecimento, a tradição e a valorização de ajudar o outro, a Tsedaká.

Com o diretor do Colégio Israelita, Janio Alves, colocando na porta da biblioteca a mezuzah — pequeno rolo de pergaminho com passagens da Torá, livro sagrado do judaísmo, afixado em umbrais para expressar o resguardo de princípios.

**No Bar Mitzvah de Rodrigo, celebrando a vida.**

E, geralmente, com o sentido de polir um ativo do qual ele sempre soube cuidar — relacionamentos.

## Sua Excelência, a Capa

Nos tempos de afirmação da editora, décadas de 80 e 90, a cena era comum.

Quando um livro chegava da gráfica, Henrique tomava-o nas mãos, alisava as páginas para sentir a textura e a gramatura do papel. Então, fechava-o, crispando os dedos em torno do volume para sentir o peso. Não dizia abertamente, mas tinha orgulho de livrão.

Percorria com atenção um ponto ou outro do livro para ver se o recuo do parágrafo era o correto, por exemplo, entre outros detalhes que aprendera no curso de editoração de 1973, quando teve contato com professores que se tornariam gurus para ele, como Henry Saatkamp e Paulo Ledur. O próprio Ledur ficava impressionado com a obsessão do ex-pupilo. Como dono da AGE — Assessoria Gráfica e Editorial, Ledur calcula ter fornecido serviços de editoração para mais de 400 livros que Henrique publicou na fase inicial de sua Editora Artes Médicas Sul. O dublê de compadre e cliente sempre tinha uma observação a fazer sobre alguma página ou capítulo.

— Henrique, eu fico impressionado contigo, tu vais no detalhe do detalhe. Como é que tu consegues saber tanto de cada livro que tu colocas no mercado?

Ele, como de hábito, espichava o silêncio, e Ledur ficava com a impressão de que o homem não dormia.

Para Henrique, o livro era um objeto de culto. Ele sonhava com o dia em que ali se produziriam incontáveis lançamentos, mas temia que com tantas frentes de produção simultâneas o padrão de qualidade fosse instável, e ficasse à mercê deste ou daquele autor, editor ou fornecedor.

Um dia, tomou conhecimento de um manual elaborado pela revista norte-americana *Publishers Weekly*, da qual era um dos raros assinantes na região. Pesquisou para ver se havia algo do gênero no país, e ficou surpreso. Não localizou nada, nem mesmo entre as grandes editoras brasileiras. Então, pediu a Adriane que mandasse traduzir para o português e liderasse um grupo de trabalho para lançar, em versão tropicalizada, o *Manual Artmed de editoração*, em 1999.

Era para circular internamente e entre colaboradores e fornecedores, mas a primeira edição, de dois mil exemplares, se esgotou.[72] Henrique não conteve certo ufanismo quando soube que as maiores editoras do país estavam adquirindo, nas livrarias, o *Manual Artmed*.

No entanto, como era do seu feitio nestas situações, logo acionava uma motoniveladora de humildade para aplainar o orgulho.

— O que vão dizer de mim?, comentava com Leda. "Vão pensar que eu estou me achando melhor que todos eles, que quero ensinar todo mundo..."

De fato, o tom do "Histórico Artmed" que constava das páginas introdutórias enaltecia o "sólido projeto de expansão em andamento", com a inauguração de uma filial em São Paulo, em 1996, e fazia uma demonstração de força. "Fomos os pioneiros no Brasil na produção de livros em disquete e em CD." E, além disso, ainda vinha todo aquele manancial de regras ditando como se faz um livro de qualidade.

— Será que não me engrandeci demais[73]?

---

72 Duas outras edições seriam lançadas, cada uma delas com tiragem de dois mil exemplares: em 2009 e em 2011.

73 Dez anos depois, Henrique parecia mais seguro — inclusive para revisitar o antigo desconforto. Na apresentação da segunda edição do manual, escreveu: "Em 1999, quando publicamos a primeira edição do então chamado *Manual Artmed de editoração*, parecia arrogância e presunção uma editora de livros desenvolver um manual desse tipo, pois somente a *Folha de S. Paulo* e o *Estadão* tinham tal publicação. Hoje, sentimo-nos perfeitamente à vontade para lançar a segunda edição, agora revisada e atualizada" (Manual Artmed de Publicação. 2. ed, 2009, p. 7).

Coube a Adriane, que tomara a frente daquele projeto e se sentia orgulhosa com o feito, resgatar Henrique do surto de modéstia e dizer que eles fizeram, sim, uma grande coisa, objetivamente, ao lançar um manual de editoração, em vez de esperar que alguém mais o fizesse. Ela o lembrava de que aquela era, sem favor algum, uma iniciativa precursora. Se não fosse, outros editores eméritos não estariam buscando a bússola de 198 páginas da Artmed.

O fato é que o manual seria um dos amuletos de Henrique. E quando chegou da gráfica, recebeu de seu mentor todos os carinhos usuais. Foi apalpado, cheirado, só não foi posto numa redoma — embora a biblioteca de Henrique tivesse, para ele e seus próximos, este sortilégio.

Como de costume, seus dedos deslizaram sobre a capa, como que a acariciando. Alguém que pensasse em algo gélido como um manual de editoração, especialmente numa editora de livros médicos, tenderia a imaginar que a capa seria sóbria, provavelmente burocrática.

Nada disso: o *Manual Artmed de editoração* trazia, na capa do *designer* Flávio Wild, uma ilustração que podia causar qualquer sensação, menos indiferença.

Era um detalhe da Madonna du Magnificat: um Botticelli de 1481.

A capa tinha tratamento de Sua Excelência na editora de Henrique. Tanto que o capista de referência era um artista plástico, Mário Röhnelt. Com seu traço de formas abstratas, Röhnelt atendia ao objetivo de Henrique de romper com o formalismo das publicações técnico-científicas e profissionais. Dava liberdade de criação ao artista, mas também sabia ouvir o autor, sentir sua pulsação sobre capa, especialmente quando demonstrava ter pegada de editor. Nesses casos, Henrique ponderava, e podia dar razão ao autor.

Foi o caso de *Conflitos da vida real*, do psicanalista Gley Costa. Röhnelt fez uma capa expressiva, utilizando formas que sugeriam pessoas encaixotadas. Henrique gostou, mas quis ouvir Gley.

— Eu tinha pensado outra coisa...

— O quê, Gley?

— Copacabana à noite... luzes explodindo... É isso que eu imaginei para a capa do *Conflitos*...[74]

— Mário, vamos fazer a capa do Gley?

Com o volume crescente de lançamentos, Mário Röhnelt já não dava conta de todas as capas encomendadas, e Henrique descobriu no Instituto Cultural Judaico Marc Chagall um *designer* de jornais e revistas que ainda não tinha feito capa de livro, e procurava uma oportunidade.

Joaquim da Fonseca gostou da experiência, e Henrique também: em seis anos, Fonseca contabilizou mais de 700 capas, e seriam muitas mais se não dividisse com Mário Röhnelt as demandas que entravam na editora. Eram duas linhas de trabalho distintas: Röhnelt, um artista plástico, se expressava de forma abstrata, utilizando cores e formas. Como *designer*, Fonseca tinha forte inclinação para trabalhar com desenho. Como grande parte dos livros entregues a ele versavam sobre psicanálise e educação, resolveu apostar inicialmente em figuras da história da arte, imagens gregas e romanas, para atender à recomendação de Henrique.

— A capa tem que valorizar o livro. Se a gente for muito tradicional, não se destaca.

Henrique gostava de discutir capas. Joaquim da Fonseca também, prezava o convívio daqueles minutos em que beleza, funcionalidade, impacto e tantos outros atributos de uma boa capa se mesclavam até que Henrique batesse o martelo. Com o tempo, ele descobriu algo que poucos sabiam sobre o fundador da editora.

Henrique era daltônico.

---

**74** Gley gostava de pensar em títulos e capas de impacto. Lançaria pela Artmed outras obras, como *Dinâmica das relações conjugais*, *A cena conjugal* e *O amor e seus labirintos*.

Daí advinha a dificuldade para perceber o vermelho — a cor do clube do seu coração no Rio Grande do Sul. Joaquim soube do daltonismo em meio a discussões sobre capas, em situações nas quais cogitava empregar o vermelho e Henrique tendia a defender o bordô.

Ao biógrafo, que quis saber qual era a sua cor preferida, Henrique riu do próprio constrangimento.

— Azul...

Capa, na ótica de Henrique, não seguia um modelo único. Do artista Röhnelt a *designers* como Joaquim da Fonseca e mais recentemente Tatiana Sperhacke e Paola Manica, Henrique defendia com empolgação as soluções criativas que encontravam, mas isso não o tornava retilíneo, previsível, em suas decisões. Como *publisher*, via uma capa de muitos pontos de vista. Por vezes, uma solução brilhante plasticamente poderia ser preterida, se o conteúdo da obra apontasse outro caminho.

Foi o que aconteceu com *Ortopedia pediátrica*, livro de estreia do médico Sizínio Hebert, em 1995. Eram páginas polêmicas, aquelas. Sizínio fizera formação na Suíça, entre outros países, e apesar do estilo pessoal retraído voltara ao Rio Grande do Sul disposto a comprar briga com um pensamento estabelecido entre os ortopedistas.

— Seu Henrique, não se usam mais botinhas e palmilhas para tratar toda criança que tem pezinho chato ou a perninha assim e assado. O Brasil está atrasado!

— Isso é científico?

— Está provado, cientificamente. Essas botinhas e palmilhas não servem para nada, apesar de toda a indústria e comércio em torno desses produtos.

— E o que é publicado sobre isso aqui no Brasil?

— Nada... É por isso que quero escrever um livro. Para derrubar este tabu.

Henrique comprou a ideia do livro depois de examinar as credenciais acadêmicas e profissionais de Sizínio. Na fase final de produção, chamou Sizínio para ver a capa.

— Está bonita, mas não era o que eu tinha em mente, Seu Henrique.

Ele tinha pensado na imagem de um postal que trouxera da Suíça — uma criança muito triste cuidando de suas botas ortopédicas.

Passou o tempo, e um dia Henrique o chamou à editora, ofereceu café e água e, em certo momento, abriu a gaveta e puxou o exemplar de *Ortopedia pediátrica* com a tristonha criança das botinhas na capa.

Sizínio desatou a chorar e, com a vista borrada, nem viu direito o semblante de Henrique, que também se recompunha.

Embora pequeno, quase um manual, o livro se revelou um petardo, e Sizínio foi chamado às falas por entidades médicas para defender um pensamento que, nos anos seguintes, iria se impor naturalmente.

Entre uma solução bela e outra que calçava luvas de boxe, Henrique, neste caso específico, optou pela capa com pegada.

Pegada tão forte que os fez cambalear, ele e o autor, naquela tarde de café e lenço.

**Por que eu? Por que comigo?**

Henrique tinha o hábito de fugir do inverno gaúcho, por gosto pessoal e recomendação médica. Apaixonado por viagens, como Leda, planejava temporadas em lugares mais quentes, principalmente na Europa, para ter um refúgio quando o frio úmido do extremo sul do Brasil começasse a se insinuar. A cada viagem, dezenas de fotos se incorporavam ao álbum que Leda mantinha com o capricho habitual — o casal com amigos, com os filhos, em Viena, Paris, pela Costa Amalfitana, na Itália, em Chicago, em Porto Seguro... Postais de uma vida feliz, e próspera.

1999 parecia chegar como uma página a mais para a coleção de recordações em que tudo estava certo e, se não perfeito, ao menos bem encaixado. Foi o ano em que Henrique, sempre animado para promover comemorações, decidiu realizar uma festa para marcar os 32 anos de casamento com Leda e, na mesma ocasião, o aniversário de 80 anos da sogra.

Até mesmo neste aspecto, o relacionamento com Dona Anita, tudo ia bem, apesar do retrospecto. Henrique e a mãe de Leda haviam pacificado seus sentimentos. Ele se provara um genro de fibra e grande capacidade de trabalho, dissolvendo toda a insegurança inicial de Anita em relação àquele paranaense de família humilde que tinha vindo tirar Ledinha, filha única e joia da coroa, do teto em que vivia, sossegadamente, a família Erdman. Por sua parte, Henrique também tinha conseguido metabolizar o ressentimento com a sogra por se saber em observação logo que pôs os pés em Porto Alegre.

Agora, Henrique se sentia bem em dedicar sua festa de 32 anos de casamento para assinalar os 80 anos de Dona Anita.

A verdade é que o tempo e os fatos da vida fecharam feridas, ou quase isso. O sogro, Jaime Erdman, falecera cedo, aos 62, e Leda, com a concordância de Henrique, trouxe a mãe para morar com eles, em um primeiro momento, e tempos depois em um apartamento quase contíguo ao dos Kiperman.

A convivência aparou incompreensões do passado. Henrique se admirava do vínculo que se estabeleceu entre Dona Anita e Celso, o primeiro neto que ela teve. Ele se divertia e, mais do que isso, comovia-se vendo Celso derramar afetos pela avó, provocando-a com brincadeiras irreverentes, inclusive sobre a surdez dela, e tudo terminava em abraços cúmplices, o novo e o antigo se rindo de tudo, o presente consertando o passado.

E, de mais a mais, tinha de admitir para si mesmo que, como pai, não agira de modo tão diferente do de Anita quando Adriane, ainda uma adolescente, tentou se aproximar dele para dizer que estava gostando de um garoto.

— Pai, acho que tô namorando e aí então eu...

— Não tá!, cortou ele, dando as costas à filha.

— Pai...?

Já dera meia-volta. Por decreto presidencial, Adriane não estava namorando, e pronto.

Claro que Henrique jamais levaria aquele episódio de Adriane ao conhecimento da sogra, mas se o fizesse é bem provável que ela não perdesse a oportunidade de fazer um acerto de contas.

— Ah, viu só como é difícil aceitar?

Ainda em 1999, a família esperava um acontecimento ainda mais significativo. Um, não. Dois. Adriane e a mulher de Celso estão grávidas. A gravidez de Adriane está apenas um mês à frente da de Marília. São os primeiros netos de Henrique e de Leda. Tudo se encaixa: além da quase coincidência dos nascimentos, virão dois varões, como esperam pais e avôs.

Então, o pânico.

No quinto mês, a gestação de Adriane se complica e ela precisa fazer repouso para não perder o bebê. Com 37 semanas, nasce de parto normal um bebê enorme, mas com pulmão ainda imaturo. O primeiro netinho de Henrique é então levado para a UTI neonatal e seu quadro se complica. Por três vezes, Adriane corre o risco de perder Rodrigo, como foi denominado em homenagem ao bravo capitão do romance de Erico Verissimo.

O desespero se instala entre os Kiperman e na família de Martin Rojas quando os médicos, a certa altura, admitem que não há mais nada a fazer, no âmbito profissional, para salvar o bebê. O chão treme. Uma corrente de sofrimento e fé se desencadeia em torno de Adriane e Martin.

Henrique sente o golpe e, como em tantas vezes na vida, se ampara na força leonina de Leda. Ele tem o coração safenado há dez anos, e ninguém sabe ao certo como terminará aquele estado de prostração. Chora, revolta-se, tenta governar os pensamentos. Adriane sofre, mas não desaba. Ela tem a têmpera da mãe (*Na vida tem que ser forte*, ouviu de Leda muitas vezes). Trata de se recompor e consolar o pai quando o vê, murcho e impotente, perguntando para si mesmo — ou em uma rara evocação a Deus:

— Por que eu? Por que comigo?

— Pai, acredita, a gente tem que acreditar!

Foi um mês inteiro em que Rodrigo ficou submetido a procedimentos de alto risco, para que completasse sua formação. Henrique ansiava pelos boletins médicos, mas também se enervava quando os informes vinham com muitos detalhes.

— Ontem operaram isso, hoje vão operar mais aquilo... e eu sem poder fazer nada, exasperava-se.

Nem mesmo podia entrar para ver o menino. O acesso à UTI neonatal era restrito a Adriane e Martin, e somente em certos horários.

Henrique não se conformava com as restrições. Um dia, olhando pelo vidro, notou que havia alguém lá dentro, junto a Adriane e Martin. Médico não era, concluiu. O estranho tinha as mãos sobre a incubadora e parecia estar dizendo algo.

Esperou que o homem deixasse o recinto e foi saber quem era e o que fazia ali, se nem ele, que era o avô, tinha autorização para cruzar a porta de vidro.

— Por gentileza, quem é senhor?

— Ah, sim, Senhor... Senhor...?

— Henrique.

— Pois não, Senhor Henrique. Eu sou o rabino Guershon Kwasniewski... eu venho aqui todos os dias para estar junto, para dar um apoio a famílias que passam por um momento difícil.

Naquele túnel de angústia em que se encontrava, e diante dos prognósticos terríveis, Henrique estava dividido sobre o significado da presença de um religioso. Seria presságio de...? Não queria nem pensar.

Guershon explicou que era um homem de fé, e que estava ali para fazer uma prece junto com os pais, pedir bênçãos à criança e aos familiares.

Então, o rabino disse algo que encheu Henrique de esperança.

— Nós não vamos *deixar ele* escapar!

Quando Rodrigo teve alta, foi um alívio geral — mas Adriane ainda precisava exorcizar lembranças perturbadoras.

Durante o curso de Psicologia, ela havia feito estágio no Hospital de Clínicas de Porto Alegre. Havia ficado tão marcada pela experiência no setor de obstetrícia que, findo o período obrigatório, resolvera prestar trabalho voluntário por mais um ano e meio. Deu atendimento a muitas mães que tiveram gravidez problemática, viu bebês com sequelas terríveis. Nunca imaginou que enfrentaria trauma parecido. Mas a realidade é que se sentia levando para casa um filhotinho machucado.

Já no segundo mês de vida Rodrigo enfrentaria uma bronquiolite. A pergunta inevitável na cabeça de Adriane e da família era se ele conseguiria ter um desenvolvimento normal.

Havia outras nuances de dramaticidade no episódio do nascimento de Rodrigo. Ainda na fase de gestação, foi reservado a ele, como é tradição entre judeus, um nome em hebraico que homenageia alguém da família que já tenha falecido. A escolha foi "Chaim", que significa vida. Era o nome hebraico do pai de Leda, Jaime.

Filha única, Leda estava nervosa não apenas com a gravidade do estado de saúde do neto recém-nascido como em razão de algumas coincidências perturbadoras. O parto de Adriane ocorreu no mesmo dia, e no mesmo mês, em que o pai de Leda morrera. E, em sua luta pela vida, Rodrigo se defrontava com problemas pulmonares e até mesmo uma septicemia — tal como sucedera com o bisavô, e no mesmo hospital, inclusive.

Celso também estava no ponto máximo de tensão porque o primeiro filho dele estava para nascer poucas semanas depois de Rodrigo. Mas Fernando nasceu com saúde, e Rodrigo se desenvolveu bem.

Os netos fizeram surgir outro Henrique. Apegou-se a Rodrigo e a Fernando, os varões da terceira geração que chegaram praticamente juntos em 1999. Em 2002, Celso deu a ele a primeira netinha, Júlia. Com o nascimento de Débora, a caçula de Adriane, em 2004, completava-se o quarteto que faria Henrique dar um peso muito grande às reuniões de família, e urdir viagens em que buscaria resultados muito mais valiosos que qualquer *best-seller* que ele e Leda pudessem ter garimpado até então.

## Tsedaká e um judaísmo sem muros

Por tudo o que Henrique passou e viu sua família passar no nascimento de Rodrigo, 1999 foi um ano que não terminou em 31 de dezembro. Aquele episódio configurou uma situação-limite, da qual Henrique emergiria senão mudado, ao menos mais permeável a ajustes na escala de valores de suas décadas de vida.

Nunca fora um tipo religioso. Desde criança, comparecia a cultos por obrigação com o pai. Provocar a paciência de Abrahão Kiperman podia ser incômodo ou, até, dolorido. Logo que se tornou adulto, decretou sua alforria.

Com a troca de Curitiba por Porto Alegre, manteve-se distante de sinagogas, muito embora sentisse orgulho de seu judaísmo. Cultivava um bom relacionamento com a comunidade judaica local, levado pelo espírito extrovertido do tio de Leda, Nestor Schestatsky. Mas fosse em razão de sua indiferença à religião, ou por causa de certa timidez, pela condição de forasteiro ou ainda por estar com sua energia totalmente voltada para fazer o pé-de-meia, Henrique passava muito bem sem frequentar templos.

Os anos se passaram, Henrique prosperou como empresário, projetou-se no círculo cultural, tornou-se mais desenvolto socialmente, mas seguia recolhido ao âmbito de sua empresa e de sua família, o que é praticamente uma redundância, dada a forma amalgamada como ele conduziu vida pessoal e profissional.

O ponto de virada foi o baque de 1999, e o exercício de fé a que se entregou quando ficou claro que a ciência médica esgotara os recursos para salvar seu primeiro neto. Ele nunca pensara em chamar um religioso ao hospital, mas todo o seu ceticismo com o divino começou a ceder quando o estranho que ele vira pousando as mãos sobre a incubadora de Rodrigo lhe disse algo que nem o mais completo compêndio médico publicado pela sua Artmed poderia assegurar:

— Nós não vamos *deixar ele* escapar!

Agarrou-se como náufrago àquela sentença simples, talvez simples demais, mas sólida, assertiva, sem considerandos nem reticências, *Nós não vamos* deixar ele *escapar*. Uma frase até meio manca, do ponto de vista do português, mas cristalina e fluente como a lágrima. De onde saíra aquele sujeito sem jaleco nem *expertise* técnica, e ainda por cima com um sotaque argentino, que isso ele conhecia bem, para chacoalhar sua cabeça, ensombrecer-lhe a razão e ativar algo que ele nem supunha ter — fé?

Como que em transe, no fim de semana Henrique se viu tomando o rumo da sinagoga do rabino.

Ele e Leda.

Entraram com respeito e contrição. Saíram tomados de um sentimento bom, que Henrique passaria um tempo procurando interpretar. Era um editor, vivia da palavra, queria tudo convertido em palavra, mas às vezes o mundo era maior que fonemas e signos. Quantas vezes ele próprio ficou mudo, falando pelos olhos, por um certo repuxar de lábios, pela contração do queixo trêmulo? Tanta coisa passando pela cabeça, e a língua aprisionada nos dentes.

Celso, sua réplica falante, o *Cascatinha*, gostava de mexer com ele.

— Meu pai é um papagaio português. Não fala nada... Mas pensa muito!

Ao sair da sinagoga, Henrique falava quase nada, mas pensava muito. Difícil definir a experiência que tivera ali, mas depois contaria a Leda ter ficado impressionado.

— Eu olhava para o lado e a pessoa que estava ali não me conhecia, mas parecia que ela estava sentindo o meu problema.

Daquele dia em diante, a palavra *comunidade* ganhou um sentido que até então não havia percebido.

Passou a frequentar a sinagoga.

Seu judaísmo resplandeceu, não em uma dimensão religiosa. A quem o interpelasse sobre o alcance daquela conversão, não respondia nada — era perito em falar pelos silêncios e jogar a bola para o campo do interlocutor. Quando muito, conforme o momento e a sua disposição, brindava o autor da pergunta com uma meia resposta, outra de suas especialidades.

— Não é que eu seja temente a Deus, mas...

— Mas...?

— É isso aí...

— Isso aí, como assim?

Queixo contraído, lábios apertados, língua a uma distância segura dos dentes, olhos resignados. Silêncio.

E página virada.

O judaísmo de Henrique, e da família, se expressaria por um código de conduta individual e social e o culto a um legado de ética e humanismo. Mais filosofia do que religião — tanto quanto seja possível discernir entre uma coisa e outra. Em Henrique, particularmente, a transformação se deu por uma abertura à comunidade.

Aliás, em primeiro lugar, ele decidiu *fazer parte* de uma comunidade. Escolheu a Sibra — Sociedade Israelita Brasileira de Cultura e Beneficência, de Porto Alegre, por ser a sinagoga do rabino Guershon Kwasniewski, o amigo que fizera durante a vigília por Rodrigo.

Chegou na sinagoga do jeito de sempre, sem chamar a atenção — aliás, mesmo quando podia ajudar em alguma causa que mobilizasse a sinagoga, fazia questão de ficar à margem, no bastidor, sem expor a si ou à família.

Em uma reunião, intervinha apenas pontualmente, e de forma discreta. Não desejava exercer protagonismo, e paradoxalmente foi este desinteresse por poder que acabaria por torná-lo uma das vozes mais influentes da Sibra, em um momento delicado. A instituição criada em 1936 — dois anos antes do nascimento de Henrique — enfrentava um processo de divisão interna e esvaziamento.

Em vez de fazer discursos ou desfraldar bandeiras, a forma que Henrique encontrou para oferecer sua visão de um judaísmo aberto e inclusivo foi a apresentação de sugestões. O rabino sabia que, a cada longa viagem de Henrique ao exterior para fazer negócios com gente de todos os matizes, viria na bagagem a inspiração para um novo projeto, de execução não muito simples e metas que exigiriam muito esforço. "Tremo quando o senhor pega o passaporte", brincava o rabino Guershon.

— Mas eu quase não falo nada...

— É, até fala pouco mesmo... Mas diz muito...

O projeto Seder Comunitário nasceu assim. A Sibra costumava fazer o *seder*, que é o jantar da Páscoa judaica, dentro da sinagoga. Compareciam 60, no máximo 80 pessoas. Era pouco, para uma entidade com o peso da Sibra.

— Quem sabe fazemos o jantar fora da sinagoga? Sei lá, em um bom hotel da cidade?

A sugestão de Henrique foi acolhida por um burburinho.

Era uma ruptura na história da sinagoga, vista de certo ângulo. E, de outro, a chance de estabelecer uma ponte entre judeus e não judeus, integrar os mundos, amplificar a mensagem da Sibra.

O Seder Comunitário foi realizado no Hotel Plaza São Rafael, no centro de Porto Alegre, e reuniu 600 pessoas, com a participação do governador do Estado e do prefeito da capital. E a Sibra ganhou fôlego.

Foi um movimento precursor que estimulou outras entidades judaicas a fazer o que Guershon define como "sair de dentro da sinagoga", mas na grande maioria dos casos a ousadia não teve continuidade por falta de apoio de frequentadores que seguem uma visão mais tradicional.

A Sibra persistiu na orientação de se abrir e acabou se tornando uma referência internacional por promover um judaísmo liberal, inspirando a criação de um grupo inter-religioso reconhecido por lei municipal de Porto Alegre como patrimônio da cidade, um caso sem precedentes. Em 2017, a sinagoga chamou a atenção de veículos de comunicação de fora do Brasil por realizar a cerimônia do Pessach, a Páscoa judaica, dentro da Catedral Metropolitana de Porto Alegre.

Transformar a Sibra em referência sul-americana de exercício religioso aberto e liberal foi uma caminhada em terreno íngreme. A sinagoga vinha perdendo frequentadores, sua sede estava deteriorada e havia contas a acertar com o fisco. O debate interno entre tradição e renovação vinha cristalizando posições.

Henrique, por natureza um conciliador, entendia que aquele era um falso dilema, pois as visões poderiam coexistir, sem imposições. E nenhuma divergência poderia ser mais importante do que uma instituição mais antiga do que ele próprio.

No momento mais crítico da Sibra, o presidente da entidade, Sérgio Caraver, disse em uma reunião que estava cansado de enfrentar as dificuldades e prestes a entregar os pontos — e o cargo. Henrique se apresentou e fez um apelo para que não renunciasse.

— Fica na presidência. Eu estou contigo e nós vamos tocar isso para a frente.

Caraver reconsiderou, e por oito anos seguiu na presidência, tendo o suporte sempre discreto de Henrique, que aceitou ser seu vice-presidente ao longo de todo o período. Quando Caraver ventilava a hipótese de Henrique sucedê-lo como presidente da Sibra, a conversa não prosperava. Henrique preferia agir longe dos holofotes. Queria reconhecimento para a sinagoga, não para si. Era ouvido em todas as decisões, e se dispunha a ajudar de todas as maneiras — mas nada de aparecer.

Aquela primeira aparição de Henrique, ao lado de Leda, na sinagoga, e a corrente de fé e apoio em consideração ao drama que os Kiperman estavam enfrentando, fizeram dele um homem de comunidade, e um entusiasta da solidariedade.

Verdade que trazia, já de criança, o exemplo de sensibilidade do pai. Abrahão Kiperman trabalhava duro para sustentar a casa e, ainda assim, era capaz de pegar dinheiro a juros para emprestar a um amigo em apuros. Henrique observou, e guardou, este traço de Abrahão. Mas o ímpeto de se colocar ao lado de quem estivesse precisando, fosse conhecido ou não, só viria se manifestar de modo sistemático a partir daquela aproximação que ele e sua família tiveram com a cultura e a filosofia do judaísmo.

Um dos princípios mais importantes ao qual ele e a família aderiram é o Tsedaká, que recebe muitas interpretações — alguns entendem que se trata de fazer caridade, há quem prefira o sentido de não dar o peixe mas ensinar a pescar. Henrique aplicava todas as acepções de Tsedaká, e mais algumas.

*Fazer o bem sem olhar a quem* era uma delas. Havia um senhor que ia à editora falar reservadamente com ele e pedir que intercedesse em favor de alguém que necessitava e merecia ajuda, sem revelar a identidade do beneficiado. Era uma questão de confiar no emissário e dispor-se a ajudar. Na mão inversa, a pessoa que recebia o auxílio não ficava sabendo quem era o seu benemérito. Henrique não negava, e sabia que Celso também não, mas um não contava ao outro o que fizera. Era Tsedaká, a consciência de que ninguém pode ser feliz integralmente fechando os olhos para o padecimento alheio.

Também havia casos em que o destinatário era conhecido, e nem desconfiava que estava sendo alvo de uma conspiração do bem. Letícia Bispo, a primeira coordenadora de produção que Henrique contratou, ainda na primeira metade dos anos 80, se acostumou a ouvir do chefe pedidos pouco ortodoxos de um ponto de vista estritamente profissional.

— Letícia, eu soube que o Fulano está passando por uma fase difícil. Então, arranja trabalho pra ele.

— Mas Seu Henrique, na especialidade dele eu não tenho demanda nenhuma e tão cedo não vou ter nada...

— Ok, mas não interessa. Temos de arranjar algum trabalho. Ele tá precisando.

Há um episódio que indica até onde pode chegar o efeito da aplicação de um princípio no dia a dia.

Em 2006, Rodrigo ingressou na primeira série. Tinha sete anos e já chegara à escola alfabetizado, o que reduziu seu interesse pelas aulas. Adriane identificou despreparo da professora para lidar com a situação, e pensou em transferir o filho do Colégio Israelita para a Pan American, escola na qual Celso havia matriculado Júlia, sua caçula, para ser alfabetizada também em inglês.

Do seu modo, Rodrigo cobrou da mãe como poderia sair do Israelita, se eles eram judeus, se sempre se orgulharam de ser judeus, se ali estavam pessoas como eles...

Adriane ficou atônita. O filho de 7 anos questionava como ficavam os valores judaicos naquela decisão de deixar o Israelita.

Ela tentou explicar a ele que não era por serem judeus que deveriam ficar amarrados a uma escolha que não estava dando bons resultados.

Explicou, mas não convenceu o pequeno — e, principalmente, não convenceu a si própria. Remoeu aquele assunto, o pitoco lhe dando uma lição de moral como se fosse uma miniatura do avô...

A realidade é que a ponderação de Rodrigo a reconectava com valores que ela recebera do pai. E que tratava de transmitir ao primogênito e também a Débora, a caçula, então com 3 anos.

Adriane percebeu que deixar para trás o Israelita seria um modo mais eficiente de resolver o problema, mas ela levaria consigo o travo de uma omissão, um "danem-se" para todos os que lá ficavam, e que faziam parte da sua comunidade judaica. "Não se pode ser feliz sozinho, é preciso compartilhar", ouviu muitas vezes do pai, nas lições de Tsedaká... Pensou nas pessoas que, por acomodação ou impossibilidade de pagar uma escola mais cara, deixariam seus filhos ali — daria as costas para elas?

Acabou recuando, e mantendo o filho no Colégio Israelita.

Mais do que isso, decidiu que, em vez de somente cobrar qualidade da escola, passaria a acompanhar a linha pedagógica mais de perto. Acabou começando um trabalho voluntário na mantenedora da instituição. Ficou próxima da diretora e, com o tempo, o envolvimento a levou a assumir mais responsabilidades, chegando à presidência da mantenedora por duas gestões consecutivas.

Em 2017, na segunda gestão, Adriane deixou como legado uma nova biblioteca à escola, doada pela família. A Biblioteca Henrique Leão Kiperman, equipada com computadores e orientada para ser um centro de convivência de estudantes e professores, foi inaugurada em julho de 2017.

### O peito manda novo aviso

A virada de 1999 para 2000 chega com previsões as mais desencontradas, algumas de fundo místico, como é normal em fechamentos de século e, principalmente, de milênio. Entre euforia e catastrofismo, há uma preocupação concreta discutida entre os *experts* de tecnologia, o chamado *bug do milênio*,[75] uma falha de computadores que poderia comprometer o funcionamento de hospitais, aeroportos, escritórios — tudo que fosse regido por sistemas de informática. Em suma, a pane das máquinas enlouqueceria a tudo e a todos. No final das contas, a sinistrose deu em nada e Henrique achou que, se 2000 traria alguma surpresa para ele, seria, isso sim, o fim do *bug* de armazenagem dos seus livros.

Ele havia comprado um prédio próximo à estação rodoviária de Porto Alegre para resolver um problema sério e que pedia solução havia um bom tempo. Os livros da Artmed estavam estocados em diferentes lugares, nenhum deles satisfatório. O depósito principal era uma garagem nos fundos do sobrado, com problemas de telhado. Cada vez que lhe diziam "Seu Henrique,

---

75 O alerta global disparado por consultores e profissionais de tecnologia indicava o risco de que sistemas e serviços regidos por computadores poderiam entrar em pane na virada de 1999 para 2000. A razão estaria no fato de que computadores usavam calendários internos com apenas dois dígitos e, depois de 99, leriam o novo ano como 1900, não como 2000.

choveu dentro de novo", o dia parecia perdido e o humor, irrecuperável. Havia depósito de livros até em cancha de futebol alugada em caráter emergencial.

Henrique sempre foi atento a oportunidades imobiliárias. Era o investimento que mais o entretinha, excetuada, evidentemente, a compra de direitos de publicação de *best-sellers*. Ficou sabendo que um imóvel grande na Rua Ernesto Alves iria a leilão, e o arrematou para instalar ali o que seria o Centro Logístico da Artmed, com 2.500 metros quadrados.

Afeito a comemorações e festejos, Henrique deu ao evento de inauguração do Centro Logístico a importância que, de fato, tinha. Afinal, a estrutura da Ernesto Alves não só iria acomodar livros, o que já era relevante, mas serviria, também, para receber a equipe da editora por um ano inteiro, em 2004, quando o ritmo dos negócios forçou os Kiperman a esvaziar o sobrado da Jerônimo de Ornelas para levantar ali mesmo, no Bairro Santana, uma sede bem maior, e totalmente repaginada.

Na festa do Centro Logístico,[76] chamou amigos, clientes, fornecedores, embaralhou todo mundo com os funcionários da editora — e chorou ao discursar, como inevitavelmente acontecia cada vez que precisava repisar a história da empresa, que era a dele próprio.

Depois das emoções, recebeu a notícia de que o coração mandava um segundo aviso, dez anos depois da implantação da ponte de safena.

— Marco, preciso de ti aqui.

A ligação era do médico-chefe do Centro de Cardiologia do Hospital Moinhos de Vento, Jorge Pinto Ribeiro.

— O que é, dr. Jorge?

— Marco, eu tenho aqui uma situação bem complexa. É um paciente que colocou uma ponte de safena dez anos atrás, já

---

**76** No álbum de recordações que Henrique montou com Leda, ele colocava nas fotos legendas como quem fosse publicá-las: "Com o amigo Roque Jacoby."; "Com o amigo e mestre das palavras Paulo Ledur."; "Com o parceiro Jaci De Lazzari, da Gráfica Edelbra.".

passou por algumas angioplastias[77] de lá para cá, sem problemas, mas agora o quadro é bem mais sério...

— Mais sério...?

— É, Marco. Tem uma artéria que está dando trabalho. Já tentamos duas, três vezes, e não deu certo. Precisamos ver outro método, e tem que ser logo.

Marco Wainstein se apresentou ao seu mentor já precavido sobre a gravidade do caso. Afinal, quem dizia que se tratava de uma situação "extremamente complexa" era ninguém menos que Jorge Ribeiro, uma autoridade no Brasil e no exterior.[78] Marco era um jovem cardiologista que acabara de regressar de Boston, onde fizera sua formação em um dos hospitais universitários da Universidade de Harvard.

Discutiu o caso com Jorge, e concordaram que as tentativas anteriores não deixavam margem para uma nova insistência pelos meios convencionais. Marco propôs a utilização de um novo material desenvolvido nos Estados Unidos, o *stent* farmacológico, assim chamado porque o minúsculo tubo de aço cirúrgico instalado dentro da artéria é revestido por medicamentos. No Rio Grande do Sul e no Brasil a técnica ainda não estava difundida. Eram poucos os casos, até mesmo porque o mundo estava conhecendo a primeira geração dos *stents* farmacológicos.

— Ok, Marco, acho que é o caminho. Vamos informar o Seu Henrique Kiperman, então.

Foi como se tivessem ligado um desfibrilador em Marco.

— O quê? O paciente é o Seu Henrique? Não pode ser...

— Sim, é isso mesmo. Tu o conheces?

Conhecer? Marco Wainstein era praticamente da família. Ele tinha sido colega de Adriane desde a escolinha, aos 5 anos. Também era muito amigo de Celso. Ainda garoto, esteve muitas

---

**77** Angioplastia é o procedimento para liberar a passagem do sangue para o coração, desobstruindo artérias que acumulam placas de gordura.

**78** Jorge Pinto Ribeiro faleceu em 2012, aos 56 anos.

vezes na casa dos Kiperman em Capão da Canoa, comendo o churrasco de Henrique, que considerava o rei dos espetos. Viram jogos no Beira-Rio, ele e os Kiperman. Tanta coisa os ligava, e agora ele era escalado para operar Seu Henrique?

Foi falar com Celso. Estava cheio de dedos, porque era a primeira conversa que teria com seu amigo de infância na condição de um médico intervencionista.

Celso estava tenso, e em vez de desligar o desfibrilador tratou de aumentar um pouco mais a voltagem. Deu um tapinha no ombro do amigo.

— A gente confia em ti, Marco. Mas ó... é o meu pai, hein? É o meu pai!

No dia marcado, Marco Wainstein se dirigiu para o bloco cirúrgico com a sensação do jogador que vai bater o pênalti decisivo, capaz de salvar ou rebaixar o clube do coração.

Mas a bola entrou.

E Henrique se tornou um dos primeiros pacientes do Rio Grande do Sul a receber, com êxito, um *stent* farmacológico.

Após a cirurgia, ele abriu os olhos para uma nova fase de sua vida.

E para decisões que teria de tomar.

### O coração convalesce, a razão trabalha

Em 1990, uma ponte de safena. Em 2000, uma nova cirurgia no coração, bem mais delicada. Aos 62 anos, Henrique se fazia perguntas sobre o futuro — dele, da empresa e especialmente da unidade dos Kiperman, um valor pelo qual tanto se bateu, com o apoio discreto e firme de Leda.

Pela própria convalescença, aquele ano seria de recolhimento e reflexão. Menos mão na massa, muita ideação. Sobre ele, por exemplo.

Seguia entronizado na cadeira de presidente da Artmed. Até quando aquilo faria sentido, depois dos dois grandes sustos por que passara?

Lembrava-se de cinco anos antes. Era 1995. Tinha sido informado de que seu amigo Luiz Carlos Osorio, de quem publicara várias obras,[79] estaria ministrando um seminário sobre sucessão em empresas familiares na sede da Federação das Indústrias do Rio Grande do Sul. Sem dizer nada a Osorio, pegou bloquinho e caneta e tomou o rumo da Fiergs. Porque não queria chamar a atenção, nem levantar especulações, sentou-se em uma cadeira bem ao fundo.

Osorio estava ao microfone.

— Não se pode transformar a sucessão numa aposentadoria do sucedido, porque fica aquela coisa de o sujeito só esperar a morte. A sucessão tem que se dar de tal maneira que seja um projeto de vida, jamais de morte, para o sucedido.

Henrique tomava nota, incógnito. Osorio, que não o havia visto, detalhava.

— Um projeto de vida, é disso que o sucedido precisa. Seja dentro da empresa, seja fora da empresa, ele precisa de um projeto de vida.

Entre alguns senhores grisalhos, havia certo desconforto. Osorio condescendia.

— É claro que pessoas muito ativas acabam protelando mais a sucessão, porque estão lidando com a ideia de sua finitude. Compreensível.

Em certo momento, seu olhar deu com a figura de Henrique. O amigo editor estava na última fileira.

Osorio seguiu adiante dando o exemplo de uma empresa de São Paulo que havia prosperado com um comando tripartite exercido por três senhores que, aos 80 anos, barravam o caminho de um jovem executivo da família que mostrava ganas de assumir o leme do negócio. Para exemplificar o mencionado "projeto de vida", contou que os três líderes octogenários foram convencidos a dedicar sua energia para a construção de um memorial dos feitos

---

79 *Medicina do adolescente*; *Manual de terapia familiar*, com Maria Elizabeth Pascual do Valle e colaboradores; *Grupoterapias*; *Psicologia grupal*; *Como trabalhar com sistemas humanos*.

da empresa — que eram feitos deles próprios, afinal de contas. E se abriu então o caminho para o rejuvenescer do comando.

O interesse de Henrique em comparecer a um evento sobre sucessão em meados dos anos 90 atesta o quanto ele estava tentando ser previdente e proativo. A novidade, portanto, ao deixar o hospital no primeiro ano do novo milênio, não era uma tomada de consciência, e sim o senso de urgência.

Celso notou que o pai andava se reunindo a portas fechadas com advogados. Eram reuniões cuja pauta ele desconhecia. Se estavam deliberando algo importante ou não, ele ignorava, assim como Adriane. O suspense foi crescendo, até que um dia Henrique chamou os filhos à sala de reuniões.

Comunicou que tinha transformado a Artmed numa Sociedade Anônima, e que iria distribuir ações para ambos e que... O engasgo e o choro começaram a travar sua explanação.

Celso e Adriane ficaram ansiosos e enervados com a situação. Em primeiro lugar, porque tomavam ciência de que todas aquelas reuniões que o pai vinha realizando com advogados tratavam de assunto de interesse dos filhos, mas foram conduzidas à revelia deles. Por quê, era a primeira pergunta.

Emocionado, Henrique tentava, sem êxito, avançar, detalhar os percentuais que caberiam a cada um dos quatro Kiperman, mas nada fazia sentido nem para Celso, nem para Adriane. O que estava em jogo, na balança de cada um dos filhos, não era dinheiro, e sim o significado mais profundo daqueles rateios.

Celso, que desde os 18 anos se juntou ao pai no dia a dia da editora, o homem que assinava todos os cheques, saiu da reunião se sentindo diminuído. Adriane, idem.

Só depois de algumas semanas as intenções que Henrique não havia conseguido transmitir seriam explicadas de um modo claro e fluido para Celso e Adriane pelo advogado da empresa, George Lippert. E então eles perceberam que o pai tentara montar uma equação complexa, mas inteligente, para que a empresa continuasse nas mãos do quarteto Kiperman. E para que nenhum deles tivesse preponderância sobre os demais.

Nem mesmo Henrique.

**Parceiros *para siempre***

Em vez das tradicionais frentes frias, em 2001 a Argentina enviaria a Porto Alegre e mais precisamente à cidadela dos Kiperman massas de ar tórrido, que provocariam ondas de calor na cúpula da Artmed.

Daniel Brik, integrante da família controladora da Editorial Médica Panamericana, principal editora portenha de livros técnicos, científicos e profissionais, pegou um avião em Buenos Aires com um único propósito: convencer Henrique Leão Kiperman a firmar um negócio binacional.

Trazia cifras nos olhos. Enxergava o Brasil como uma extraordinária oportunidade para um projeto que estava dando resultados promissores na Argentina — e se funcionava lá, mercado de dimensões menores e atravessando uma severa crise econômica, que resultados não daria *en el gran vecino*?

Henrique mal conseguia se concentrar na conversa. Havia um pensamento a lhe zumbir nos ouvidos. Coisa pequena, mas que incomodava. Em tempos idos, numa de suas incursões pelas livrarias e editoras de Buenos Aires, havia descoberto um livro de anatomia odontológica que lhe interessou. Adquiriu os direitos para traduzir e publicar no Brasil. Quando foi partir para a reedição, soube que a obra já havia sido reeditada para o mercado brasileiro pela Panamericana. Um caso de invasão de território. Com o tempo, engoliu o dissabor, mas não esqueceu.

Agora, tantos anos depois, tinha à sua frente um dos acionistas da Panamericana propondo uma sociedade, uma *joint venture*.[80] Sempre fora um bom e atento ouvinte, todas as pessoas lhe diziam isso. Mas que diabo, por alguma razão aquela

---

80 Expressão em inglês que indica a união de duas ou mais empresas que, percebendo uma oportunidade comum, decidem juntar forças e competências para buscar um mesmo resultado. Em uma *joint venture*, normalmente tudo é compartilhado: a gestão do negócio, os riscos, os lucros e, se for o caso, os prejuízos.

história de fazer educação a distância para a classe médica no Brasil não estava lhe empolgando. E, de mais a mais, jogo entre Brasil e Argentina nunca é lá muito amistoso. Há que calçar caneleiras, tornozeleiras, o que mais houver.

— Eu recomendo que você fale com meu filho Celso. É ele quem cuida da nossa área de publicações de medicina.

Foi o que Daniel Brik imediatamente fez, para não perder a viagem e principalmente a esperança. Sentiu-se mais à vontade. Pareceu-lhe que Celso, 15 anos mais jovem que ele, olhava com mais volúpia para o que tinha a dizer.

E estava certo.

Daniel contou que havia alguns poucos anos dirigentes de instituições científicas argentinas procuraram a Editorial Médica Panamericana. Estavam preocupados com o despreparo de profissionais da área da saúde por falta de atualização de seus conhecimentos. Como em saúde barbeiragens podem ser literalmente mortais, havia um risco considerável de, em casos extremos, sofrerem processos por pacientes inconformados.

Estas instituições então propuseram à editora argentina que, sem abrir mão dos livros que publicava, pusesse ênfase em programas de educação continuada a distância, fazendo uso da plataforma digital. Assim, o ciclo de produção e disseminação do conhecimento médico seria incomparavelmente mais curto e mais ágil que o da indústria editorial clássica.

— Faz muito sentido, exultou Celso.

— Os resultados que estamos tendo na Argentina são muito bons, e no Brasil podem ser bárbaros. Queremos fazer junto com vocês aqui.

Celso comprou a ideia na hora, mas foi cauteloso. Deixou claro que seria preciso fazer uma segunda reunião. Falaria com o pai para que ambos fossem a Buenos Aires conversar com o *board* da Editorial Panamericana.

— Vale, animou-se Daniel.

A realidade é que ambos, Celso e Daniel, compartilhavam não só uma visão de *business*. Havia uma empatia natural. Em fins de 2001, Celso estava com 35 anos e uma grande vontade de construir novos negócios, correr riscos, colocar-se à prova. A construção do selo Bookman lhe dera a sensação de vento na cara, mas era um empreendimento clássico, um novo selo dentro de uma editora já consolidada.

Educação a distância, não. Era como que um salto de paraquedas, ou algo mais radical — e sob a supervisão de um argentino, o que no anedotário brasileiro tem sempre um significado ambíguo. Pode ser parceiro, pode ser *muy amigo*.[81] A afinidade recíproca deixou uma impressão imediata de que, entre ele e Daniel, não havia *muy amigo*. Mas havia, sim, controvérsias a superar, e elas embarcaram na viagem a Buenos Aires.

A reunião entre os Kiperman e os Brik aconteceu em uma cidade de ruas vazias e tensas. Era a semana em que Fernando de La Rúa havia renunciado à presidência, e Buenos Aires se recompunha de uma convulsão.[82] Jantaram em um restauran-

---

**81** Gardelón foi um dos personagens de maior sucesso do humorista Jô Soares na televisão brasileira, nos anos 80. Inseparável de seu charuto e falando um "portunhol" divertido, Gardelón era um argentino que estava sempre a um passo de ser passado para trás por um espertalhão brasileiro, mas antes de cair nas ciladas dava-se conta do ardil e, encarando as câmeras, dizia, sobre seu interlocutor mal-intencionado: *Muy amigo*! Era a senha para as gargalhadas do público, e Henrique deu muita risada com Gardelón, à época. O curioso é que, embora fizesse o papel de vítima, Gardelón produziria entre os brasileiros a impressão de que os argentinos é que são os *muy amigos*.

**82** O presidente argentino Fernando de La Rúa estava na metade do seu mandato de quatro anos quando renunciou, no final da tarde de 20 de dezembro de 2001. Ele não resistiu a uma crise que o levara a decretar estado de emergência para conter os panelaços em protesto contra o "*corralito*" — medida adotada pelo então ministro da Economia, Domingo Cavallo, para restringir os saques bancários por 90 dias. Houve corrida bancária e os protestos convocados pelos sindicatos, além da greve geral, elevaram a temperatura da crise. A repressão não conteve as multidões, lojas e supermercados foram saqueados e, depois de um saldo de quase 30 mortos e milhares de feridos, Fernando de La Rúa suspendeu o estado de emergência no dia 19 de dezembro. Horas depois, Cavallo e outros ministros entregaram seus cargos. Isolado politicamente, o presidente apresentou sua renúncia no dia seguinte, às 19h45min, e produziu a cena dos telejornais de todo o mundo — seu helicóptero deixando a Casa Rosada. A Argentina ingressou num período turbulento. O vice-presidente não podia assumir porque já havia renunciado antes. O Congresso nomeou o governador da província de San Luis, Adolfo Rodríguez Saá, que deveria ocupar a presidência por dois meses, até a realização de nova eleição presidencial, mas os *cacerolazos* também o

te em Puerto Madero. De um lado, Celso e Henrique. De outro, os irmãos Daniel e Hugo Brik, além do diretor executivo da Panamericana, Fernando Norbis. Era nítida a sintonia pró-acordo entre Celso e Daniel. De um ponto de vista de idade, Daniel se situava em uma faixa intermediária entre os Kiperman: tinha 15 anos mais que Celso, e 13 menos que Henrique. Já o seu irmão mais velho, Hugo, se aproximava da idade de Henrique, e entre ambos a atmosfera era de um cordial retraimento. Uma dupla estava em ritmo de tango; a outra, de milonga. No meio das duas famílias, o gestor profissional e atual CEO da Panamericana, Fernando Norbis.

Na volta a Porto Alegre, Celso tentou entender por que o pai se mostrava arredio às conversações. Já estava sabendo do episódio que envolveu a publicação, no Brasil, do livro sobre anatomia odontológica, com o selo da Panamericana.

— Ok, pai, entendi que isso não foi legal e gerou um mal-estar, mas é uma coisa que já passou, e que fica pequena agora. Acho que se nós ficarmos emburrados diante do que aconteceu lá atrás poderemos estar perdendo um bom negócio daqui pra frente.

— Não sei, Celso... eu não acredito num sócio argentino.

— Só que eu acredito neste negócio, pai. Acredito muito.

— Mas nós precisamos deles pra fazer este negócio, Celso?

Era um ponto sensível, este. A rigor, a resposta de Celso seria "Não precisamos". Pelos manuais de Administração em que se graduou, não estava presente nenhuma das condições que tornam inescapável a busca de um sócio naquele caso específico. Mas Celso aprendera com o próprio pai que a construção de um negócio de sucesso nem sempre é operada *by the book*. Ele preferia valorizar a experiência adquirida pela Editorial

---

derrubaram. Outra vez o Congresso teve de nomear um presidente provisório, e o escolhido foi Eduardo Duhalde, que havia perdido a eleição para Fernando de La Rúa em segundo turno. Uma costura política dispensou a convocação de novas eleições e Duhalde governou por quase dois anos, completando o mandato de Fernando de la Rúa.

Panamericana junto à classe médica argentina e suas instituições científicas. Além do mais, a Panamericana era um *player* respeitado no mercado regional de publicações médicas em língua espanhola.

Por algum tempo, Celso insistiria e Henrique resistiria. As posições em torno de fazer ou não fazer a *joint venture* estavam cristalizadas. Celso estava convicto de que deveria ir em frente e cuidar bem da relação com a Panamericana e especialmente com o acionista que era seu interlocutor direto, Daniel Brik. Além do bom entendimento pessoal que havia se estabelecido entre os dois, Celso valorizava o fato de que a Panamericana trouxera a provocação para a Artmed, e não para outra empresa. Se desistisse da sociedade, poderia estar jogando a parceira no colo da concorrência.

No entanto, Henrique permanecia reticente. Evitava ser assertivo porque não queria dizer não para o filho. Seria obstaculizar seu caminho. Também não queria dizer sim porque significaria apagar da sua mente uma lembrança que ainda doía. Reconhecia que era teimoso em algumas situações, especialmente quando se apegava a uma razão de foro íntimo. E, na sua concepção, confiança era algo fácil de quebrar e difícil de recompor. Certa vez, um escritor de carreira já consolidada lhe procurara para se queixar da editora que o publicava. Oferecia-se para a Artmed. Depois que o visitante se retirou, Henrique fez uma ligação para a editora concorrente e a alertou para a necessidade de se entender com o autor insatisfeito, de modo a não perdê-lo. Tempos depois, deduziu, pelo novo livro lançado pelo escritor, que a relação com a outra editora fora pacificada.

No terreno da confiança, cobrava muito, até demais, de si e dos outros.

Celso, por sua vez, cobrava-se uma definição sobre o empreendimento proposto pelos argentinos.

Quem o enxergasse dando as mesmas passadas firmes e ritmadas, e a expressão séria de sempre, não suspeitava de nada, mas aquele estava sendo um período dramático para Henrique. E não era propriamente pela consternação geral que ainda abatia o mundo, e particularmente os judeus, depois do 11 de setembro.[83]

Aos 63 anos, via-se tragado por um choque violento de ondas, como um rio que encontra o mar. O sucesso de quatro décadas trabalhando com a indústria do livro impresso desembocava agora no oceano digital — e ele não sabia que paradeiro iria ter o seu velho e eficiente modo de fazer negócios naquela imensidão de águas abertas, revoltas, sem linha de horizonte definida. *Entra, pai*, parecia ouvir Celso chamá-lo, mas aquela não era a sua praia.

Henrique tinha seus receios. A educação a distância não iria canibalizar sua santidade, o livro, seu objeto de culto, o templo do conhecimento profundo e da reflexão? Não era pouco o esforço que fazia para espantar o conservadorismo ou pensamentos nostálgicos, mas se aterrorizava com a hipótese de *bits* e *bytes* se sobrepondo ao fetiche daquelas páginas elegantes, cheirosas, sedutoras do olhar e do toque, que ele se deliciava de contemplar na biblioteca da editora. Na sua sala, as paredes eram tomadas por livros, dispostos em ordem cronológica, uma arrumação impecável, e ai de quem tirasse algum volume do lugar. "Quando não achávamos um livro na biblioteca, pensávamos em ir pegar na sala do Seu Henrique, mas ninguém se atrevia a entrar na toca do leão para mexer naquelas relíquias dele", recorda a coordenadora da área financeira, Lígia Centeno.

Em vários momentos de sua trajetória, ele fora reconhecido pelos circunstantes como alguém aberto a visões diferentes e, mais do que isso, sedento por novidades. Poderia ter ficado no útero da Editora Guanabara, fazendo dinheiro em Curitiba e à

---

83 Nesta data, em 2001, fundamentalistas islâmicos a serviço da organização terrorista Al-Qaeda sequestraram dois aviões comerciais e os usaram como mísseis para destruir as torres gêmeas do World Trade Center, em Nova York. Outro avião atingiu o Pentágono, nos arredores de Washington. E uma quarta aeronave civil que havia sido sequestrada não cumpriu o intento dos terroristas porque houve reação dos passageiros e o aparelho acabou caindo em um local ermo da Pensilvânia. No total, os atentados suicidas deixaram 2.996 mortos.

espera de que o escritório de São Paulo lhe coubesse por merecimento, mas não. Decidiu empreender longe do epicentro editorial brasileiro e de seu *bunker*, na pontinha do Brasil, e criou uma editora de grande protagonismo. Partindo de um Estado ensimesmado como o Rio Grande do Sul, saíra pelo mundo a comprar direitos autorais, driblando com seu carisma a limitação de um inglês básico e um francês menos do que razoável.

Estivera acostumado a mirar o longe, a desbravar territórios sem bússola para se guiar. E também não aceitava seguir qualquer tendência, por instinto de manada. Quando todos vendiam livros médicos nos grandes centros, ele tomou o rumo do interior. Quando decidiu ser editor, apostou no relacionamento com médicos, azeitou os canais de comunicação com instituições ligadas à ciência médica e sobretudo não quis, como tantos editores, abrir o foco de suas publicações. Ao contrário, definiu uma linha e assumiu uma identidade como editor, resistindo ao "canto de sereia" da diversificação de selos editoriais. *Literatura? Não é nosso negócio. Autoajuda? Não é nosso negócio.*

Mas o que era o negócio agora, quando Celso, abraçado a uma prancha, o convidava para surfar naquelas ondas da educação continuada? Poderia dizer que continuava a ser essencialmente livros do segmento CTP — científico, técnico e profissional? Seria uma resposta à altura do timoneiro experiente que ele era, sempre seguro do melhor destino e da rota mais acertada? Ou sua resistência apenas indicava que estava sendo conservador, diante de uma transformação que não podia ou não queria aceitar?

Lembrava-se de uma imagem que apresentava duas visões de Nova York, uma com e outra sem as torres do World Trade Center.

Estaria ele dirigindo o olhar para referências que, como as torres gêmeas, já não estavam mais na paisagem?

Deu-se um tempo.

## Embaixador em Buenos Aires

Em 2002, Henrique recebeu a informação de que Geraldo Huff se aposentara da Universidade Federal do Rio Grande do Sul, e intuiu que devia chamá-lo para conversar. Ambos já se conheciam. Logo que começou a importar livros em maior quantidade, a partir da segunda metade dos anos 70, Henrique teve o dissabor de descobrir como uma tradução aparentemente perfeita poderia encobrir imprecisões ou mesmo erros constrangedores se não passasse pelo crivo de algum profissional que entendesse tecnicamente do assunto tratado na obra. Capitalismo *selvagem*, por exemplo, poderia constar como capitalismo *silvestre*, para dar um exemplo real, e prosaico. Transponha-se este risco para traduções que envolvem conceitos bem mais complexos de medicina e psicologia, e se terá a noção das arapucas editoriais presentes em obras técnicas. Numa delas, no início dos anos 80, Henrique acabou conhecendo Geraldo Huff.

Huff fez a revisão técnica de um livro com problemas, e Henrique colocou seu nome no "caderninho de bombeiros" para eventuais emergências desse tipo. Depois, ambos conviveriam na Câmara Rio-Grandense do Livro, da qual Huff foi presidente graças ao prestígio que amealhou na sua atividade de divulgação científica, como um dos responsáveis pela estruturação da Editora da Universidade, na Ufrgs.

O relacionamento se estreitou quando Henrique foi convidado a visitar uma fábrica de celulose de Guaíba, na Grande Porto Alegre. A Riocell procurava demonstrar às principais editoras gaúchas que conseguira montar um bom sistema de tratamento de efluentes, e que as emissões que empestavam o ar em parte da região metropolitana eram coisa do passado. No ônibus que partiu de Porto Alegre, quem sentou ao lado de Henrique foi Geraldo Huff, e ambos sacolejaram juntos na expedição à fábrica de Guaíba.

— Geraldo, o negócio está crescendo e eu preciso montar um núcleo editorial próprio, da minha confiança. Não posso ficar só na mão de *free-lancers*.

— Olha, Seu Henrique, não dá para contar comigo porque eu dou expediente em tempo integral na Universidade...

— Mas eu sei que tem muita gente boa trabalhando ou que já trabalhou contigo lá na Editora da Universidade. Preciso de indicações. De preferência, gente que tenha passado pelas tuas mãos, que aí eu fico tranquilo.

Geraldo, que lecionava em faculdades de Jornalismo e era conhecido por formar talentos para a produção de livros de base científica, indicou Letícia Bispo de Lima, e o núcleo pretendido por Henrique se estruturou de forma robusta a partir de indicações que a própria Letícia faria posteriormente, entre elas Mônica Ballejo Canto e Cláudia Bittencourt — que também tinham passagem pela editora universitária da Ufrgs.

Todo este retrospecto passou pela cabeça de Henrique quando, em 2002, vieram lhe dizer que Geraldo Huff havia se aposentado da Ufrgs.

Henrique pensou em Geraldo como alguém que poderia cumprir um papel no projeto que Celso discutia com os argentinos da Editorial Panamericana, e o chamou para uma conversa.

Henrique era economista. Geraldo, um jornalista. Mas, afora esta diferença de formação, a trajetória de ambos tinha aspectos comuns, e não apenas pelo envolvimento com produção editorial.

Henrique tinha sido um "creditista", como eram conhecidos aqueles que vendiam livros de porta em porta, a crédito, porque de outra forma pouca gente poderia pagar o alto preço das obras de medicina. A experiência não era estranha a Geraldo, um ex-vendedor de enciclopédia que, quando jovenzinho, enfrentara muito rosnar de cachorro e "Passa outro dia" para oferecer valiosíssimas coleções que elevariam famílias inteiras aos píncaros do conhecimento, mediante o pagamento de nem tão suaves prestações.

Outra coincidência, ou quase, é que Henrique iniciou sua vida profissional trabalhando para um laboratório farmacêutico e Geraldo estudara Farmácia, curso que abandonaria para fazer Jornalismo.

— Geraldo, o Celso está com uma ideia. É um negócio de educação que os argentinos vieram propor.

— Educação...?

— É... Envolve tecnologia. Mas é melhor ele mesmo te esclarecer.

Os cabelos grisalhos de Geraldo e sua condição de aposentado sugeriam à primeira vista que ele era a antítese de um profissional adequado a um projeto de educação e tecnologia.

Não era.

Já em 1985, havia trabalhado num projeto de educação a distância realizado pela Universidade de Brasília em colaboração com uma universidade britânica. Os conteúdos eram publicados em fascículos encartados na *Folha de S. Paulo*. Desde então, ele, que havia ajudado a fundar a associação brasileira das editoras universitárias, se encantara com as possibilidades que transcendiam o formato giz-e-saliva da atividade docente. À medida que a internet começou a autorizar as primeiras e mais incipientes iniciativas de educação apoiada em tecnologia, ele se voluntariou para trabalhar em projetos do gênero no âmbito da Ufrgs.

Por este retrospecto, Celso contratou Geraldo e o despachou para duas viagens de observação a Buenos Aires, com o propósito adicional de demonstrar para Daniel e para a família Brik que o assunto não estava estacionado na agenda da Artmed.

Ao fim destas incursões, Geraldo é chamado por Celso para dar suas impressões sobre a conversa com os argentinos. Henrique está na mesma reunião, calado e reticente.

A empolgação de Geraldo com o potencial do negócio articulado por Celso é evidente, o que lhe vale um olhar oblíquo de Henrique, cujas dúvidas sobre o assunto não se haviam dissipado.

— Com educação continuada, a gente tem um projeto de conteúdo que se mantém ao longo do tempo. É o que está acontecendo lá na Panamericana. E eu concordo com a visão de que o Brasil é muito mais propício que a Argentina para um projeto desses. Pela questão territorial, e também porque um projeto de educação exige que você tenha massa crítica, produção acadêmica, e isso o Brasil tem mais que a Argentina.

— Mas e o livro?, atalhou Henrique. "Não vai mais ter livro?"

— Não é isso. O livro segue existindo, tem a sua importância, mas com a educação continuada o editor acaba olhando para sua atividade de um jeito diferente, muito mais rico. Ele enxerga todas as possibilidades da área editorial, não só o meio impresso. E como eu falei, é um serviço que você presta continuamente, usando a tecnologia. E o profissional adquire e paga por isso ao longo do tempo, para se manter atualizado.

— E a qualidade disso? E a credibilidade?, questionou Henrique, numa pergunta que se dirigia a Geraldo mas estava endereçada a Celso, o mentor da nova aposta.

Henrique insistia nos pontos que, a seu ver, constituíam as pilastras sobre as quais ele ergueu sua editora: conteúdo relevante, autores indiscutíveis, confiabilidade absoluta ante o juízo crítico dos círculos mais especializados.

— Pai, a qualidade vai ser a mesma que a gente sempre garantiu... O que acontece é que ganhamos em agilidade pra entregar este conteúdo, que vai estar sempre atualizado, sempre disponível pro nosso público. É um serviço permanente, uma receita permanente.

Na cabeça de Henrique, a palavra agilidade duelava com a palavra segurança. Era um empresário, sempre tomou decisões pensando no caixa, na rentabilidade da operação, na perenidade da empresa. Mas era um *publisher*, um sujeito teimosamente aferrado a conteúdo de alta reputação... Sabia de quantas etapas um livro era feito, quantos controles, revisão, revisão das revisões, o crivo técnico de especialistas em cada tema de cada área do conhecimento — em educação, administração, engenharia, medicina, psicologia, psiquiatria... Tecnologia, para ele, sugeria velocidade, impessoalidade...

Henrique tinha, enfim, seus receios. Mas estava sem parceria naquela reunião, porque, embora também fosse forjado nos rigores da produção de livros acadêmicos, Geraldo Huff não compartilhava desta preocupação. Endossava o ponto de vista de Celso.

— O que eles fazem lá na Panamericana com estes projetos de educação continuada é o que o senhor faz há muito tempo aqui no Brasil, Seu Henrique. É procurar uma instituição científica, como uma sociedade de cardiologia, e todo o conteúdo que sai já tem este selo de credibilidade daquela organização profissional.

O argumento era certeiro para dissolver as resistências de Henrique, porque um dos grandes trunfos que ele utilizou para edificar e posicionar sua empresa como referência em livros de credibilidade foi, precisamente, sua diplomacia institucional junto às entidades científicas que congregam profissionais da área médica, em particular, e de saúde, em geral.

Mas ele se mantinha em reserva. E todos, desde sempre, sabiam que o silêncio de Henrique era eloquente.

Um silêncio ansioso, nervoso.

Celso também andava ansioso, característica que sempre o assemelhou ao pai. Mas com uma diferença: era extrovertido. Precisava falar, botar para fora o lhe apertava o peito. Queria ir em frente, mas se sentia represado, contido.

Então, foi ter a sós com Henrique.

— Pai, o tempo está passando, e o Daniel e o pessoal da Panamericana precisam de uma definição.

— Bom, eu continuo com minha opinião.

— Pai, então eu vou fazer este negócio de educação continuada por minha conta e tu não entras na sociedade, se isso te deixa mais tranquilo. Vou tocar, ok?

Nas condições postas, não restava saída para Henrique a não ser desobstruir o caminho do filho, por mais que lhe incomodasse qualquer vestígio de cisão no grupo.

— Tudo bem, então...

Estava contrafeito. Mas como reclamar que o filho estava se achando senhor de si, se era exatamente aquela mesma autoconfiança que impulsionara Henrique para a grande decisão de sua vida — sair das asas da poderosa Guanabara, nos anos 60, e erguer seu pequeno império?

Começava a tomar forma uma nova empresa que, embora fosse uma costela da editora, excluía o fundador. Era a Artmed Panamericana, *joint venture* que Celso, pessoalmente, firmava com a família Brik, controladora da Editorial Médica Panamericana.

O risco do negócio com os argentinos era todo dele, Celso. Nem Henrique, nem Leda, nem Adriane estavam expostos aos efeitos de um eventual insucesso. Lucros, se houvesse, também seriam, naturalmente, de Celso, mas um habilidoso desenho do empreendimento garantia que o pai, a mãe e a irmã receberiam um pagamento, tecnicamente definido como *overhead*,[84] pela cedência do prédio e por outros ativos imateriais que a editora colocava à disposição da Artmed Panamericana — prestígio e relacionamento, além do próprio uso do nome Artmed e toda força de marca que contém.

Assim que entrou em entendimento com Henrique, Celso mobilizou Geraldo Huff com o toque de cavalaria que aprendeu com o próprio pai.

— "Toca ficha".

Geraldo sabia que paciência não era o ponto forte de Celso e tratou de começar logo a pensar numa estruturação mínima para a Artmed Panamericana. Não era um gestor. Faltava-lhe

---

**84** *Overhead* é um termo usado em finanças com vários significados. Um deles é o custo ou despesa adicional que se tem para viabilizar um determinado negócio.

clareza sobre até que ponto a Panamericana poderia explorar sinergias com a Artmed.

Procurou Henrique, explicou que tinha recebido uma missão de Celso e que estava confiante no sucesso do empreendimento e que...

— Bom, então tá, interrompeu Henrique. "Se não tem erro, se é tiro certo..."

Geraldo percebeu que ainda havia fumacinha no braseiro, mas era um diplomata, e com cuidado entrou no assunto da estrutura que teria de ser providenciada, por mínima que fosse, *et cetera* e tal.

— Tudo bem, vamos ver um espaço adequado aqui, embora a sede da empresa já esteja bem pequena para tudo o que fazemos... Só vou pedir uma coisa...

— Pois não...

— A Artmed Panamericana não deve usar nenhum profissional da Artmed.

— Claro, Seu Henrique. Uma operação não pode, mesmo, prejudicar a outra.

— Mesma coisa em relação a colaboradores. Os terceirizados da Artmed também não devem ser tirados do que estão fazendo hoje, certo?

— Sem problemas. É a melhor solução, porque este projeto de educação continuada tem lá suas peculiaridades.

— Ótimo. Então aproveita a oportunidade e forma gente, faz a tua equipe.

Na realidade, o que a Artmed Panamericana teve, em seu início, foi uma "euquipe". Os funcionários da editora espichavam o olho para um mezanino e se perguntavam o que fazia exatamente aquele senhor metido no telefone e no computador. Tudo o que sabiam é que ali, naquele cantinho, ficava um novo empreendimento chamado Artmed Panamericana, um negócio que Celso estava criando com uns argentinos. E só.

Logo apareceu uma sigla para dar concretude à cena do exército de um homem só: Semcad, Sistema de Educação Médica

Continuada a Distância. Era preciso desenhar os primeiros programas de educação a distância, e Celso se deu conta de que não havia por que manter aquele M, de medicina. Fazia sentido na Argentina, onde a Editorial Panamericana se concentrava em medicina. Mas a Artmed tinha atuação forte em vários outros campos, como fisioterapia e enfermagem.

— Vamos mudar, Geraldo. Vamos avançar além da medicina. Vamos abrir para Saúde. Fica Sescad, em vez de Semcad.

Além de abrir o leque de oportunidades, a nova sigla era mais redonda, fácil de pronunciar. E quando a aposta em educação continuada a distância se provou vitoriosa, outras áreas de produção editorial, como direito e contabilidade, também passaram a ser alvo da montagem de programas da Artmed Panamericana. E então a sigla ficou mais curta e mais abrangente: Secad, Sistema de Educação Continuada a Distância.

Com o reforço dos primeiros profissionais contratados para a área — revisores, processadores pedagógicos, *designers* –, a Panamericana conseguiu lançar em outubro de 2003 os primeiros programas de atualização profissional, ainda como Semcad, voltados para médicos. Foi um laboratório importante para avaliar os prós e contras no modo como o mercado recebia a novidade.

Celso examinou os primeiros resultados. Concluiu que o serviço oferecido pela Panamericana havia mexido com o mercado, mas não o suficiente, ainda.

— E aí, Geraldo? Como isso pode ser melhor?

— Sabe como é médico. Eles estão acostumados a receber presentes, amostras grátis, são paparicados pela indústria farmacêutica... E aí a gente chega lá vendendo um produto...

— Mas é uma coisa que eles não têm. É uma ferramenta nova.

— Sim, é verdade, e a gente sente que eles estão valorizando o serviço... Mas tem essa cultura que eu falei, de terem tudo de graça. Uma parte deles fica meio retraída por ter que pagar por isso. Estão acostumados a ganhar tudo sem custo... É um empecilho, uma barreira cultural, digamos assim.

A barreira existia, de fato, mas concluiu-se que poderia ser removida com o uso de uma alavanca poderosa que os programas de educação contínua da Artmed possuíam: a parceria com as instituições científicas, modelo testado com êxito pela Panamericana na Argentina. Entidades como a Sociedade Brasileira de Cardiologia, e suas congêneres de Pediatria, de Medicina Intensiva, de Ginecologia e Obstetrícia, entre outras, eram polos ativos dos programas de educação continuada. O modelo tinha aplicação em outras áreas, como enfermagem, fisioterapia e psicologia.

Os programas de educação continuada eram voltados para especialidades com maior potencial de demanda dos profissionais. Pela arquitetura dada ao projeto, o envolvimento da Artmed se imbricava com o da respectiva instituição científica. A entidade apontava os organizadores de cada programa, e estes selecionavam os autores a serem convidados e supervisionavam os conteúdos ao final do processo. Todos os elos — a entidade, os organizadores e os autores — participavam da receita do programa de atualização.

O Secad foi se desenvolvendo com tal ritmo que Geraldo se tornou o mais assíduo viajante, cruzando o território do país para prospectar temas, organizadores e autores dos programas e, também, manter abertos os canais de relacionamento com as entidades profissionais e com universidades em diferentes regiões. Passou a ser conhecido, entre os colegas, como “Embaixador”.

A Artmed Panamericana mudou o eixo de negócios da companhia e também a sua fisionomia, já não dependente do negócio editorial unicamente. A educação passou a ser uma importante fonte de receitas, ainda que a editora seja uma das duas principais casas publicadoras no segmento técnico, científico e profissional e chegue a superar a tradicionalíssima Guanabara em alguns nichos da literatura especializada em saúde e em educação.

Henrique acompanhou o sucesso do empreendimento, com sentimentos que oscilavam do júbilo pelo extraordinário sucesso da operação capitaneada pelo filho ao receio de que velocidade e escala, os motores do modelo de educação continuada a distância, nublassem a percepção das equipes sobre a importância dos livros clássicos, que rompem fronteiras do conhecimento, mudam o espírito de época, introduzem novas tendências e formas de ver a vida, a sociedade, o mundo.

**A Fórmula Kiperman**

Dois anos depois, pareciam dissolvidas as incompreensões da sofrida reunião que Henrique tivera com Celso e Adriane em 2001 para explicar por que estava transformando a Artmed em uma sociedade anônima e qual o propósito da distribuição de ações entre Leda, os filhos e ele próprio. Ia ficando claro para os filhos que, se o pai cometera um erro, era muito mais pelos conhecidos engasgos de comunicação em assuntos que revolviam sua emotividade. Claro, também não precisava ter feito reuniões secretas com advogados, mas também este detalhe passaria a fazer sentido à medida que a vida deles transcorreu e mostrou que, de fato, *Gordo*[85] tinha lá suas razões que o tempo chancelaria. O danado parecia ter bola de cristal. O arranjo que ele e Leda prepararam, com a ajuda do advogado George Lippert, mostrava ser uma decisão de estadistas — antipática em certa medida no curto prazo, mas com visão de futuro.

Mas a Fórmula Kiperman de manter a família dentro da empresa e a empresa dentro da família não estava pronta. Afinal, os negócios de educação continuada da Artmed Panamericana começavam a decolar, mostrando um potencial de crescimento significativamente maior que o da editora. A ultrapassagem seria questão de tempo. E quem tinha feito aquele negócio era Celso, contra a opinião do pai. Então, nada mais natural que ele próprio,

85 Embora bem mais magro após os reveses de saúde, era assim que Henrique era chamado em casa. Uma variante de apelido era *Eche*, usado pela irmã, Clara, e pelos sobrinhos dele.

Celso, ficasse com a propriedade da Artmed Panamericana, pagando à família *royalties*[86] suficientes para manter o equilíbrio e a harmonia do quarteto.

Era o arremate final na Fórmula Kiperman.

Só faltava, então, separar melhor os papéis no comando executivo dos negócios. Se Celso estaria imerso no desafio de construir a Panamericana, teria de haver alguém para assumir a gestão cotidiana do grupo, especialmente na editora, base de todo o capital de reputação que movia as engrenagens de negócios dos Kiperman. Ali, no comando dos conteúdos, alma da empresa, situava-se Adriane, que consolidara um estilo de liderança suave e eficiente como Henrique antevira no dia em que a chamou para criar a revista pedagógica *Pátio*, em 1997. Por perfil e retrospecto, o lugar dela era aquele, o de diretora de Produção.

Impunha-se a contratação de um executivo profissional. Mas quem?

Em grande parte das empresas, a resposta a esta questão é a abertura de um processo seletivo longo e impessoal. Mas a Artmed era uma empresa familiar ortodoxa, construída à imagem e semelhança de seu fundador. O jeito Henrique estava em tudo. Até no semblante das pessoas. Logo que Henrique montou seu núcleo de produção, na adolescência da empresa, quis contar com a revisora Mônica Ballejo Canto, mas ela teve receio de interpor seu jeito expansivo em uma empresa que, na época pré-Adriane, sorria pouco.

Como encontrar um gestor profissional que não entrasse em choque com a cultura da empresa e, particularmente, de seu fundador?

Celso conversou com Adriane, que estava grávida de Débora, e chegaram a um nome que empolgou a todos, inclusive a Henrique: Renato Veisman, outro integrante do que se poderia chamar de República de Capão. Desde criança, Renato frequentava com o irmão, Eduardo, e com os pais, Breno e Gisela

86 Ver descrição deste arranjo no tópico "Embaixador em Buenos Aires" (pág. 191).

Veisman, a casa dos Kiperman na praia de Capão da Canoa (RS). Era também companheiro de Beira-Rio. Em suma, era praticamente da família. Lembrava de Henrique pisando fundo no Opala Diplomata, ou servindo um churrasco primoroso quando ele, o irmão, Celso e Adriane voltavam do mar.

Essas recordações estavam muito presentes quando Celso o procurou, entusiasmado.

— Renato, a gente precisa de um cara como tu, que tem experiência em empresas muito profissionais, como a Shell, como a Lojas Renner... A nossa empresa cresceu, tá superbem. Mas é a hora de organizar, profissionalizar.

A proposta era atraente, mas algumas ponderações se impunham, na ótica de Renato. Como administrador, aliás graduado junto com Celso na turma de 1994 da Ufrgs, ele conhecia, em tese, as situações delicadas, as marchas e as contramarchas que caracterizam o processo de profissionalização de uma empresa familiar. Na prática, porém, suas referências eram corporações grandes, sem donos, impessoais.

Haveria espaço para que ele atuasse como um "executivo profissional" em uma empresa que pertencia aos grandes compadres de seus pais, e que era dirigida por amigos tão próximos? Seria ele a pessoa mais indicada para a missão?

Celso estava convicto de que era, sim.

— Nossa profissionalização aqui não pode ser muito ortodoxa, Renato, justamente por causa da cultura... É uma empresa familiar. Então, é melhor a gente fazer a transição para um modelo profissional com alguém que, embora não seja da família, é muito próximo.

Renato refletiu, pesou, mediu, e acabou aceitando. Com duas condições.

A primeira é que precisava de um período de 90 dias para encaminhar sua saída de um empreendimento que estava conduzindo.

O segundo pedido veio em tom de súplica.

— Celso, eu tenho um temor, diante de toda a relação que existe entre a gente, desde a infância. Teus pais, meus pais... Nossa amizade... A gente tem que proteger isso.

— Mas é claro que a gente vai cuidar disso, Renato. É importante pra vocês e pra nós também.

— Então, Celso, vamos combinar uma coisa com muita clareza, ok?

— Diz...

— Se for necessário, eu e tu vamos nos trancar numa sala e vamos, sei lá... Vamos nos matar... Mas que todo e qualquer conflito que houver entre a gente não saia desta sala, ok?

— Fechado![87]

Renato e Celso sabiam da importância daquele pacto. Gisela era a amiga mais chegada de Leda. Os dois casais dividiam barraca na praia, programavam viagens juntos, uma amizade que se encaminhava para completar meio século.[88] Breno conheceu Henrique em meados dos anos 60, quando cursava o quinto ano de medicina. Simpatizou com o sujeito afável que vendia livros em uma mesinha na Santa Casa de Misericórdia. Não comprou mais do que dois livros, porque concentrava seus estudos na biblioteca, para economizar. Filho de marceneiro, bancava

---

**87** A reunião de acerto de contas nunca foi necessária. Nos dez anos de Renato Veisman como diretor executivo do grupo, em 2013, Celso gravou um vídeo em que homenageava e agradecia ao amigo por seu "braço direito e braço esquerdo" em uma década de intensas negociações no país e no exterior, e por ter sido o "principal responsável" pelo processo de organização da empresa, pelo estabelecimento "dos atuais padrões de gestão e governança corporativa" e por ter sido "o grande arquiteto dos negócios e operações que nós desenvolvemos nos últimos dez anos". No mesmo vídeo, Adriane disse que Renato é, para ela, como que um irmão. "Um irmão menos enlouquecido que o Celso, mas com a mesma inteligência, talento, entusiasmo e paixão pelo que faz."

**88** Os dois casais fizeram diversas viagens juntos, no Brasil e no exterior. Quando iam à Serra Gaúcha, Breno e Gisela não ficavam em hotel. Tinham reserva permanente na casa dos Kiperman em Canela, município situado ao lado de Gramado. Em dezembro de 2016, Breno e Gisela comemoraram 50 anos de casados com uma viagem de uma semana ao Rio de Janeiro. Henrique e Leda os acompanharam.

a faculdade com o salário de datiloscopista.[89] Anos depois, já exercendo a pediatria, Breno se reaproximaria de Henrique por uma coincidência. Leda ia pegar Adriane na escolinha, e lá estava Gisela para buscar Eduardo, irmão de Renato. A duplinha aproximou as mães, as mães uniram as famílias e tudo o mais foi obra do tempo e de uma convivência cada vez mais estreita entre os Veisman e os Kiperman.

Breno não era do uísque nem da cozinha, duas predileções de Henrique. Preferia vinho, e selecionava um bom Carmenère quando o amigo editor preparava seu afamado bacalhau. Os dilemas de um, o outro sabia. Breno sempre acreditou que o vigor daquela amizade vinha de uma trajetória fundada em poucos, mas importantes, princípios. "A gente compartilhava essa visão de trabalhar duro, ser correto, ser amigo dos amigos, e cuidar muito bem da família. O Henrique era tudo isso, com a diferença de ser um tremendo empreendedor."

Todo este legado estava sobre os ombros de Renato Veisman no dia em que se apresentou à Artmed.

Caminhou até a sala de Henrique, cada passo bem marcado.

Viram-se, sorriram-se.

Ambos estavam tocados pelo significado profundo daquele reencontro, mas nem um nem outro conseguia achar as palavras.

— Bem-vindo, Renato, muito bem-vindo!

Na troca de olhares, Renato leu muito mais do que uma frase de boas-vindas.

## Retrato na parede, e adeus ao casarão

Quando a editora completou 30 anos, em 2003, Henrique vivia aquele momento em que o fundador de uma empresa sente que está começando a se transformar em uma instituição ambulante. Seu papel, todos viam, estava se transformando.

89 Profissional cuja especialidade é identificação de pessoas pelo reconhecimento de impressões digitais. Modernamente, esta atividade se tornou mais ampla e o profissional que a desempenha é o papiloscopista.

O negócio feito com os argentinos para erguer uma empresa de educação a distância tinha a liderança de Celso. Aquela era a primeira inovação[90] da casa que não havia saído da mente inquieta de Henrique, e isso era um sinal de transição em marcha.

Outro sinal, muito claro, era a contratação de um gestor profissional. A chegada de um executivo de pulso firme e ritmo enérgico como Renato Veisman liberava Celso para atuar na estratosfera de prospecção de negócios, onde Henrique Kiperman sempre circulara. Com isso, o fundador se deslocava um pouco mais para a condição de ícone, não de general-de-brigada. O coração impusera a ele um novo ritmo de vida, embora em certas circunstâncias ele se rebelasse contra as recomendações médicas, e lá vinha Leda a piscar faróis, preventivamente.

Nunca deixava de ir à empresa, e de fazer o controle do fechamento do caixa da livraria. Conservava o título de presidente da Artmed, embora lhe sentasse melhor, àquela altura, a cadeira de presidente do Conselho de Administração. Que em 2003 ainda não existia.

Na festa de confraternização daquele ano, que marcava o trigésimo aniversário da editora, Henrique ganhou uma homenagem dos funcionários, gesto que muitos anos depois iria para seu caderno de recordações.

*Quando a Editora fez 30 anos, em 2003, os funcionários mandaram fazer um quadro em minha homenagem. O incrível é que lembro de todos, nomes e fisionomias. Nos dias de hoje, o Grupo A Educação, com cerca de 300 funcionários, a maioria não conheço.*

*Ainda temos a Cristina, lembro da Letícia fazendo revisão de textos sentada em uma pilha de livros, o Aldo, Altamir, Angelo, Arysinha, Geraldo, Ligia, Patricia, Raquel, Wilson.*

*Hoje temos uma grande empresa.*

---

**90** Celso criara a Bookman em 1998, mas se tratava de um novo selo editorial, e não de outro tipo de negócio.

Em 2003, a empresa estava longe de ter os 300 funcionários mencionados, mas era precisamente naquele ano que as turbinas estavam em aquecimento. Foi o ano de fundação da Artmed Panamericana e Celso partia em busca de novos conteúdos para alimentar os dois canais que passavam a coexistir, o livro impresso e os programas de educação continuada. Buscava temas e autores para a biblioteca Bookman, de administração, engenharia, finanças e outras especialidades. Mas dirigia seus radares para o conhecimento médico, porque era onde estava a grande oportunidade dos programas de educação continuada.

Embora valorizasse o livro de reflexão, Celso não queria perder a chance de saciar a sede do mercado por títulos com menos profundidade, mas extremamente práticos para a formação profissional. Decide comprar da norte-americana McGraw-Hill vários títulos de sua Coleção Schaum[91] para publicar no Brasil, e, antes que o pânico se espalhe na cozinha da Bookman, Celso reforça a equipe da editora Arysinha Affonso com a contratação de Denise Weber Nowaczyk. São livros de matemática, engenharia e química que trazem alguma teoria e muito exercício. É conhecimento aplicado, essencialmente. Uma surpresa, na vida de uma editora consagrada pelos livrões. "Isso de farejar novas tendências no mercado era muito forte no Seu Henrique, e ele passou para os sucessores", perceberia Denise.

A Renato cabe o papel de organizar a empresa, sem despersonalizá-la — o que implica andar na corda bamba algumas vezes, mas nada que não consiga fazer, com o devido jeito e o tempo certo. A tendência a estabelecer relações baseadas em "fio de bigode" é uma das tradições que caem na malha fina de Renato. Ele decide padronizar os contratos com os autores, e a novidade chama a atenção de Ana Paula Abruzzi, a responsável pela secretaria editorial, que passava trabalho para exercer a missão

---

**91** *Coleção Schaum* é um tipo de publicação em série de cunho muito prático. O modelo foi desenvolvido nos anos 50 por Daniel Schaum e se propõe a ministrar a teoria essencial sobre um determinado campo do conhecimento aplicado e trazer problemas e soluções pertinentes ao tema.

de, simpaticamente, chatear os escritores relapsos, lembrando-os de um detalhezinho chamado prazo. A informalidade podia levar a situações extremas, como a de um tradutor que recebeu uma proposta de trabalho e respondeu de um modo que levou a editora a acreditar que faria a tradução — mas o profissional entendeu que sua resposta não significava compromisso de aceitação. Quando o mal-entendido se esclareceu, o cronograma estava irremediavelmente comprometido. A partir de então, um trabalho só começa quando o contrato está devidamente assinado.

São tempos de expansão organizada, e nesta perspectiva o sobrado que Henrique transformou em cidadela se mostra cada vez mais acanhado para acomodar os negócios que entram, as pessoas que chegam, as áreas e processos que dão forma e substância ao que ele próprio chamou de "grande empresa". É preciso pensar em uma nova sede, do tamanho que as operações passaram a ter e, sobretudo, do tamanho que elas provavelmente adquirirão se a sanha empreendedora que ele inaugurou tiver a continuidade que ele imagina que terá.

As paredes do casarão, onde está o quadro que os funcionários lhe deram pelos 30 anos da editora, e que abrigam tantas lembranças da longa caminhada, terão mesmo de vir abaixo, e isso dói, mas o excita.

Para que as máquinas façam seu trabalho, em meados de 2004, todos os funcionários da área editorial são transferidos para o Centro Logístico a 4 quilômetros dali, e é lá que ficarão trabalhando por mais de um ano até a inauguração da nova sede na Jerônimo de Ornelas. Quando tudo está pronto, e é marcada a data de inauguração, 22 de novembro de 2005, Henrique já começa a preparar o coração para a grande festa que irá fazer com todos os funcionários, clientes, fornecedores, parentes e amigos, os muitos amigos. São dias de espera, a ansiedade trazendo reminiscências. No grande dia, certamente encontrará muita gente, como Gisela e Breno Veisman, o casal que acompanhava ele e Leda nos passeios pela Oswaldo Aranha, compartilhando sorvete com calda de sonhos na tarde de domingo. Quem sabe Breno lhe cutuque o braço, apontando para os dois prédios gêmeos com cinco andares, e lembre daquele glorioso dia de 1969:

— Que beleza, Henrique. Acho que isso aqui é o teu Beira-Rio. Agora, virão novas conquistas, coisa grande.

Tantos convites para despachar.

E havia o círculo de amigos da família, que Leda sempre anotava com cuidado. Na lista de Leda não faltariam, por exemplo, Simão Piltcher e a esposa, Dorinha, assim como Marlene e Salomão Wolf. Os três casais compartilharam muitas vezes um bacalhau que o próprio Henrique preparava, entre cálices de um bom tinto e conversa amena. E havia mais esses, e mais aqueles...

A lista era grande. Cada nome, uma vida. Uma história.

O coração aguentaria?

Só de pensar, comprimia o queixo.

— Chegou o *press release*[92] para aprovar, Seu Henrique. A assessoria em São Paulo pede que a gente dê retorno logo.

Assessoria de imprensa... São Paulo na espera, tudo aquilo estava acontecendo com ele, mesmo? O pensamento o levou às duas garagens que havia comprado para instalar a Artes Médicas Sul na subida da General Vitorino, em 1973. Transportou-se para o volante da Vemaguette apinhada de livros a zunir pela BR-116 rumo a Pelotas. Reviu o olhar doce de rosilha, a égua fujona de Abrahão Kiperman, motor de 80 pangarés trotando à frente da charrete do pai, Curitiba adentro.

Colocou os olhos no *press release*, que trazia, como título, "Artmed investe R$ 4 milhões em novo Centro Administrativo em Porto Alegre", e pensou no quanto as coisas haviam mudado.

Rabiscou alguns ajustes, e devolveu o texto:

92 *Press release* é a nota que uma empresa ou instituição elabora e distribui à imprensa, com o objetivo de alertar os meios de comunicação sobre um evento ou subsidiar as redações com informações que considera relevantes.

*Com 2,5 mil metros quadrados e investimento da ordem de R$ 4 milhões, o empreendimento marca uma nova fase na história da empresa, pois torna possível sua expansão para novas propostas editoriais.*

*Com essa estruturação física, paralelamente a um processo de profissionalização e parcerias internacionais com companhias como Warthon, Microsoft, entre outras, a empresa se firma como uma das principais editoras brasileiras na área de formação acadêmica e profissional.*

*Centro do Conhecimento — O novo Centro Administrativo abrigará uma livraria, concebida como um Centro do Conhecimento e norteada pela filosofia da Artmed de ter contato direto com seu público, por meio de um* show-room *para sua própria produção editorial e também para comercializar livros de outras editoras que sejam pertinentes ao mercado em que a empresa publica e atua, além de livros na área de literatura. A ideia é, segundo o diretor da empresa Celso Kiperman, tornar o local um dos principais espaços culturais de Porto Alegre.*

*A nova sede possui ainda um local para eventos com espaço para 140 pessoas. "Esses novos espaços, destinados também ao leitor, visam proporcionar um maior conhecimento e aprendizado, pois possibilitam a convivência direta com autores por meio de eventos sociais e culturais como palestras e sessões de autógrafos", explica Kiperman.*

*Respeito pelo Conhecimento — A Artmed aproveita a oportunidade para lançar sua nova logomarca e o* slogan *"Respeito pelo Conhecimento" para melhor exprimir a preocupação diária da editora em selecionar criteriosamente o conteúdo a ser publicado; o pioneirismo em gerar conhecimento em áreas novas e inexploradas; a ética e a transparência de seu relacionamento com todos os seus públicos de interesse; e principalmente o esforço para que o conhecimento atinja a todos de uma forma qualificada.*

*Sobre a Artmed Editora — A Artmed Editora é responsável pela publicação, em português, de livros acadêmicos e profissionais nas áreas de ciências biomédicas, educação e saúde mental. Atua também nas áreas de administração, ciência e tecnologia com o selo Bookman. A empresa possui mais de 1.300 títulos em catálogo, com uma média de 400 novas obras lançadas por ano. A Artmed mantém contratos de exclusividade com conceituadas editoras dos Estados Unidos e de diversos países da Europa e da América Latina. Com matriz em Porto Alegre e filial em São Paulo, a empresa conta com uma eficiente rede de distribuição para todo o Brasil e para Portugal e também efetua vendas via internet.*

O texto distribuído à imprensa, e que tinha o aval de Henrique, citava apenas Celso.

Não havia nisso grande surpresa para George Lippert, o advogado de confiança dos Kiperman. Lippert tinha um curioso meio de dialogar com Henrique. Como sempre foi um sujeito predisposto mais a ouvir que a falar, ele sentava-se com Henrique e ficava olhando. Em resposta, Henrique ficava olhando para ele.

Não era um diálogo de mudos, claro. Henrique era o mesmo de sempre, lacônico, objetivo, preciso no que dizia, nem uma palavra a mais. Geralmente, o longo silêncio que fazia tinha o efeito de destravar a língua do interlocutor, que desatava a falar, como fazem quase todas as pessoas — silêncios perturbam. Lippert, não. Colocava seu silêncio na mesa, e o espichava como quem estica massa para macarrão. Talvez por isso tenha conseguido de Henrique algumas porções extras de confissões, reflexões, o que entupia o peito do chefe.

George Lippert, naqueles dias festivos de 2005, trazia no íntimo uma convicção.

A inauguração da nova sede marcava a passagem do bastão para Celso. Nada oficial. Nada de papel passado. Tudo solidamente real.

O evento de inauguração, às 18h30min do dia 22 de novembro de 2005, foi o que Henrique imaginou, e um tanto mais. Era muita gente, o ar-condicionado não dava conta, a comunidade do livro concentrada na Jerônimo de Ornelas, 670. Todos na editora sabiam que Henrique iria chorar, porque era o que acontecia a cada festa de confraternização de final de ano, quando lhe davam o microfone. Mas aquele dia, vendo praticamente todas as pessoas que eram importantes em sua vida, as lágrimas dele contagiaram muitos que estavam ali, especialmente quando lembrou das dificuldades de seus pais, de sua trajetória ao lado de Leda, e de tudo o que saiu daquela mala de vendedor de livros. Alguns durões, como Waldir da Silveira,[93] da Distribuidora Dom Quixote, se emocionaram.

Waldir viu Leda chorar. Se chorou, foi uma situação atípica. A mulher de Henrique granjeou a imagem de dama de ferro, e fez da filha, Adriane, uma continuadora da linhagem. Enquanto Celso acompanha o pai nas lágrimas, Adriane segue firme, como a mãe, mas o jeito expansivo sugere que se trata de autocontrole de uma psicóloga que aprendeu a lidar com as suas emoções. Aliás, também Adriane chorava, segundo Waldir. Perto das duas estava Letícia Bispo, que também não se segurou. Após a inauguração, perguntou a Leda sobre o orgulho de ver a empresa e os netos crescerem, e a perspectiva de vê-los levando o projeto em frente.

— Pois é, Letícia... se eles quiserem, e se souberem se preparar pra isso, ótimo. Mas o fato de serem da família não significa que estarão na empresa.

### Um novo divertimento

A sucessão tem que se dar de tal maneira que seja um projeto de vida, jamais de morte, para o sucedido.

As palavras de Luiz Carlos Osorio no seminário de 1995 inspirariam Henrique dez anos depois, logo após a inauguração da nova sede. Também lembrava do amigo de jardim de infância,

---

93 Waldir, que sempre teve o apoio de Henrique como presidente e diretor da Câmara Rio-Grandense do Livro, diz que só não chorou porque, na vida, "esqueceu" de chorar. Depois de perder o pai, aos 12 anos, as lágrimas "secaram". Mas descreve o que viu e ouviu durante o discurso do Henrique como algo "de arrepiar". "Muitos chorando, puro sentimento... Ele, caixeiro-viajante, com aquele carro velho... Demais, demais... Uma das coisas mais lindas que vi na minha vida."

Marcos Grupenmacher, que de Curitiba acompanhava com preocupação a saúde de Henrique.

— Larga um pouco, deixa na mão da criançada, deixa eles errarem, deixa eles fazerem...

Não eram nada crianças, ele sabia. Adriane no conteúdo, Celso no *business*, e o quase-sobrinho Renato na gestão formavam um triunvirato com experiência e energia. E, qualquer coisa, ele sempre estaria ali como guardião do baú de valores, para orientar e dar o rumo, quando precisassem. Só não bloquearia o crescimento dos filhos.

Projeto de vida, iria ver outro para ele, como escutara no seminário. A empresa havia crescido muito, e se tornado maior, muito maior, que a sua escrivaninha no quinto andar da nova sede.

Começou a utilizar uma parte do dinheiro que ganhara em um novo negócio que sempre o havia atraído: investimento imobiliário. Gostava de ver um lugar interessante e imaginar o que poderia existir ali. Era tão divertido como pegar um livro sem graça e repaginá-lo.

E, na editora, onde jamais deixou de dar expediente, Henrique se voltou para a área de conteúdo, onde Adriane sempre o manteve como um guru.

Viria dele, por exemplo, a batida de martelo em uma decisão editorial importante.

O casal de psicanalistas Diana e Mário Corso entrou em sua sala. Sobre a mesa, um calhamaço de 400 páginas, que tinha custado a eles cinco anos de trabalho. Era uma releitura crítica de um livro que marcou época nos anos 80, *A psicanálise dos contos de fadas*, de Bruno Bettelheim. Tinham levado os originais a uma editora que, ao cabo de seis meses, ainda não sabia se era o caso de publicar. Procuraram outra editora, que se propôs a lançar no mercado, desde que os Corso bancassem tudo.

Era o primeiro livro deles, e duas portas haviam se fechado, o bastante para colocá-los a um passo da desistência.

— Mas e o Seu Henrique, hein, Mário? Será que ele toparia?

Mário lembrou à mulher que talvez Henrique se sentisse constrangido, pelo relacionamento que tinham desde meados dos anos 90, quando o livraram de uma enrascada ao fazer a revisão técnica de um livro traduzido do espanhol.[94] Lembravam também que, quando nasceu a primeira filha do casal, tinham ido visitar Henrique, e ele os esperava com um presente, o primeiro par de brinquinhos para Laura. Será que ele se sentiria à vontade para dar um parecer?

— Mas a gente fez um trabalho sério, Mário... Pelo menos um conselho, uma orientação, ele pode dar pra nós.

A vontade de publicar superou o constrangimento, e agora estavam os dois, ali, na frente de Henrique, cheios de ressalvas, *Por favor, fique bem à vontade, a gente quer separar bem as coisas...*

— Por que vocês foram em outras editoras?

— Não queríamos que o senhor ficasse de algum modo inibido pela relação que temos, disse Mário.

— E eu, emendou Diana, fiquei com dúvida... sei lá... se o livro tem envergadura, mesmo, para sair pela Artmed.

— Envergadura tem, brincou Henrique, com o olhar sobre as 400 páginas depositadas na mesa. E o título, qual vai ser?

— "Fadas no Divã — Psicanálise nas Histórias Infantis"...

Henrique gostava de títulos curtos e impactantes.

— Vocês acham que o livro vai vender?

— Olha, a gente fez o melhor possível, adiantou-se Diana. As outras editoras não quiseram apostar, mas...

— Mas eu publico!

O casal se entreolhou, sem acreditar.

Mário ainda quis se certificar.

— Mas o senhor nem leu!

— Se eu sempre perguntei pra vocês o que publicar, por que eu não iria publicar o que vocês escreveram?

---

94 Ver tópico "Mulheres de opinião" (pág. 87).

Saíram dali em êxtase, e Diana comentaria com o marido que Henrique acabara de colocar o segundo brinquinho na orelha da filha deles.

Lançado em 2006, *Fadas no divã* vendeu 35 mil exemplares, e o casal comprou um apartamento com os direitos autorais da obra de estreia.

Livros, de fato, eram parte do divertimento e do projeto de vida que Henrique havia construído para si enquanto a segunda geração empurrava os negócios para a frente e para o alto.

## Restabelecendo o diálogo

O casamento de um amigo em comum coloca Celso Kiperman e Jacob Hecht frente a frente, em Porto Alegre, em 2008. O aperto de mãos que os primogênitos trocam é carregado de sentimentos contraditórios. Sempre se deram bem. Viam, um no outro, certa leveza de espírito. As lembranças do convívio harmonioso[95] entre as famílias Hecht e Kiperman quando os Henriques eram sócios na Editora Artes Médicas Sul estavam ali, pulsantes. Mas também aflorava o desconforto pelo distanciamento que se estabelecera entre as duas famílias a partir da dissolução da sociedade, em 1986, sob as trepidações do Plano Cruzado.

Celso, assim como Adriane e Leda, nunca entendera muito bem o porquê das divergências. Decidiu, então, ali mesmo, em meio à festa do amigo comum, que não perderia a oportunidade de quebrar a geleira de mais de uma década. "Jacob, acho que a gente precisa conversar..."

— Tudo bem, concordou Jacob, suave, mas um tanto reticente. "Quando você for a São Paulo, me liga e a gente marca."

Celso não demorou para pegar o avião e ir ao encontro de Jacob e de seu irmão caçula, Milton Hecht. Ansioso, queria

95 A integração entre as famílias fora sempre intensa. No casamento de Adriane com Martin Rojas, em 1995, todos os Hecht haviam comparecido. Henrique Hecht e sua esposa, Ester, foram padrinhos inclusive, a convite de Adriane.

passar tudo a limpo logo de uma vez. Precisava juntar os pedacinhos que faltavam naquela história. O que sabia, sabia por cima. Se o pai era lacônico em assuntos leves, tornava-se uma esfinge quando instado a falar sobre passagens doloridas.

Celso herdou do pai a emotividade, mas também o pragmatismo. Colocou a razão a governar os sentimentos e tratou de dar prioridade a um desejo, dele e de Adriane, de aproximar as duas casas novamente. O movimento fazia sentido naquele momento em que ele e Henrique ambicionavam tornar a Artmed um "consolidador"[96] do mercado editorial.

A visita à Artes Médicas, em São Paulo, era também uma viagem no tempo. Celso lembrou que ali estivera quando tinha 19 anos para pedir emprego. Não estava sem ocupação, ao contrário. Desde garoto trabalhava com o pai em Porto Alegre. Mas havia conhecido uma jovem paulista e, convicto de que o namoro daria em casamento, fazia planos de deixar o Sul. Estudante de Economia na Ufrgs, tentou aproveitar seus créditos na Faap e foi falar com os Hecht para conseguir um emprego na editora paulistana. Não havia vaga, o namoro também não prosperou e o projeto São Paulo ficou para trás. Tomou o rumo de Porto Alegre outra vez, para alívio de Henrique.

Agora, chegava para o encontro com Jacob e Milton em um momento de vida completamente diferente, e sua conversa começou por aí. Celso lembrou aos irmãos Hecht que muito tempo havia passado desde o estremecimento nas relações entre as famílias, e que ele próprio estava muito mudado. Seu casamento já estava prestes a completar dez anos em 2008. Era pai de um casalzinho, Fernando, então com 9, e Julia, com 7. Tinha assumido o comando executivo da empresa da família, por delegação tácita do pai e com o enfático apoio da irmã, Adriane, que exercia a direção editorial da Artmed. Os negócios iam bem, a firma crescia de forma rápida e consistente, chegando a se ombrear

---

**96** No ambiente de negócios, considera-se "consolidadora" aquela empresa que cresce pela compra de outras companhias de seu segmento.

em tamanho e em importância com a líder Guanabara, onde os dois Henriques haviam começado nos anos 60.

— E vocês aqui?, quis saber Celso. "Como estão as coisas?"

Jacob e o caçula Milton deram um relato comovido, e triste. O pai deles estava doente, alheando-se progressivamente da condução da empresa. O vigor de Henrique Hecht estava fazendo falta à Artes Médicas, que parecia padecer junto com seu fundador. Os dois irmãos se ressentiam do momento difícil pelo qual o chefe do clã passava. O futuro trazia incertezas, e parecia difícil manter o tônus glorioso de outros tempos, quando a Artes Médicas desbravou o mercado de publicações técnico-profissionais. O número de novos concorrentes no segmento crescera muito, o meio digital mudava os hábitos de consumo de conteúdo e instalava novos desafios — tudo isso se passando enquanto Henrique Hecht, o grande artífice e comandante da Artes Médicas, atravessava o recesso de uma longa enfermidade.

Celso lamentou por eles, e pensou consigo mesmo que Henrique deveria estar junto, naquele encontro, assim como o seu xará e compadre. Quem sabe todos, ali, mais Adriane, mais Leda, pudessem então se entregar a um longo e reparador abraço de solidariedade e de expiação de quaisquer incompreensões?

— Olha..., começou Celso. Tem uma coisa que sempre penso... Eu gostaria de saber por que as coisas ficaram do jeito que ficaram... Sei lá, será que aquele desentendimento não podia ter sido evitado? É a pergunta que eu me faço, e a Adriane também...

Um pigarro, e Jacob se antecipou a Milton, um pouco mais moço que ele.

— Não sei... Depois de tanto tempo, fica difícil avaliar. Mas uma coisa que possivelmente teria ajudado é um telefonema.

— Do meu pai?

— É, do teu pai, Celso. Vocês lá em Porto Alegre não sabiam, mas as coisas aqui tinham ficado complicadas. O pai já estava doente, todos nós estávamos envolvidos com a situação de saúde dele, com questões da empresa...

Milton tinha o mesmo pensamento do irmão. Se Henrique Kiperman tivesse passado a mão no telefone vermelho e conversado diretamente com Henrique Hecht, até poderia haver alguma fricção, mas as engrenagens se acoplariam.

— Pode ser que sim, concordou Celso, embora sem tanta convicção de que os dois patriarcas conseguissem, mesmo, vencer a teimosia. Se não fossem um tanto quanto turrões, teriam ambos chegado aonde chegaram?

Celso voltou a Porto Alegre mais leve, como leves também se sentiam os irmãos Jacob e Milton Hecht.

A retomada do diálogo abria a perspectiva de pacificação, e por esta via trafegaram novas conversações, agora sobre negócios. O primeiro gesto de reconciliação foi a assinatura de um acordo, em 2008, pelo qual as duas editoras compartilhariam seus canais de distribuição.

Era um passo incipiente, miúdo, mas suficiente para animar Henrique, assim como Adriane, também entusiasmada com o significado profundo daquela reaproximação. O desentendimento com os Hecht tinha sido um ponto fora da curva na história dos Kiperman. Henrique sempre cultivara a discrição e a diplomacia, e procurava envolver as pessoas à volta, fossem clientes, fornecedores ou funcionários, em uma atmosfera de colaboração e harmonia. Quando decidiu se tornar editor, logo percebeu que um de seus aprendizados mais importantes teria de ser a convivência com autores que têm a obstinação de fazer sucesso. A consciência de que era preciso pisar com cuidado no terreno minado dos egos foi moldando em Henrique um jeito conciliador. Por isso é que ele, ao seu modo, sem arroubos, saudou o esforço do filho para retomar o diálogo com a segunda geração do ex-sócio paulista.

Não sabia, porém, o quão longe Celso iria.

Nem Celso, a bem da verdade.

Porque quando tentava emparelhar seu barco com o das Artes Médicas, um peixe enorme se enroscou na sua rede e o arrastou para longe.

# III
# Nova York

## McGraw-Hill na linha

Foi em 2008, o ano que chegava ao fim trazendo nuvens de chumbo para o capitalismo mundial. O colapso do mercado norte-americano de hipotecas e a quebra do banco norte-americano Lehman Brothers em setembro espalharam pânico no sistema financeiro dos Estados Unidos, com riscos muito claros de contágio internacional. Celso e Henrique estavam preocupados com profecias perturbadoras que pipocavam na América do Norte e na Europa, dando conta de que o sistema financeiro mundial entraria em pane e arrastaria os mercados para o que alguns analistas viam como uma nova depressão, tão grave quanto fora a de 1929.

Em uma tarde de outubro, quando estava em sua sala, imerso em planilhas e relatórios para avaliar os efeitos do "Setembro Negro" sobre os negócios, Celso recebeu um telefonema surpreendente.

Era o vice-presidente da McGraw-Hill para a América Latina, Andres Rodriguez.

Celso o conhecia do circuito internacional de feiras editoriais, e sabia que do outro lado da linha estava um sujeito que não brinca em serviço. Certa vez, quando comandava a Editora

Thomson no Brasil, Andres tentou comprar a empresa dos Kiperman de um modo que pareceu hostil a Celso e que soou como um completo despropósito para Henrique, orgulhoso que era do que havia construído e sempre em guarda para comprar, nunca para vender.

O episódio estava superado. Mas não esquecido.

Retesou-se na cadeira e atendeu à ligação.

— Celso, é o Andres. Lembra de mim?

— Olá, Andres, claro que lembro, sim. Como vão as coisas? A que devo a honra?

O tom era cordial, mas Celso estava com a guarda alta. Possivelmente, imaginava ele, Andres viria com uma nova investida para comprar a Artmed, agora na condição de líder da poderosa McGraw-Hill na América Latina. Lembrava que, ainda em 2008, antes do estouro da crise, Andres havia dado uma entrevista ao jornal *Valor Econômico* na qual informava que a McGraw tinha planos ambiciosos para o Brasil e dispunha de 60 milhões de dólares para investir até 2012. Grande parte desse dinheiro seria empregada na aquisição de concorrentes. A Artmed estaria na alça de mira novamente? "Não me venham com esta conversa de compra outra vez", é o que provavelmente escutaria de Henrique.

Nada disso. A conversa era sobre aquisição, sim, mas em uma perspectiva inversa. Andres perguntou a Celso se a Artmed era candidata a comprar a operação brasileira da McGraw-Hill.

Por alguns instantes, Celso ficou atônito e tratou de ganhar tempo para organizar os pensamentos.

— Está falando sério, Andres?

Seriíssimo: Andres recebera ordens de Nova York para vender a operação brasileira da McGraw-Hill Education no prazo mais rápido possível. Era a mesma estratégia posta em prática por muitas multinacionais no auge da crise de 2008 — "desinvestir" em países que não fossem prioridade para reforçar o caixa da matriz. A McGraw-Hill movia o seu foco para áreas de negócios mais rentáveis que a divisão "Education". E uma destas áreas-chaves, de avaliação de *rating*, estava mesmo precisando de atenção. A quebra do banco de investimentos Lehman Brothers pouco depois de receber nota de risco favorável da *Standard & Poor's* gerou críticas contundentes de economistas como Paul Krugman. E, neste contexto, toda a energia da McGraw se voltava momentaneamente para administrar o que poderia ser uma crise de imagem na *Standard & Poor's*, em uma empresa fundamental para os negócios do grupo.

— Vocês têm interesse, Celso?

— Claro que temos interesse, Andres. Quando a gente conversa?

Ainda sob o impacto da surpresa, atravessou o corredor que separa a sua sala da de Henrique.

— Pai, tá bem sentado?

— Tô, ué. Por quê?

— Não imagina quem é que acabou de ligar propondo um negócio com a gente.

— Querendo comprar ou querendo vender?

— Querendo vender.

— Humm... Quem?

— A McGraw-Hill, pai. Acredita nisso? A McGraw-Hill!

Henrique apertou os lábios, e em seguida exibiu o meio-sorriso típico de quando sentia espanto e admiração.

— Eles estão querendo vender, é? E a gente consegue comprar esses caras?

— É o que vamos ver agora, pai. O Andres, que é o presidente aqui na América Latina, perguntou se a gente teria interesse na parte aqui do Brasil. Eu disse que sim, óbvio. Agora, eles vão definir como vai ser esse processo, marcar reuniões, fazer perguntas...

— Tem outros, além da gente?

— Tem, claro. O Andres me falou na Saraiva e na Guanabara. Vamos com tudo. Lógico que não vai ser fácil...

— Não vai ser fácil pra nós, mas também não vai ser fácil pra eles, emendou Henrique em um tom brejeiro, enquanto ajeitava as costas na cadeira. Estava feliz. Naquele outubro de 2008, em que as trovoadas da crise mundial anunciavam o que muitos viam como estertores do capitalismo, Henrique se sentia feliz com aquela descarga de adrenalina. Ia ser uma pesca graúda, trabalhosa, "mas pra frente é que se anda", um lema que ele seguia desde que, jovenzinho, colocou o pé na estrada.

Completara 70 anos poucos meses antes, em 1º de julho. Havia sido um "festão", como gostava de dizer. Familiares e funcionários da editora gravaram um vídeo que o fizeram se sentir meio que nem artista, diante de um fã-clube. Ao final da gravação, numa espécie de golpe de misericórdia para arrancar a última lágrima, uma mensagem assinada por Leda, Adriane, Celso e os netos Rodrigo, Fernando, Júlia e Débora.

*Um país se faz de homens e livros.*

*Parabéns, Gordo.*

"Aquele troço me derrubou", diria Henrique, ao fim da homenagem. A mesma sensação, de ser derrubado para cima, ele vivia agora, em seu gabinete, vendo Celso esbaforido de excitação após o telefonema da McGraw-Hill. Reparou nos olhos do filho, que pareciam faiscar. Conhecia bem aquele instinto caçador, e se sentiu como que diante de um espelho.

Voltou a lembrar do vídeo em homenagem aos seus 70 anos, e da parte em que Celso encarou a câmera.

*Todos sabem da relação muito especial que eu tenho com o pai, e da minha semelhança com ele. Eu sou muito emotivo, como o pai. Gostamos muito de carros, entre outras afinidades. Duas palavras marcam a relação que o pai tem comigo: cumplicidade e generosidade. Essa identificação faz com que o pessoal lá em casa brinque com isso e se refira a nós como o Cascata e o Cascatinha...*

O que não era "cascata", logo se saberia, era o ímpeto com que a Artmed entrou na briga pela McGraw-Hill.

### O louco e *o cara*

Andres voltou com notícias rapidamente. Informou a Celso todos os passos que a McGraw-Hill estabeleceu para o processo de decisão sobre quem ficaria com os direitos de produzir e comercializar os seus conteúdos no Brasil.

Havia duas outras editoras competindo com a Artmed, ambas de grosso calibre. Uma delas era a Saraiva, de São Paulo. A outra era a Guanabara, sempre ela, a mais tradicional publicadora de livros técnicos, científicos e profissionais no Brasil, a empresa que assinou a carteira de trabalho de Henrique Leão Kiperman em 1956, na filial de Curitiba, e o lugar onde aprendeu os fundamentos da ciência de conhecer medicina sem ser médico.

2009 foi um ano muito louco para Celso, porque processos de fusões e aquisições exigem infindáveis reuniões técnicas, e naquele momento ficou claro para todos os Kiperman como havia sido importante a decisão tomada cinco anos antes de contratar um executivo profissional, estruturar as operações da empresa, implantar métodos de controle e edificar padrões de governança corporativa.[97] Os norte-americanos vinham e voltavam, e sempre havia demandas novas, informações que era necessário levantar, um processo exaustivo e que exigiu muito de Renato Veisman e também de Adriane, como diretora editorial, para dar lastro a Celso na mesa de negociações. E tudo aquilo poderia ser inútil, se a escolha recaísse por Saraiva ou Guanabara.

---

**97** Na definição do Instituto Brasileiro de Governança Corporativa (IBGC), é o sistema pelo qual as empresas e organizações são dirigidas, monitoradas e incentivadas, envolvendo os relacionamentos entre sócios, conselho de administração, diretoria, órgãos de fiscalização e controle e demais partes interessadas. Essas "partes interessadas" incluem funcionários, clientes, fornecedores e governos, entre outros atores.

Em determinado momento, a Guanabara deixou o jogo, em razão de uma das exigências da McGraw-Hill, mas a Artmed não sabia, e continuou acelerando.

Então, já no segundo semestre de 2009, a grande e boa surpresa: a McGraw-Hill escolheu a empresa do sul para representá-la no Brasil por dez anos, prorrogáveis por mais dez.

— A McGraw-Hill é nossa!, foi o que Celso saiu a dizer e a repetir, para Henrique, para Renato, para Adriane, para Leda, para os coordenadores de área, e uns repetiam para os outros que *A McGraw-Hill é nossa*, quase como um grito de *É campeão* depois que o juiz apita o fim de um decisão eletrizante.

Aquele dia foi uma espécie de feriado nos prédios gêmeos do Bairro Santana. Ninguém conseguiu fazer seu trabalho direito. O "peixe grande" mordera a isca, e balançava o barco todo.

Enquanto comemoravam, Celso, Henrique e Adriane se perguntavam o que poderia ter decidido o jogo. Quatro fatores pareciam ter concorrido para colocar a Artmed em vantagem competitiva.

O desenvolvimento dos negócios de educação continuada era, claramente, um diferencial. No início dos anos 2000, quando tiveram início as articulações para formar a Artmed Panamericana, o meio editorial ainda se demorava em discussões sobre até que ponto a internet teria impacto nos hábitos de consumo de informação e conhecimento. Em certos casos, o culto ao livro em papel parecia demonizar a tecnologia em vez de vê-la como o que sempre foi — uma ameaça, sim, mas também uma oportunidade.

Em 2009, quando a McGraw-Hill teve de decidir em que barco subiria para operar no Brasil, percebeu que a embarcação da Artmed era a que havia chegado mais longe porque seis anos antes ajustara suas velas em lugar de maldizer a virada dos ventos.

O segundo fator em favor da Artmed estava ligado à base de dados que a editora possuía sobre a área médica no Brasil, na medida em que desenvolvia livros de referência em diferentes especialidades, em parceria com as respectivas instituições científicas e profissionais.[98] Livros médicos compõem uma das grandes bibliotecas da McGraw-Hill.

O retrospecto das relações Nova York-Porto Alegre teve seu peso. A editora dos Kiperman era possivelmente a que mais licenciava conteúdos em português da McGraw-Hill, grande parte deles publicada pelo selo Bookman de administração e demais ciências aplicadas.

Por fim, a McGraw-Hill encontrou na editora gaúcha um padrão de governança corporativa avançado, além de processos de produção e gestão editorial modernizados a partir de *software* e sistemas implantados sob o comando de Renato e Adriane.

— E agora, Celso, como ficamos?

— Agora, pai... Eles marcaram uma reunião em Nova York para assinatura dos contratos. A papelada já está chegando pra gente, e eu vou sentar com o Renato pra ver bem isso. O inglês dele é afiado. O George[99] também tá em cima disso, claro.

— Quando vai ser a reunião?

— Em novembro.

O pai deu o sorrisinho de canto que Letícia Bispo catalogou no seu guia informal "Para entender Henrique Kiperman".[100]

Na tarde de sexta-feira, 6 de novembro de 2009, Celso voltou de São Paulo a tempo de fazer uma última reunião com Renato e George antes da viagem para Nova York, marcada para o domingo. A certa altura da conversa, Henrique e Leda entram rapidamente na sala para desejar boa sorte a Celso e a Renato, e é o momento em que George está fazendo suas considerações finais a respeito do contrato. Henrique o interrompe.

— Vai junto com eles, George... Eu acho importante...

A ficha de todos caiu.

98 Ver tópico "De braço dado com as instituições científicas" (pág. 158).

99 George Lippert, advogado da empresa.

100 Ver tópico "O dilema do guerreiro solitário" (pág. 119).

— É mesmo, George, como é que a gente não pensou nisso antes?

O advogado foi tomado de surpresa, afinal decidia-se na sexta à tardinha que ele embarcaria já no domingo para a conversa com os gringos. Mas o orgulho de fazer parte da missão fez aquela tropelia toda se tornar insignificante.

O trio desembarcou no JFK[101] às seis da manhã de segunda-feira, 9 de novembro de 2009. A reunião para a assinatura de contrato com a McGraw-Hill estava marcada para o meio-dia, mas todo o dia acabou consumido por reuniões porque havia questões jurídicas a resolver envolvendo a subsidiária da McGraw-Hill no México, o que mostrou o acerto de Henrique ao sugerir de última hora o acréscimo de George Lippert, também fluente em inglês, na comitiva.

Ficou para o dia seguinte, 10 de novembro, o desfecho do negócio, com a realização dos pagamentos à McGraw-Hill.

No momento de colocar sua assinatura e sacramentar o maior negócio da vida dos Kiperman, a caneta pesou na mão de Celso e ele começou a ser o *Cascatinha* emotivo como o pai, mas ainda se mantinha firme como Leda e Adriane. O momento da capitulação ainda não havia chegado.

Mas chegou.

O presidente convidou os novos parceiros no Brasil a almoçar com ele e toda a diretoria da companhia no restaurante corporativo da McGraw-Hill. Até que *Please, Mr. Kiperman, would you like to say anything?*[102] e, sim, claro que sim, Celso queria dizer mil coisas que se passaram ao longo daquela longa estrada que levou a mãe a Curitiba e que trouxe seu pai a Porto Alegre, mas a garganta embargada e o senso de protocolo pedia uma intervenção não muito longa, *business as usual*.

Celso tinha preparado um pequeno discurso em inglês, e por ser breve corria menos riscos de engasgar na metade. Transitou

---

101 Aeroporto John F. Kennedy, a 25 quilômetros do centro de Nova York.

102 Tradução: Gostaria de dizer algumas palavras, Sr. Kiperman?

com facilidade pela parte em que agradecia a confiança que uma companhia gigantesca e de tanto prestígio como a McGraw-Hill depositava na Artmed. Duro, mesmo, foi quando entrou no terreno da memória, a lembrar da saga de seus avós, imigrantes judeus, e a jornada de seu pai, um *self-made man* que vendia livros e mascateava conhecimento por estradas poeirentas — ele, mala, sola de sapatos e um sonho teimoso, tudo vindo a culminar ali, naquele grande palco, em Nova York, e naquele grande dia, 10 de novembro de 2009.

— Meu pai começou vendendo o Harrison[103] no porta-malas do carro. E hoje, de certa forma, somos donos do Harrison.

Chegou ao *Thank you* com dificuldade, mas lavou a alma.

As palmas, ele sentiu assim, eram para Henrique.

Juntou-se ao aplauso.

Ao deixar o prédio imponente da McGraw-Hill, Celso estava revirado pelas circunstâncias de tudo que vivera naqueles dois dias de Nova York, mas tinha, ainda, um compromisso que exigiria concentração. Precisava ir à Pearson, principal fornecedora de direitos autorais da editora, e explicar suas razões para "pular a cerca" e cair nos braços da arquirrival McGraw-Hill. Convidou os dois diretores da Pearson para jantar e explicou-lhes o tamanho da oportunidade que surgira com a decisão da McGraw-Hill de vender a operação brasileira.

— Não tínhamos como ficar de fora dessa disputa.

Os diretores eram amigos de Celso, e entenderam, embora contrariados.

Na volta do jantar, foi direto para o hotel e tentou dormir, mas não conseguia. Como ele mesmo havia definido, foram dias

---

**103** *Medicina interna de Harrison*, publicado no Brasil com os selos da Artmed e da McGraw-Hill Education, é uma obra com mais seis décadas de história. A origem deste livro, apontado como a maior e mais prestigiosa publicação médica do mundo, remonta aos anos 50, quando um médico norte-americano, Tinsley Randolph Harrison (1900-1978), lançou a obra *Harrison's principles of internal medicine*. As primeiras cinco edições, que configuraram o padrão da publicação, tiveram Harrison como editor.

muito loucos, aqueles. E agora, quando fechava os olhos, passava um filme, ou vários filmes misturados, como se um diretor maluco tivesse misturado tempos, enredos e gêneros — ação, drama, comédia.

Saiu da cama e se lançou ao teclado para redigir um *e-mail*.[104] Pensou que era a coisa certa a fazer. De manhã, todos na empresa

---

**104** *E-mail* que Celso enviou aos funcionários na manhã de 11 de novembro de 2009: Caros colegas da Artmed, tenho o prazer de anunciar que hoje celebramos o contrato de parceria com a McGraw-Hill Education para assumirmos a divulgação, comercialização e publicação de suas obras em língua portuguesa. Chegamos em Nova York ontem, o Renato, nosso advogado George Lippert e eu, banhados por um lindo sol e uma temperatura primaveril que é completamente atípica para esta época do ano. Este era o prenúncio de que bons fluidos nos acompanhavam! Além desse prenúncio, sentíamo-nos amparados por todos os investimentos que fizemos na gestão e governança de nossa companhia nestes últimos anos, pelas experiências frustradas que tivemos em relação a fusões e aquisições, mas que nos aportaram paciência e experiência e, principalmente, pela energia de uma equipe comprometida, motivada e diferenciada! Desta vez, nada poderia dar errado! Sinto-me ainda entorpecido pela intensidade dos eventos vividos nas últimas 36 horas, mas posso assegurar que vivenciei o ápice de minha trajetória profissional e que a nossa Artmed experimentou o seu maior momento de reconhecimento e valorização. Nossas reuniões com os diretores e advogados da McGraw-Hill Education aconteceram no McGraw-Hill Building, localizado na Sexta Avenida, e hoje ao meio-dia fomos homenageados pelo presidente da empresa, Peter Davis, com um almoço e um brinde de *champagne* no restaurante corporativo da empresa, localizado no 50º andar do mesmo prédio. Estávamos quase nas nuvens... Nem nos meus mais dourados sonhos poderia crer que a Artmed fosse mencionada neste tipo de ambiente e que eu teria a oportunidade e a responsabilidade de pronunciar algumas palavras para tão seleta audiência! Neste momento cenas da trajetória de quase 40 anos da Artmed passaram pela minha mente como um filme de curta-metragem. Lembrei-me da sala do Sr. Henrique nos fundos da General Vitorino onde eu ia de vez em quando brincar. Lembrei-me das notas fiscais que a Cristina e eu emitíamos a mão no primeiro andar da mesma General Vitorino. Lembrei-me das contagens de dinheiro ocorridas ao final do dia nos Congressos de Psiquiatria em Gramado. Lembrei-me do plantão para o recebimento de nosso primeiro livro encadernado: o Talbott — *Tratado de psiquiatria*. Lembrei-me dos sábados de manhã quando o Angelo vinha à Editora elaborar a nossa correspondência para o exterior. Lembrei-me de minha primeira visita a Frankfurt. Lembrei-me do Altamir com o nosso primeiro e único PC. Lembrei-me da chegada da Letícia, nossa primeira editora. Lembrei-me da inauguração de nossa pequena primeira filial em São Paulo. Lembrei-me da criação de minha querida Bookman e da ainda mais querida Arysinha. Lembrei-me das ligações noturnas do Antonio Zorrer me relatando o dia a dia de suas viagens e a receptividade de nossas obras. Lembrei-me da inauguração de nosso Centro Logístico e de nossa atual sede. Enfim , lembrei-me um pouco de tudo e de TODOS e me senti respaldado pela diferenciada equipe e estrutura que possuímos hoje. Portanto, senti que era legítimo estarmos naquele lugar. Enfim , agradeço de coração a todos que contribuíram para este sonho se tornar realidade e asseguro-lhes que a parceria hoje firmada com a McGraw-Hill será um marco de uma nova era na nossa empresa, a partir da qual será possível termos aspirações cada vez maiores, desde que acompanhadas dos valores que sempre nortearam o nosso desenvolvimento e que foram implantados pelo nosso fundador: ÉTICA, RESPONSABILIDADE e HUMILDADE. Conto com todos na superação de nossos novos desafios. Forte abraço, Celso Kiperman

leriam aquele texto para compartilhar da emoção que o havia tomado por completo nas últimas horas.

Começou dizendo que os astros estavam alinhados, e que quando ele, Renato e George chegaram a Nova York, no domingo, um impecável dia de sol prenunciava que tudo iria dar certo. Contou como tudo aconteceu na McGraw-Hill, ressaltou a grande conquista que a Artmed acabara de concretizar e que devia encher de orgulho a todos os que construíram a editora de forma simples e humilde, a grande lição deixada pelo seu pai. Na mensagem, fez questão de trazer à lembrança de todos cenas comovedoras, *Cristina*[105] *faturando nosso primeiro livro, Altamir*[106] *operando nosso primeiro computador...*

— Não devemos esquecer nunca da história e dos valores do nosso fundador.

O entusiasmo com a aquisição se realimentou a partir da repercussão que a notícia alcançou na imprensa brasileira. O principal jornal de negócios do país, *Valor econômico*, colocou em destaque no dia 12 de novembro de 2009 a informação divulgada conjuntamente pela companhia norte-americana e pela editora brasileira. O título era "Artmed assume McGraw-Hill no Brasil".[107]

---

**105** Cristina Varela.

**106** Altamir Licker.

**107** Artmed assume McGraw-Hill no Brasil. A Artmed tem planos de investir R$ 50 milhões em aquisições e parcerias nos próximos cinco anos. SÃO PAULO — A editora gaúcha Artmed assumiu a operação da americana McGraw-Hill Education no Brasil — uma das divisões da gigante McGraw-Hill. Com essa parceria, cujo valor da negociação não foi revelado, a Artmed fortalece sua atuação no crescente mercado de livros científicos, técnicos e profissionais (CTP), que movimenta quase R$ 500 milhões por ano. Essa foi a primeira aquisição da Artmed, que está concluindo ainda a compra de outra editora da área de CTP. Com essa segunda negociação, a receita da editora gaúcha saltará dos atuais R$ 73 milhões para R$ 100 milhões no próximo ano. A Artmed tem planos de investir R$ 50 milhões em aquisições e parcerias nos próximos cinco anos. No mês passado, a editora gaúcha recebeu aporte do BNDESPar e do fundo de *private equity* CRP, que juntos passaram a ter 12,5% do capital da Artmed. "Fechamos um contrato de 10 anos, renovável, que prevê a publicação de pelo menos 75 novos livros por ano da McGraw-Hill. Seremos responsáveis ainda pela comercialização e distribuição", disse Celso Kiperman, diretor e filho do fundador da Artmed.

Um vídeo foi produzido para circular em toda a empresa, em comemoração ao fechamento do negócio. Vários depoimentos se alternam diante da câmera. Adriane enumera os autores que a McGraw-Hill agregará aos livros-textos de Psicologia, Economia e Administração, e dá ênfase ao reforço dos catálogos com o Harrison de medicina interna, o Harper de bioquímica, o Jawetz de microbiologia.

"O maior sonho meu era um dia conquistar isso aí", intervém Henrique.

O gerente comercial André Weber assinala que se o catálogo da editora já era sólido, com os novos títulos e autores vindos da McGraw-Hill a Artmed tem a chance de oferecer um conhecimento completo em várias áreas do conhecimento. E numa analogia que certamente agradava a Henrique e Celso, fanáticos por carros e por velocidade, André produziu uma imagem sugestiva. "Nós ganhamos uma Ferrari e agora a gente tem o privilégio de dirigi-la."

Privilégio, mas também responsabilidade, lembra Henrique. "Nós temos uma equipe coesa, e agora mais do que nunca eu preciso de vocês", é o recado que dá aos funcionários.

O vídeo lança dois tipos de mensagem. Uma delas fala no negócio e na disputa pela liderança nacional no segmento de

---

Caso a operação brasileira seja bem sucedida, o modelo poderá ser replicado em países onde a empresa americana não possui forte atuação. Hoje, a McGraw-Hill está presente em 40 países. Dona de importantes títulos universitários, a McGraw-Hill está repassando pela segunda vez a operação brasileira para uma empresa local. Em 1985, a editora americana deixou o país e suas publicações foram assumidas por Milton Mira de Assumpção Filho, fundador da editora Makron Books, que por sua vez foi comprada pela inglesa Pearson em 2000. Apenas em 2006, a McGraw-Hill retornou ao Brasil de forma independente. A editora tinha projetos ambiciosos para o país, quando chegou a participar da concorrência para compra das editoras Ática e Scipione, da Abril Educação. Durante entrevista concedida ao *Valor* no ano passado, o presidente da McGraw-Hill para a América Latina, Andres Rodriguez, disse que pretendia investir cerca de US$ 60 milhões até 2012, sendo que a maior parte seria para aquisições de concorrentes. A editora americana vinha inclusive recomprando títulos que estavam sendo comercializados por outras editoras no país. Nos Estados Unidos e no México, a McGraw-Hill Education é uma das principais editoras de livros didáticos. No México, a editora detém 40% do mercado de livros escolares. Além dessa operação, a McGraw-Hill é dona da agência de classificação de riscos *Standard & Poor's* e de publicações especializadas. A McGraw-Hill era ainda dona da revista de economia *Business week*, vendida para a Bloomberg em outubro.

publicações técnicas, científicas e profissionais. "Agora, ninguém mais segura nosso time", conclama Celso. A outra mensagem é um esforço para reforçar a cultura da casa, por sobre cifras e disputas de mercado.

Diretora de Conteúdo, Adriane toca no que considera um traço peculiar da empresa.

— Cada uma das editoras, aqui, tem um olhar quase maternal com cada um dos livros. Quem anda aqui dentro e nos vê falando dos nossos livros vê que a gente os chama pelo nome... A gente veste a camiseta porque tem amor pelos livros.

Henrique referenda, mas com o pragmatismo do fundador.

— As pessoas aqui também entendem o livro como algo sublime, proclama.

O "também" não estava à toa na frase do vídeo. Ele sempre buscou grandes lançamentos, cultivou autores, tradutores e revisores técnicos com cuidado, impôs uma linha de seriedade nos catálogos, mas tudo se submetendo a uma lei maior, a da sobrevivência do negócio. Livros que empolgassem o autor, ou os profissionais que o editavam, também deveriam apaixonar os leitores. Em suma, o mercado.

Em um momento curioso da gravação, Henrique lembra ter aproveitado uma viagem de Adriane a Nova York para fazer um pedido à filha, então uma garota sem qualquer vínculo com o dia a dia da editora.

— Vai nesse endereço, aqui, Adriane. Fica na Avenida das Américas.

Adriane sabia que não adiantaria pedir muitos detalhes, e se conformou com o sumário papelzinho do pai. Tampouco foi esclarecida sobre o que passava pela cabeça dele com relação àquele endereço, ou que diferença faria, nos planos dele, que ela abrisse uma brecha numa viagem de férias para pegar um táxi e ir até aquele ponto da Avenida das Américas. Mas, enfim, pedido do pai, cumpra-se.

Ela foi. O endereço correspondia a um daqueles arranha-céus nova-iorquinos. Embaixo, uma placa elegante, McGraw-Hill Company.

Décadas depois, o pedido estranho de Henrique fazia, enfim, todo sentido para ela, que no vídeo vinculava a lembrança daquele arranha-céu com a emoção e o orgulho que via em todos os cantos da editora.

— O pai nunca foi de muitas palavras, não é? Mas acho que ele estava dizendo onde é que ele queria que a gente chegasse... E a gente chegou!

Do rosto sorridente de Adriane o vídeo passava à figura grave, mas indisfarçavelmente feliz, de Henrique.

— E hoje eu tô me sentindo o cara!

Fez uma vírgula de silêncio, encarando a câmera, e arrematou:

— É como se eu, sem ser acadêmico, tivesse ganhado um Prêmio Nobel!

### Um sócio de peso

O arrojo que a Artmed demonstrou na disputa pelas operações brasileiras da McGraw-Hill só foi possível a partir de dois movimentos que a editora realizou sob o comando de Celso e o envolvimento direto do diretor executivo Renato Veisman e do advogado George Lippert. O ingresso do fundo de capital de risco CRP, de Porto Alegre, não significou um aporte expressivo de capital, mas trouxe apoio à estruturação de um sistema de governança corporativa. É uma etapa crucial para o sucesso da profissionalização de uma empresa familiar. Mais do que isso, é o lastro a partir do qual um investidor se sente confiante para colocar seu dinheiro no negócio. E em 2009, justamente no ano em que está na disputa com a Guanabara e com a Saraiva pela McGraw-Hill, a Artmed tem a chance de atrair uma noiva cobiçada, o Banco Nacional de Desenvolvimento Econômico e Social (BNDES).

Henrique não era um entusiasta deste processo. Desde que viu agiotas rondando a casa de seu pai, na Curitiba dos anos 50, passou a nutrir repulsa por tomar empréstimos, e bancos brasileiros praticam juros que, ante padrões internacionais, são como que agiotagem institucionalizada. Queria distância de bancos.

— Mas não se trata de financiamento, e sim de participação do BNDES no capital da empresa, ponderava Celso. "O BNDES é um sócio institucional importante."

Henrique não deglutia muito bem esta história. Se ele havia se desentendido com um sócio por quem tinha tanta estima e consideração, como Henrique Hecht, como iria embarcar de novo numa sociedade?

Ok, aceitava, porque Celso queria, Renato concordava, George garantia que estava examinando a papelada com lupa.

Apesar da contrariedade, Henrique sabia que a obstinação de Celso para atrair o BNDES como sócio tinha fundamentos, como tudo que o filho se metia a fazer.

Em 2009, o governo brasileiro estava em pleno andamento com sua política de abrir as torneiras do BNDES para constituir os campeões nacionais, como são chamadas aquelas empresas que têm vocação para assumir outras de menor porte em seu setor, ou que, embora graúdas, estejam com dificuldades para competir.

Na visão de Celso, a Artmed tinha tudo para ser uma consolidadora do mercado editorial brasileiro, engolindo empresas que não tinham escala para brigar no mercado ou apresentavam dificuldades de gestão, causadas por falta de capital, defasagem tecnológica ou com problemas de sucessão. Ele havia dado uma entrevista à imprensa do centro do país dizendo que os negócios da editora da família vinham crescendo a uma taxa de 25% ao ano, em média, nos últimos dez anos. Como o quadro geral do faturamento de praticamente todas as editoras era de declínio, estagnação ou crescimentos bem inferiores a este patamar, o discurso de Celso apontava para um progressivo ganho de mercado por parte de sua editora.

Em suma, a Artmed se apresenta ao BNDES como uma candidata ao elenco das campeãs nacionais, correndo na raia do segmento editorial.

O BNDESPar, braço de participações do BNDES, analisa os números, checa os processos de governança e dá sua chancela às pretensões da Artmed, tornando-se sócio com uma participação de 10%. O CRP adquire 2,5%.

Com o dinheiro que entra, e o respaldo de um sócio com o peso institucional do BNDES, a Artmed reforçou seu cacife diante da McGraw-Hill.

Henrique não está seguro, mas abre alas[108] para Celso passar. A sucessão, ele provava mais uma vez, era para valer.

### Vende-se conhecimento

Henrique tem predileção pelo *slogan* que atravessara mais de duas décadas, "Livros para uma melhor qualidade de vida". Mas, diante da expansão do catálogo para outras áreas do conhecimento além da saúde, e da afirmação do meio eletrônico como plataforma para venda de conteúdos, o cerco está se fechando sobre o enunciado que a editora escolheu ainda nos anos 90. Uma agência de comunicação é contratada para trabalhar com a *designer* da casa, Paola Manica, naquele momento escalada para cumprir funções no *marketing*. O processo corre ao longo de 2009, e Henrique acompanha a distância.

Na reunião de apresentação do novo *slogan*, Henrique parece mais calado que o normal, especialmente quando escuta uma afirmação verdadeira, sim, mas doída.

— Não podemos ficar falando em livro, livro, livro... O *slogan* atual só fala em livro.

Pensou no dia em que bolou aquele *slogan*, e o quanto ele foi importante para situar com clareza a missão da empresa, *Livros para uma melhor qualidade de vida*. Mas não iria sucumbir

---

**108** O advogado George Lippert deu atenção aos receios de Henrique, e recolheu uma impressão sobre a postura do fundador: "Ele teve grandeza".

à nostalgia, a inovação devia ser acolhida, os tempos eram outros, de fato. Só queria que a essência da editora se mantivesse, e que o novo *slogan* a traduzisse bem.

Ao redor de Henrique, receava-se que fosse difícil para ele, um homem do livro, assimilar o novo lema. Adriane e Celso tinham certa preocupação. Será que ele se emocionaria demais? Mas ao final, quando viu e ouviu o novo *slogan*, "Respeito pelo conhecimento", o rosto se iluminou, e os olhos ficaram vermelhos. *Na mosca, conseguimos*, interpretou Paola. À saída, Celso, que gostava de mexer com o pai quando o via revirado em seus sentimentos, dirigiu-se a ele sorrindo, para deixá-lo mais um pouquinho embaraçado.

— Que é isso, pai?

Henrique se enrosca ainda mais, todos aqueles olhares juntos parecem holofotes. Desvia o olhar, tímido, e em resposta apenas encolhe os ombros, como a dizer que não tem palavras, ou então que elas trancaram na garganta.

Ele havia gostado, sem dúvida. E na apresentação que escreveu para a segunda edição do *Manual Artmed de publicação*, em 2009, justificou a mudança de *slogan* com o argumento de que a Artmed estava "apta e aberta a publicar em todas as áreas do conhecimento, em qualquer suporte hoje possível, em papel ou em mídia virtual". O que também agradava Henrique em "Respeito pelo conhecimento" era o fato de expressar uma devoção da empresa não só à qualidade do conteúdo como ao relacionamento "com todos os nossos públicos: autores, colaboradores, fornecedores, canais de vendas e leitores".

Mas a vida se tornava dinâmica, fluida, na editora. Parecia que tudo se reinventava a todo instante.

Apenas dois anos depois, em 2011, uma nova agência foi chamada para discutir não só um lema, mas o nome da empresa e toda a arquitetura de marcas e selos editoriais.

No novo conceito de empresa, Artmed passa a ser o selo vinculado a obras médicas, alinhando-se horizontalmente a outras marcas, como Bookman e Penso — o novo selo dedicado às ciências humanas, especialmente Educação. O nome da organização passa a ser Grupo A, e o modo pelo qual se apresenta ao mercado já não será o de uma editora, mas o de uma empresa de educação que irá se valer de todas as plataformas e formatos para disseminar conhecimento.

Ganhou trânsito na área do *marketing* a leitura de que "Respeito pelo conhecimento" era um *slogan* cheio de classe e nobreza, mas um tanto quanto estático para os tempos tsunâmicos que estavam chegando, com a disrupção digital redefinindo todos os modelos de negócios, inclusive alguns que já se valiam de plataforma eletrônica. "Nossa leitura foi de que *Respeito pelo conhecimento* era um conceito muito passivo, que não entregava nada. Era mais uma postura, tão-somente", lembra Paola.

A nova formulação passava a ser "Conhecimento que transforma".

Desta vez, porém, Henrique ficou balançado, dividido, com a mudança. Gostava do novo *slogan*, que era de fato mais vendedor, mas tinha uma admiração especial pelo enunciado que estava sendo alvo de bombardeios na reunião. Podia até ser, como diziam, estático, passivo, o que fosse, mas transmitia um valor da empresa desde sempre, o respeito pelo conhecimento.

Salomônico, deu passagem à mudança, mas registrou seu modo muito pessoal de ver o que é e como deve se comportar a editora que fundou. Na última frase do texto de apresentação do *Manual Grupo A de publicação*,[109] marcou posição:

— É com grande satisfação que os convido a conhecer e fazer parte do Grupo A, uma empresa em que se transpira respeito pelo conhecimento e se produz conhecimento que transforma.

---

**109** Henrique explica a mudança de nome e de arquitetura de marcas dessa forma, na abertura do texto de apresentação: "O Grupo Artmed cresceu e agora é o Grupo A, uma organização que engloba várias editoras e diversas plataformas de distribuição de informação técnica, científica e profissional. Uma corporação que administra múltiplas marcas e que atua em todas as áreas do conhecimento, entregando este conhecimento onde, quando e como for necessário, e que, além dos selos Artmed, Bookman, Artes Médicas e McGraw-Hill, agora tem um selo exclusivo para as ciências humanas, a Penso Editora, que gradativamente irá absorver a produção na área de humanas e receberá ainda as novas linhas de produção do grupo, como filosofia, comunicação, história, entre outras que logo virão".

## O segundo presente

Com os recursos do BNDES, Celso foi às compras e esteve muito perto de arrematar a Santos, especializada em livros de odontologia, mas na última hora um bote certeiro da Guanabara arrematou a editora. A frustração o fez olhar com mais atenção para um negócio em que vinha pensando desde 1997, quando restabeleceu o diálogo com a família de Henrique Hecht, o fundador da Editora Artes Médicas, de São Paulo.

Na ocasião, depois de pacificar as relações entre as empresas, Celso celebrou com os irmãos Jacob e Milton Hecht, em 2008, um acordo de compartilhamento de canais de distribuição que tinha o mérito de, aos poucos, lubrificar a engrenagem entre a Artes Médicas e a Artmed. E foi, de fato, o que aconteceu, em um ritmo que só não foi mais acelerado porque, entrementes, surgira o telefonema do vice-presidente da McGraw-Hill na América Latina, mudando o rumo dos Kiperman.

Encerrado o episódio da negociação com os norte-americanos, em 2010 Celso abriu com os Hecht negociações objetivas visando a uma fusão com a Artes Médicas, que havia enfrentado reveses[110] de sucessão a partir da enfermidade de seu fundador e não tinha passado por um processo de profissionalização de seus métodos de gestão e controle.

Em princípio, a incorporação da Artes Médicas se revelava um negócio que complementaria a atuação da Artmed.

Enquanto Henrique Kiperman robusteceu sua editora com o lançamento de autores estrangeiros, que compunham cerca de 80% de seus catálogos, Henrique Hecht havia seguido o caminho inverso, publicando exclusivamente obras escritas no Brasil.

A Artes Médicas vinha fazendo uma aposta em livros de odontologia, segmento pouco representado nos catálogos da Artmed. E se apresentava ao mercado como a editora brasileira que reunia os principais títulos desta área, na qual o Brasil era a

---

110 Ver tópico "Restabelecendo o diálogo" (pág. 214).

principal referência mundial e um exportador de conhecimento. Seu diretor, Milton Hecht, afirmava à imprensa de São Paulo, na época, que a Artes Médicas detinha um catálogo de 100 obras de odontologia, 40 delas comercializadas na Rússia, na Itália e no Japão. Somadas aos livros de odontólogos brasileiros vertidos para inglês e espanhol, Milton contabilizava mais de 100 mil exemplares vendidos pela Artes Médicas no exterior.

Para uma editora como a Artmed, interessada em se internacionalizar a partir do conhecimento médico brasileiro, esta característica da Artes Médicas poderia significar uma queima de etapas. Adquirindo *expertise* em odontologia, a editora de Porto Alegre se credenciava a exportar conteúdo em uma especialidade na qual o mundo presta reverência ao Brasil.

O caminho para a incorporação da empresa fundada pelo antigo sócio paulista de Henrique Kiperman estava aberto, e Celso, com o aval do pai, decidiu avançar.

Afinal, além de todas as razões objetivas, a Artmed precisava mostrar ímpeto ao BNDES, relacionada que fora entre os candidatos a "campeões nacionais" — empresas brasileiras que, mediante aquisições, se tornariam líderes em seus segmentos, com bandeira verde-amarela a tremular na fachada. Depois que a Artmed assumiu a operação brasileira da McGraw-Hill, o grupo ficou sob os holofotes da imprensa de negócios, e a cada entrevista Celso dava a entender que o antigo sobrado da Jerônimo de Ornelas, agora um prédio de cinco andares, estava com bala na agulha.[111]

Na soma de recursos próprios com o dinheiro colocado na empresa pelo BNDES e CRP Cia. de Participações, a Artmed anunciava a disposição de investir R$ 55 milhões em compra e associação com outras empresas no período 2010-2015.

---

111 A meta divulgada pela Artmed era a de atingir em 2010 um faturamento de R$ 100 milhões, o que equivaleria a um crescimento de 37% sobre as receitas que tivera em 2009. Neste ritmo, acreditava que engordaria de 15% para 20% sua fatia no mercado de publicações científicas, técnicas e profissionais, que em 2010 iria movimentar, no Brasil, cerca de R$ 500 milhões — um terço de tudo o que fatura o meio editorial como um todo.

Também sob o ponto de vista desta diretriz, a aliança com a Artes Médicas teria de acontecer.

O problema, para Celso, estava dentro de casa. Em uma empresa com práticas de governança corporativa estruturadas, como era o caso da Artmed, o dono não pode fazer o que quer e como quer, sem dar satisfações. Afinal, há dinheiro de acionistas minoritários investido no negócio, e eles fazem perguntas à exaustão. Henrique, avesso a sócios, se impacientava.

— A gente explicava, explicava, e a moça que vinha lá do BNDES gastando um dinheirão em passagem e hospedagem continuava dizendo: "Mas eu não entendi bem... Vamos ver se eu entendi bem... Preciso entender melhor...". Que diabo estava acontecendo com ela que não entendia nada?, exasperava-se Henrique.

O processo de fusão com a Artes Médicas passou por este crivo técnico. Administrador rigoroso, Renato Veisman precisava se debruçar sobre minúcias e questões objetivas próprias de um processo de diligência que acompanha todo processo de fusão de empresas. Celso ia a São Paulo e voltava a Porto Alegre, ponderando razões e sentimentos.

Mas na balança dele, e também de Adriane, o que pesava mais era o conteúdo profundo daquela reaproximação na história do pai deles, um construtor de pontes.

O negócio foi fechado.

Quando viu Henrique dizendo, no vídeo sobre o negócio com a McGraw-Hill, que se sentia como quem é laureado com um Prêmio Nobel, Celso se convenceu de que aquela conquista fora um presente para seu pai.

A associação com a Artes Médicas não teria maior impacto nos negócios da empresa, mas possuía, no plano emocional, um significado expressivo para o pai.

Foi o segundo presente para ele, que fazia gosto de ver o nome Artes Médicas outra vez no cabide de marcas da empresa.

## Tempos loucos

A fusão com a Artes Médicas em 2010 dá ao grupo uma sede em São Paulo, onde Milton Hecht despacha como executivo.[112] As áreas de produção instaladas na sede, em Porto Alegre, vivem tempos loucos, em que as novidades se sucedem e novas frentes são abertas constantemente, tanto por razões próprias da empresa como pelo contexto de expansão do mercado. Afinal, a economia brasileira vive em 2010 um ano de crescimento febril. O Produto Interno Bruto se expande em 7,5%. É um crescimento de padrão chinês. E o QG da Rua Jerônimo de Ornelas vive dias de efervescência.

Com tempo maior de casa, as gerentes editoriais Arysinha Affonso e Letícia Bispo já tinham visto muita trepidação naquele endereço, desde os tempos do casarão que Henrique adquiriu da Editora Guanabara para fazer seu *bunker* editorial. Nada, entretanto, se parecia com aquele quase pandemônio de lançamentos que cabia a elas organizar, sob o comando de Adriane.

O contrato com a McGraw-Hill impunha um mínimo de 75 livros por ano — e se tratava de obras técnicas, científicas e profissionais, calhamaços de alto grau de exigência em precisão e pertinência técnica. Em qualquer livro, o erro é lamentável, como Henrique sempre deixou muito claro. Mas em uma obra de medicina, ou engenharia, o preço de uma falha pode ser medido em vidas.

Além de sobrecarregada, a área de produção dirigida por Adriane tinha de comandar uma nova estrutura que passava a funcionar na sede de São Paulo. Há uma caça desenfreada a todo tipo de profissionais para dar conta de tudo — tradutores, revisores técnicos, gente de produção de textos, de editoração, capistas. Tudo fica mais complicado porque, havendo uma filial

---

**112** Em 2013, deixaria a função de executivo para integrar o Conselho de Administração do Grupo A. O irmão mais velho de Milton, Jacob Hecht, que também havia sido absorvido na nova estrutura, é falecido.

produzindo em São Paulo, é preciso trabalhar com profissionais contratados e gerenciados a mil quilômetros de Porto Alegre.

— Como é que estão as coisas, Arysinha?

— Uma loucura, Seu Henrique.

— Mas vocês dão conta...

— Duro é achar gente lá e gerenciar a distância. Principalmente passar a cultura da casa, o nosso jeito de pensar e de fazer as coisas, eles lá e nós aqui...

Se Celso abre frentes, Adriane atua na retaguarda, assumindo o papel de gerenciar equipes distribuídas em Porto Alegre, Rio e São Paulo e, em dobradinha com Renato, implementando processos novos na área de produção editorial. Sistemas e *software* são incorporados para dar mais ritmo e precisão às operações e à gestão de operações. Os controles de prazos e orçamentos precisam ser mais rígidos, assim como a gestão de estoques. Diante do volume crescente de obras a publicar, etapas críticas como traduções e revisões técnicas exigem um forte apoio de *software*.

A área comercial também enfrenta responsabilidades muito maiores após a operação de compra da McGraw-Hill, e parte para a realização de *road shows* em São Paulo. A ideia é reunir potenciais compradores, principalmente as grandes livrarias, como Saraiva e Cultura, para que os editores pudessem explicar, em um café da manhã, quais os lançamentos que estão a caminho, apresentar os argumentos de vendas, mostrar os diferenciais frente às obras concorrentes — e, na mão inversa, ouvir o mercado para calibrar melhor as próximas apostas editoriais, reduzindo tanto quanto possível a margem de erro.

A empresa tem uma bipolaridade: um hemisfério tem alma de papel. O outro, alma digital.

Se duas almas podem habitar o mesmo corpo, eis o que Henrique e Adriane precisarão desvendar, com suas equipes. Se tiverem tempo para pensar, porque nas duas frentes o ritmo de trabalho é avassalador.

No hemisfério comandado por Celso, o Digital, uma coisa leva a outra, e vice-versa.

Depois de fincar a bandeira na McGraw-Hill brasileira, ele chegou à Blackboard, plataforma digital para desenvolvimento de ensino a distância com sede nos Estados Unidos. Em junho de 2011, o Grupo A se tornou representante da Blackboard no Brasil, assumindo o fornecimento de *software* para dezenas de faculdades do país.[113]

Poucos meses depois do acordo com a Blackboard, em 2011, o Grupo A anunciou a compra da GSI Online, uma *startup* de educação a distância que fora desenvolvida na incubadora empresarial da Universidade Federal de Santa Maria (UFSM) com o propósito de fornecer cursos de capacitação e treinamento para empresas. No pacote da GSI, Celso traz o executivo Bruno Weiblen para desenvolver uma linha de negócios nesta perspectiva, e dá a ele, como primeira missão, garimpar na casa livros que podem ter sucesso no formato de *e-book* e pensar em como desenvolver e vender educação a distância para o mercado corporativo.

O modo como a GSI e o próprio Weiblen foram parar dentro do Grupo A diz muito sobre o estilo intuitivo de fazer negócios do sucessor de Henrique.

Weiblen lecionava Administração na UFSM enquanto preparava seu mestrado em Estratégia. Adepto das ideias de Henry Mintzberg, soube que o autor de *Safári de estratégia* estava prestes a licenciar, para o Brasil, seu programa de desenvolvimento de lideranças intitulado "Coaching Ourselves". Como tinha a convicção de que a produção acadêmica de Mintzberg daria um ótimo caldo para desenvolver programas de educação a distância, especialidade da empresa onde trabalhava, a GSI, Weiblen tomou o rumo de Porto Alegre para falar com a editora

**113** Faap, Ibmec, Insper, Unip, Dom Cabral e Pitágoras estão no rol de clientes. Com atuação em mais de 90 países, a Blackboard reportava o fornecimento de *software* de ensino a distância para 72% das 200 maiores universidades do mundo.

que detinha os direitos sobre a publicação dos conteúdos do canadense no Brasil.

O encontro com Celso produziu faíscas, porque ali estavam dois seguidores de Mintzberg. Celso não só havia publicado a bibliografia de Mintzberg[114] pela Bookman como lera seus livros e colocava em prática muitos aspectos de sua teoria. A quem o visse, por vezes, como um líder que enlouquecia a todos com sua falta de disciplina para seguir fielmente o caderno bonito que alguém montou com o título de "Planejamento Estratégico", Celso sacava do coldre o seu Mintzberg preferido, cano longo:

— Estratégias emergentes, isso é o que conta. A cada avanço, a gente descobre oportunidades que no início não enxergava. Planejamento estratégico de longo prazo engessa.

Ante um olhar cético, enumerava com os dedos pelo menos cinco etapas que aconteceram de forma encadeada, mas não necessariamente planejada:

— Fizemos a Bookman, a Artmed Panamericana... Então fizemos a parceria com a McGraw-Hill. E a McGraw nos levou à Blackboard. E assim a gente foi e continua avançando.

Celso contratou Bruno Weiblen para ministrar a cada 15 dias, durante um ano, o programa de desenvolvimento de lideranças baseado em Mintzberg. Ao final, comprou a GSI com o santa-mariense no pacote, deu a ele um crachá de gerente de Novos Negócios e o despachou para fazer negócios — o hereditário "toca ficha", que Henrique inculcou em sua cabeça.

Com esta filosofia de negócios por indução, o grupo lançou em 2016 um sistema de ensino universitário que une conteúdo pedagógico e métodos de aprendizagem embarcados em tecnologia robusta, viabilizando a criação de cursos a distância. Tudo se concentra em um só sistema, o Sagah, em utilização por mais de 100 mil alunos.

---

**114** Além da obra já citada *Safári de estratégia* (2000), a Bookman publicou *Ascensão e queda do planejamento estratégico* (2004), *O processo da estratégia* (2006), *MBA? Não, obrigado! Uma visão crítica sobre a gestão e o desenvolvimento de gerentes* (2006), *Managing: desvendando o dia a dia da gestão* (2010), e *Management não é o que você pensa* (2011), *Mangaging essencial* (2014) e *Renovação radical* (2016).

Nos prédios gêmeos plantados sobre o que um dia foi o velho sobrado, os negócios estavam em erupção.

**Henrique compra um I-Phone**

De sua sala, no quinto andar, e no trajeto do corredor rumo aos elevadores, ou à sala de Celso, Henrique acompanhava todo o frenesi da editora, um olho no hemisfério de papel, que lhe era muito familiar, um olho no hemisfério digital, onde não conseguia firmar bem os pés. Mas ele se consolava ao ler os jornais e perceber o aturdimento geral em todos os segmentos empresariais e muito particularmente das editoras.

Socorria-se de Bruno Weiblen quando ficava em apuros tecnológicos:

— Bruno, hoje vou dar uma entrevista e talvez eu tenha que explicar essas tecnologias que nós estamos usando.

— Comprei esse aparelho aqui pra entrar um pouco mais nesse mundo de vocês. Mas nem sei como configurar isso direito.

— Me explica um pouco mais, por favor, como vai funcionar o negócio de educação a distância e a relação com os nossos autores.

O gerente de Novos Negócios[115] se admirava do fato de que as muitas perguntas de Henrique eram sempre para saber mais, ou compreender melhor, nunca para colocar em dúvida o sucesso dos produtos e dos processos digitais. Ele firmaria o entendimento de que a passagem de bastão mais extraordinariamente natural que Henrique fez não foi a de pai para filho, embora seja pouquíssimo usual que um sucessor tenha as portas franqueadas como Celso teve e, na área de Conteúdo, Adriane teria também. "A passagem de bastão para o digital foi algo que ele fez de um modo tão sereno que sempre me impressionou", diz Bruno.

115 Em 2018, diretor comercial.

Uma dificuldade que ele tinha ao receber visitas era abrir os folhetos e publicações que esparramavam ante seus olhos uma chuva de marcas. Eram os selos editoriais — Bookman, Penso, Artmed, entrelaçados com as "verticais de negócios", como o sistema Sagah de ensino, e sobressaíam a Panamericana, a McGraw-Hill, a norte-americana Blackboard. Se a visita desandasse a fazer perguntas, iria se ver mal, principalmente por não ser de falar pelos cotovelos. Pelos cotovelos, escutava.

Assim como um editor sofre pelos erros que seus livros trazem, e aplaca suas culpas vendo erros nos livros dos outros, Henrique se curava da ansiedade por não desvendar o universo digital quando recebia notícias como as que ouviu de Paola Manica, a *designer* de mais de 400 capas na editora que teve uma passagem pela área de *Marketing* do Grupo A. Paola voltava de um congresso em São Paulo que discutiu o impacto do meio digital sobre os negócios da cadeia editorial e gráfica. O tema central dos debates era o livro digital.

Pelo que havia sido combinado, Paola deveria fazer uma apresentação de tudo o que ouvira de mais relevante no Congresso para disseminar entre as áreas. Era uma conversa com os times operacionais. Mas eis que, inesperadamente, a porta do fundo da sala se abre e, com toda discrição, entra Henrique. Muitos nem perceberam, porque ele se serviu de uma cadeira junto à porta de saída, o que fazia supor a intenção de sair à francesa — por questão de agenda ou, temeu Paola, por achar a apresentação tediosa.

Paola estava na introdução, e registrava que tinha sido "superinteressante" acompanhar o congresso e participar das discussões porque todos os elos do *trade* estavam presentes.

Se quisesse resumir a ópera, Paola poderia ter dito que a conclusão geral, que todos subscreveriam sem pestanejar, seria algo como "Não me siga; eu também estou perdido".

Mas ela teceu com habilidade todas as premissas e hipóteses que surgiram, os cenários possíveis e principalmente quais eram as aflições que passavam pela cabeça de empresários, executivos e gestores.

Seu medidor de sucesso era o tempo que Henrique permaneceria sentado, junto à porta, sem deslizar para fora da sala.

Ao fim de todas as ponderações, fechou o relato de um modo preciso:

— A realidade é que o congresso estava uma, vamos dizer assim, confusão. As editoras, as gráficas, o varejo, todos tentando se entender... As gráficas tentando saber se iam morrer ou não... Muitas perguntas, poucas certezas.

Quando encerrou, viu que Henrique continuava sentado, e ficou feliz. A sala estava cheia e demorou um pouco a esvaziar. Henrique vinha falar com ela.

— O que vai ser de nós, agora, Paola?

No rosto de Henrique não havia tensão. A pergunta parecia, mais, uma provocação, dado que os negócios digitais iam de vento em popa e até já demonstravam um potencial de geração de negócios capaz de cobrir eventuais dificuldades do mercado editorial.

— O que vai ser de nós, Seu Henrique...? Vamos continuar trabalhando, valorizando as nossas marcas, os nossos autores... Não vamos entregar as armas, não é?

Ele sorriu.

# IV
# Plenitude

## As quatro faces do futuro

Mesmo depois de todas as homenagens que recebeu ao completar 70 anos, em 2008, Henrique se recusava a personificar o passado.

Gostava, naturalmente, dos reconhecimentos por ter fundado e liderado uma grande empresa. E se orgulhava, sobretudo, do caminho longo e cheio de peripécias que ele percorrera para chegar até ali.

Rememorava com prazer cada etapa, cada passo.

Nos anos 50, ainda um rapazote imberbe, descobrira as artimanhas da venda de medicamentos pelos grotões do Paraná. Pulou fora quando se deu conta de algumas práticas de agentes do setor, como venda de amostras grátis e, até, o uso de medicamentos de venda proibida como moeda de troca em bordéis.

Nunca negou que a experiência de desbravar o interior paranaense lhe seria muito útil a partir da primeira metade dos anos 60, quando, apesar da pouca idade, despontou como um dos principais vendedores da Editora Guanabara em Curitiba.

Trazia bem viva a memória de tudo o que se sucedeu a partir de 1964, o ano em que conheceu Leda. Trocou Curitiba por Porto Alegre, mas em essência continuou o mesmo: um vendedor de livros, que palmilhava o interior gaúcho com o porta-malas carregado de livros.

Foi nesse período, entre 1965 e 1973, que ele começou a forjar outro nome. Era o "Henrique da Artes Médicas", o sujeito que trazia os grandes lançamentos no campo da medicina e os expunha em "armários", como eram chamadas as pequenas vitrines que ele mantinha em hospitais e universidades de Porto Alegre e do interior.

Os progressos vieram aos poucos. Inicialmente, alugou uma pequena sala na esquina das avenidas Otávio Rocha e Senhor dos Passos para ter um depósito de livros, basicamente.

Depois, em um movimento sutil mas carregado de senso estratégico, montou um modesto escritório na Rua Professor Annes Dias, bem perto da Santa Casa de Misericórdia de Porto Alegre.

Então, em 1973, a primeiro grande tacada: comprou duas garagens bem perto dali, na Rua General Vitorino. Na parte de cima, colocou o escritório. Na parte de baixo, a livraria, seu primeiro ponto comercial. Autoestima nas alturas. De vendedor de livros passava a ser um livreiro.

Deleitava-se contemplando aquela primeira loja, o movimento dos funcionários a atender a clientela, tudo indicando, para o olhar admirado de Leda e das crianças, que Henrique Leão Kiperman se tornava, enfim, um empresário. O primeiro logotipo da Livraria Artes Médicas, um leãozinho de jaleco, não deixava dúvida. Aquela juba do rei da selva dizia muito sobre como Henrique se via.

Na época, parecia que nada mais importante poderia lhe acontecer. Engano.

Em 1979, a Artes Médicas Sul publicaria o seu primeiro livro, *Perspectivas da relação médico-paciente*, de Cyro Martins e colaboradores.

Henrique, o ex-vendedor de livros que festejara sua condição de livreiro, chegava então ao ponto mais alto da montanha que decidira escalar.

Passava a ser um editor.

Todas essas reminiscências lhe embargariam a voz na homenagem que recebeu pelos 70 anos de idade. Emocionava-se com situações tremendas que enfrentou. Muitas só ele e Leda sabiam como tinham sido superadas.

Mas não queria ficar olhando para trás. Preferia encarar o futuro. E cada vez mais o futuro tinha o rosto de seus quatro netos.

Rodrigo, Fernando, Júlia e Débora eram pequenos,[116] mas ocupavam um espaço descomunal nos pensamentos dele.

Compartilhava com Leda a preocupação de despertar neles a consciência do judaísmo. Não pelo prisma da religião, porque nem ele, nem Leda, eram religiosos. Tampouco Celso e Adriane. Quem o visse tão envolvido com as atividades da sinagoga poderia pensar que fosse um devoto fervoroso, mas o que movia Henrique era um compromisso com a cultura e com as tradições judaicas,[117] e os princípios que se transportaram ao longo da história de pais para filhos, de filhos para netos, de geração em geração.

O judaísmo, entendia Henrique, seria uma ponte para manter os netos tão unidos quanto Celso e Adriane sempre foram. Mas era preciso ser cuidadoso nesta construção. Rodrigo e Débora, filhos de Adriane, faziam da casa dos avós uma extensão da sua. Dormiam ali praticamente uma vez por semana, faziam guerra de travesseiros com Henrique, ouviam historinhas que os avós contavam para que pegassem no sono. Fernando e Júlia, filhos de Celso, não moravam tão perto dos avós paternos. Não estavam tão disponíveis para a corujice de Henrique e Leda, que os visitavam sempre que possível, com o cuidado de não invadir o espaço de Marília, a mãe das crianças.

---

**116** Rodrigo (1999) e Débora (2004) são filhos de Adriane. Fernando (1999) e Júlia (2002) são filhos de Celso.

**117** Ver tópico "Tsedaká e um judaísmo sem muros" (pág. 171).

Havia uma forma de aplainar e nivelar estas diferenças de convívio, pensou Henrique.

Uma, não. Duas.

Duas viagens a Israel, o lugar que não lhe saía da cabeça à medida que os anos avançavam e presente e passado começavam a se confundir de forma tão perfeita quanto a linha do mar e a do horizonte.

A primeira foi em 2009.

Levaram apenas os meninos, que estavam com dez anos de idade. Celso e Adriane não foram. Nem Júlia, nem Débora.

Aqueles dez dias em que ele e Leda percorreram Israel com Rodrigo e Fernando mereceram uma anotação especial de Henrique.

*Fomos diretamente a Jerusalém.*

*Primeira parada, Monte das Oliveiras. Pôr do sol em Jerusalém. Jerusalém de ouro.*

*Poucos, muito poucos, tiveram a oportunidade de fazer esta viagem maravilhosa, e proporcionar aos netos este tipo de contato com Israel.*

*O nosso guia, que era cidadão do mundo, nasceu na Holanda. Os pais imigraram para a Argentina, depois Londres e, por fim, Israel.*

*Ele proferiu uma prece para a saúde dos meninos e pelo bem-estar em Israel. O guia disse a eles que desfrutassem daqueles momentos que poucos podiam usufruir.*

*O guia conquistou o Rodrigo e o Fernando com histórias de Israel, visto que ele tinha sido comandante de um esquadrão de tanques. Ele contava histórias de conquistas em campos de batalha. Depois, levou os meninos para um museu de tanques, e explicou modelo por modelo, capacidade de ação...*

*Em resumo, foi maravilhoso.*

*Visitamos toda Israel.*

*Eles só andavam de Kipá (solidéu).*

*No oitavo dia de nossa estada em Israel, estávamos hospedados em frente ao prédio que é a sede de YMCA, e que* é belíssimo. *Eu propus que fossemos almoçar lá, que era super-recomendado.*

*Eles se recusaram, porque era cristão.*

Henrique e Leda já haviam visitado Israel por duas vezes, e traçaram um roteiro cultural e histórico para os garotos, incluindo diversões como o inevitável passeio de camelo — que só Fernando quis fazer. Eles ficaram impressionados com a desenvoltura do avô, que sabia aonde ir, o que fazer, como chegar, e quando não sabia perguntava daqui e dali até descobrir. Ficaram com a impressão de que tudo havia sido muito planejado para ser uma experiência inesquecível. E estavam certos.

Só não sabiam de todo o plano.

Tudo se completaria três anos depois, em 2012. Incentivados pelo avô, Rodrigo e Fernando fariam uma segunda viagem a Israel. Mas, desta vez, Júlia e Débora também iriam, assim como os pais. Três gerações dos Kiperman peregrinando juntos por Israel ao longo de quase duas semanas. Este era o plano — ou a culminância do plano traçado em 2009, na viagem dos meninos com os avós.

A partir do momento em que colocaram os pés em Israel, os netos de Henrique ingressaram em um turbilhão de experiências que não parecia ter saído da mente tranquila e discreta do avô.

O ponto alto foi Jerusalém, no Muro das Lamentações, onde um rabino oficiou o *bar mitzvah*[118] de Rodrigo e Fernando. Fazer a celebração no Kotel, o lugar mais sagrado para o povo judeu, havia sido uma decisão dos garotos.

A atmosfera de um lugar carregado de simbolismo atuou fortemente sobre todos e, particularmente, sobre os rapazes. Mesmo sendo um jovem de interesse mais intelectual do que religioso a respeito do judaísmo, no que aliás se parecia com

---

**118** Cerimônia a partir do qual os garotos que completam 13 anos se tornam responsáveis por seus atos, perante a lei judaica.

o avô, Rodrigo se sentiu tocado por algo mais profundo do que simplesmente curiosidade histórica. "Aquilo foi demais, mexeu comigo", admitiu Rodrigo, que se proclama ateu e racionalista.

Com seu primo Fernando, deu-se algo ainda mais transformador. Até então, a relação do primogênito de Celso com as origens de seu pai era um tanto distante. Nem mesmo havia estudado em escola judaica, assim como sua irmã, Júlia, desde os dois anos de idade matriculada na Pan American, escola bilíngue de Porto Alegre. Por este distanciamento, era em Fernando que Henrique e Leda pensaram de modo muito especial quando se acumpliciaram para tramar aquela jornada de 40 graus por Israel.

Quando chegou o momento da cerimônia em que Fernando devia ler a sua *parashá*,[119] trecho em hebraico da *Torá*, o livro referencial do judaísmo, Henrique e a família toda se emocionaram. Fernando estava concentrado e envolvido com aquele rito de um modo que não deixou dúvidas sobre o quanto se preparara para assumir toda a bagagem histórica do sobrenome Kiperman.

Henrique se encharcou de lembranças — Abrahão e Ana no navio, as notícias do extermínio de seus patrícios na Polônia, tudo se misturando naquela profissão de fé de Fernando e Rodrigo em pleno Muro das Lamentações.

Suor e lágrimas lhe salgavam a face.

Adriane olhou para ele e se impressionou. O pai parecia estar a cinco centímetros do chão.

Tão emotivo quanto Henrique, Celso não se segurou. Nem Débora, a caçula de riso e choro fáceis.

Até mesmo a ala das mulheres duronas da família — Leda, Adriane e a pequena Júlia — acabaria cedendo à energia daquele lugar. Tantas famílias celebrando juntas no Muro das Lamentações, o som das rezas evidenciando a diversidade do hebraico e do judaísmo conforme o lugar do mundo de onde provinham, e no meio de tudo a voz em árabe a chamar os

---

**119** *Parashá* corresponde a uma porção semanal da *Torá*. Portanto, há 54 parashás, uma para cada semana do calendário judaico. Na cerimônia, o garoto deve ler, em hebraico, a *parashá* que se refere àquela semana em que está fazendo o seu o *bar mitzvah*.

muçulmanos para rezar na principal mesquita do lugar, bem próxima da Igreja do Santo Sepulcro, de onde os sinos badalam para atrair os fiéis...

Uma confusão multicultural, e no entanto tudo aquilo ligando pessoas a uma fé em algo que está dentro de cada um e acima de todos.

Uma catarse.

O coração de Henrique resistiu bem à maratona daqueles dias. A *van* dos Kiperman rodou sem trégua. Estiveram no Museu do Holocausto, um complexo de 18 hectares ao pé do Monte da Recordação que abriga diferentes memoriais, espaço de artes, sinagoga, biblioteca, editora e um centro de estudos sobre a perseguição aos judeus. Estiveram na Jordânia, fizeram passeio de burro, Henrique exasperado com o calor, mas achando graça de ver Leda, os filhos e os netos compartilhando travessuras.

Visitaram Massada, um planalto de difícil acesso situado a pouco mais de dois quilômetros do Mar Morto e que se eleva a 500 metros acima do nível do oceano. Foi onde Herodes construiu, no meio do deserto, uma fortaleza para resistir aos romanos, e que foi palco do suicídio coletivo de judeus que não se deixaram capturar. Foram às colinas de Golan, na fronteira com a Síria — um território que Israel ocupou em 1967 quando venceu a Guerra dos Seis Dias.[120] Viram *bunkers*, minas terrestres e outras atrações que interessaram de modo especial a Rodrigo, curioso sobre guerras e confrontos geopolíticos.

No retorno ao Brasil, Henrique demorou para recolocar a cabeça em assuntos mundanos, negócios, *et cetera*. Ainda remoía lembranças de tudo o que vivera com a família. A poeira do deserto parecia estar nos seus sapatos.

---

**120** O conflito teve início em junho de 1967, quando uma coalizão de países árabes atacou Israel, em protesto contra a decisão da ONU que criara o Estado Israelense e a ele destinara uma porção do território palestino. O rápido desfecho em favor de Israel, que teve o apoio norte-americano, fez o confronto ficar conhecido como a "Guerra dos Seis Dias".

Nas conversas com Leda, revivia tudo. Não voltaram iguais. Ainda sentia Júlia e Fernando, Débora e Rodrigo, Celso e Adriane, todos ali, junto dele e de Leda.

Desejou, quase como em uma oração distraída, que aquela *van* cheia de Kipermans unidos e em paz com a vida continuasse a cruzar o futuro.

Mas tudo tinha um tempo. Ele tinha um tempo.

Só não tinha pressa para desembarcar.

*Espero estar aqui na Terra para assistir o sucesso de meus netos e dos seus casamentos.*

### Não era marola

Pouco depois daquela expedição pelo simbólico e pelo sublime, Henrique se viu arremessado às asperezas da realidade.

Em 2014, a economia brasileira travou. O Produto Interno Bruto teve crescimento zero. Era o prenúncio da grande recessão que viria em 2015 e 2016, período em que a economia do país encolheu mais de 8%, derrubando mercados, ceifando milhões de empregos e conduzindo empresas tradicionais às portas da falência.

No plano econômico, formava-se um maremoto — a despeito da previsão que o governo brasileiro fizera de que as dificuldades, se houvesse, não iriam além de uma simples marola.[121]

A freada súbita e generalizada dos negócios no país atingiu também a área editorial e de ensino, e o Grupo A foi apresentado a uma situação nova. Havia mais de dez anos que as receitas se expandiam em uma proporção próxima ou superior a 20% a cada virada de calendário. Anos de prosperidade haviam gerado um caixa robusto, e acostumado a companhia a gerenciar a abundância, não a escassez.

---

**121** Em 2008, o então presidente Luiz Inácio Lula da Silva declarou que o Brasil estava imune à crise financeira global que eclodia a partir dos Estados Unidos. "Lá (nos Estados Unidos) ela é um *tsunami*; aqui, se ela chegar, vai chegar uma marolinha que não dá nem para esquiar", brincou o presidente.

Havia uma circunstância especial para o grupo em 2014. Naquele ano, completavam-se cinco anos da operação pela qual o BNDES se tornara sócio do Grupo A, adquirindo uma participação de 10% do capital. O dinheiro investido pelo Banco em 2009 foi usado em aquisições de empresas e, conforme estabelecido em contrato, em 2014 haveria o desinvestimento. Se o grupo A fosse vendido, 10% do valor iria para o banco. Caso contrário, o caixa da empresa teria de bancar a recompra da parte do BNDES no capital.

A hipótese de venda não passava pela cabeça de Henrique. Era homem de comprar, não de vender. Mas gostava de ver o olhar de cobiça de grandes companhias, comprazia-se de pensar no quanto conseguira construir a partir de uma mala de livros. Fazia bem ao ego receber o assédio de grandes grupos e, principalmente, fundos de investimento, ainda que fosse para fazer charme e dizer *não, obrigado*. Ou especular sobre até onde iriam em suas ofertas, o que era um modo de apurar que valor o mercado atribuía ao negócio construído sobre uma modesta casa de dois pisos na pacata Jerônimo de Ornelas.

A realidade, porém, era bem outra naqueles dias nublados de 2014. A dança do acasalamento cessara, e aquilo não havia de ser boa coisa. Era como trovoada a anunciar o mau humor dos investidores diante das azedas previsões para a economia brasileira nos anos que se seguiriam.

Tantos anos de crescimento contínuo o haviam desacostumado à intempérie. Era penoso abrir jornais e assistir o noticiário de televisão. Pessimismo demais, pensava ele, e um tanto de profecia autorrealizável: se todo mundo dá ouvidos ao catastrofismo e para de consumir e investir, então o pior dos cenários irá se materializar.

Leu artigos e análises indicando que o marasmo econômico de 2014 levaria a resultados fracos até mesmo em empresas sólidas, descapitalizando-as a tal ponto que que investidores estrangeiros apareceriam para comprá-las como pechinchas.

Não era e nunca haveria de ser o caso do Grupo A, dizia para si mesmo.

Ao contrário de outras companhias do setor, o grupo tinha colecionado bons resultados e feito caixa suficiente para recomprar a participação de 10% que o BNDES havia adquirido em seu capital, liquidando a operação firmada cinco anos antes.

Portanto, sua empresa não estava nem estaria na bacia das almas.

Mas era preciso reconhecer que a embarcação enfrentaria muito mais do que uma simples marola, como ficou claro a partir de 2015, quando a economia brasileira murchou 3,8%, o pior resultado em 25 anos.

Foi tenso.

Tivesse aquele temporal acontecido em outros tempos, Henrique estaria acendendo um cigarro no outro e entornando copos de uísque com pouco gelo. Felizmente, livrara-se dos maus hábitos. Ordens do coração, literalmente.

O que não havia mudado é a ansiedade. Tendia a antecipar preocupações como vacina para algum cenário mais hostil.

Aliás, estava ainda mais ansioso do que em outros tempos, por uma razão simples.

Da velha e brava Vemaguette cuspindo livros por veredas gaúchas e catarinenses até o Audi e a Mercedes dos tempos de bonança, passando pelo Galaxie e pelos Opalas dos anos 70, em todos estes momentos era de Henrique o pulso firme crispado no volante, o pé descendo com gosto sobre o acelerador, a sensação indescritível de ser "o tal", como dizia seu velho pai, Abrahão.

Agora, era diferente.

Henrique havia passado para o banco do carona.

Quem estava ao volante, e controlando os pedais, era Celso, tão impetuoso quanto ele, mas aferrado a suas próprias ideias.

Tinha orgulho de Celso e do *winning eye*[122] do filho, mas como fundador da empresa por vezes sentia saudade do protagonismo de outrora, por mais que pudesse dar conselhos sobre a rota a seguir — e tinha que reconhecer que Celso quase sempre o procurava para testar pontos de vista.

Mas ser copiloto não era a mesma coisa, claro.

Especialmente se um dia a estrada à frente os colocasse diante de uma bifurcação, a desafiar a unidade das duas áreas de negócio abrigadas no Grupo A, a editorial e a de educação.

Este cenário, que o incomodava, poderia se concretizar se admitissem discutir uma das propostas de compra.

Não seria fácil lidar com os investidores e seu gelado pragmatismo que reduzia tudo a números. Quando os falcões viessem olhar o faturamento das diferentes unidades de negócio, o *winning eye* deles tenderia a subavaliar a importância da editora e a concentrar toda volúpia sobre o negócio de educação e tecnologia, concentrado sob as asas de Celso na Artmed Panamericana. Só de pensar neste tipo de discussão que viria à tona em um *business valuation*,[123] Henrique se sentia desconfortável.

Aquela turma das planilhas, conjecturava ele, jamais seria capaz de captar a dimensão de um patrimônio intangível chamado credibilidade, a grande pilastra que ele ergueu empilhando livros precisos, escritos por autores relevantes que se debruçavam sobre temas capazes de mudar vidas.

Não sabia se estaria pronto para ouvir jovens executivos a proclamar sentenças rasas. *Lamentamos, senhor, mas nosso interesse é a educação a distância. O negócio de livros não tem o mesmo potencial de criação de valor*. Que resposta mereceria uma afirmação daquelas? Só mesmo atirando ao centro da mesa um de seus

---

**122** Em 1997, no seu primeiro dia de aulas particulares de inglês, Henrique recebeu um texto para interpretar. Ele surpreendeu a professora Cristina Ustarroz porque, em meio a tantas palavras, seu olhar se deteve sobre uma expressão.
— Cristina, o que é "winning eye"?
— É olho vencedor, perspicaz, olho clínico, Seu Henrique. O senhor, por exemplo, tem *winning eye*, foi direto a uma expressão-chave do texto.

**123** Processo pelo qual se estipula valor para uma determinada empresa ou negócio.

*best-sellers* de 1.500 páginas. Talvez o estrondo lhes despertasse a atenção. E ele então diria àqueles moços que o que tem peso, e muito peso, verdadeiramente, é uma história construída página por página em mais de 4 mil livros saudados pela comunidade científica e pelo ambiente universitário. Que o negócio de conhecimento se alimenta de reputação e prestígio. E que a biblioteca é a grande usina de geração de valor do grupo, inclusive no campo digital.

O dia de dizer coisas assim não chegou. Mas, se chegasse, ele estaria preparado.

Se o exercício da liderança é forjado na dificuldade, 2015 foi uma escola para Celso. Com o suporte de Renato, ele teve de rasgar o *script* festivo e expansionista de mais de uma década de prosperidade e fazer o que nunca quis fazer: cortar custos e, inclusive, pessoas.

A economia havia desabado e as projeções anunciavam que o túnel da recessão não ficaria para trás em menos de dois anos. Os funcionários já sabiam que não haveria lucros a distribuir, mas, num quadro em que milhões de trabalhadores estavam perdendo o emprego, uma notícia como a falta de PPR[124] era o menor dos problemas. Que o ajuste não passasse disso, torciam eles.

E torcia, também, Henrique. Nunca tivera jeito para dispensas, e por isso sempre foi muito cauteloso com contratações, preferindo trabalhar com *free-lancers* e fornecedores externos. Henrique só decidiu rever esta estratégia quando o crescimento dos negócios exigiu a montagem de equipe própria. Mesmo assim, até meados dos anos 90 todo o quadro de pessoal da Artmed cabia em uma *van*. Agora, depois de toda a expansão da editora e da estruturação dos negócios de educação a distância, seriam necessários sete ônibus de 40 lugares para acomodar todo o efetivo do Grupo A.

---

**124** Plano de Participação nos Resultados.

Não era gente demais, em condições de normalidade. Mas, em 2015, nada no Brasil estava normal.

Quando os negócios esfriaram, Celso se fechou com Renato em demoradas sessões de análise de relatórios. Esmiuçou os números da empresa, gráficos, tabelas, planilhas.

Não demorou a procurar o pai para falar de medidas duras que precisaria tomar. Era inevitável passar a tesoura em despesas que agregavam mais custo que resultado.

Conversa delicada. Celso sabia que, embora pragmático, Henrique não absorvia com facilidade algumas evidências — como a de que estava ficando difícil vender livros no Brasil, seja pelo crescimento das plataformas eletrônicas de conteúdo, seja porque toda a economia girava em baixíssima rotação.

Para Celso também era difícil pisar no freio. Como Henrique, ele era dado à aceleração. Sentia-se muito bem pensando grande, jogando no ataque. Havia poucos anos, comandara um processo agressivo de crescimento cuja culminância fora a aquisição da McGraw-Hill no Brasil.

Recuar suas linhas era um grande desprazer, mas foi o que fez. Em todas as áreas, os funcionários do grupo viram 2015 passar silencioso e incisivo como uma lâmina. A área editorial não escapou, e teve de reduzir equipe. O volume de lançamentos também diminuiu. Mas por ser a alma da empresa, e de Henrique e Adriane em particular, a divisão de conteúdo foi preservada dos níveis mais profundos de intervenção.

O abalo maior foi sentido da porta da empresa para fora.

Há tempos Celso vinha se perguntando se a companhia precisava mesmo de uma estrutura de divulgadores como a que havia sido montada na fase aguda de expansão nacional. Existia um pequeno batalhão, gente no Ceará, em Pernambuco, em Brasília, nos Estados do Sul, na Região Sudeste, todos trabalhando para promover lançamentos.

Na hora do ajuste mais drástico nas operações, este foi o alvo dos desligamentos. Para Henrique, tratava-se de um remédio amargo. Ele se fez como empreendedor botando o pé na estrada. Ergueu uma empresa inteira sobre a sola dos sapatos, tossindo a poeira de muitas estradas. Era ele e mais nada. Ele e aquela mala de livros, na verdade uma mala-baú, adaptada para que pudesse sentar um pouco quando sentia as pernas formigarem de cansaço. Vendedor de verdade, ele dizia na época, vai aonde está o cliente, seja em missa, boate ou corredor de hospital, não importa. Tem que dar conta do recado, tem que mostrar o produto, tem que ir para o corpo a corpo.

Dispensar aqueles divulgadores todos? Confiar apenas nas estratégias digitais de persuasão?

— Pai, não tem outro jeito. Este sistema não dá resultado, e a conta ficou pesada.

— Se não tem outro jeito…, concedeu Henrique, no jeito reticente que era seu modo todo próprio de expressar um desconforto…

Mas, como sempre, deu apoio ao seu sucessor — que afinal de contas havia aprendido com ele mesmo, Henrique, a regra de que um negócio precisa ser tocado com uma mistura às vezes complexa, mas sempre necessária, de paixão e racionalidade.

## A grande viagem

A trajetória de Henrique Kiperman como editor tem várias particularidades, mas entre as mais importantes está uma voraz abertura para o exterior que não era natural para alguém com trôpegos conhecimentos de inglês e que ergueu sua editora em uma cidade que não é propriamente cosmopolita, como ele registrou a propósito de sua chegada, em 1964.

*Porto Alegre era uma cidade bairrista, fechada a novidades e às pessoas de fora.*

Foi surpreendente, para muitos, ver como Henrique se mostrou capaz de transcender os horizontes de um lugar autorreferenciado e mirar não apenas o Rio ou São Paulo, mas o mundo.

Cedia facilmente ao ímpeto de carimbar passaporte. A paixão por viagens talvez fosse ainda maior que o prazer de desbravar mercados e escavar negócios.

Na fase mais adiantada de sua vida, teve de redobrar os cuidados com o coração e passou a restringir as viagens para atender a recomendações médicas. Aeroporto, só se fosse indispensável.[125]

Foi então que Henrique deu partida a uma grande expedição, uma viagem que faria para dentro de si mesmo, em busca de fragmentos dos vários Henriques que contemplara no espelho ao longo de quase oito décadas.

Viajar no tempo não era algo simples, muito menos fácil de fazer. Henrique tinha começado a se submeter a sessões de análise justamente para se reinterpretar.

Havia um bom tempo que lhe martelavam os ouvidos com a sugestão de que publicasse suas memórias. A primeira provocação partiu do amigo Luiz Carlos Osorio, que publicara pela sua editora obras como *Medicina do adolescente* e *Manual de terapia familiar*. Adriane encampara a ideia de um livro, e por várias vezes havia tentado convencer o pai a abrir o baú de sua vida.

Ele resistia. Por discrição e também por modéstia.

— Vão dizer, quem este cara pensa que é para fazer um livro sobre ele?

— O livro vai dizer quem é o Henrique e o que ele fez, ponderava Adriane.

Henrique se retirava para seu esconderijo predileto, o silêncio.

Conhecia bem o pensamento da filha, que não diferia do de Celso. Adriane tentava convencê-lo de que a história de um vendedor de livros que constituiu uma editora com mais de 4 mil

---

**125** Abriu duas exceções, e em ambas as vezes seu destino foi o Rio de Janeiro. Em dezembro de 2016, viajou com Leda para celebrar 50 anos de casamento de Breno Veisman e Gisela (ver mais informações sobre a amizade dos dois casais no tópico "A Fórmula Kiperman", pág. 200). Em junho de 2017, passou um fim de semana prolongado na capital fluminense para comemorar, com toda a família, seus 79 anos.

obras em seu catálogo seria uma narrativa de interesse para todos os que fizeram parte da jornada. Aí se incluíam autores, tradutores, fornecedores e leitores, mas também funcionários e a própria família, que apesar do convívio com Henrique não tinham passaporte para ingressar no território mais recôndito de suas memórias.

Em um dado momento, a resistência de Henrique começou a ser dissolvida porque percebeu que a história do que ele viu e do que ele fez era a história de muitas outras pessoas.

Um evento de 2015 em sua cidade natal teve o efeito de deixar isso mais claro. A Escola Israelita Brasileira Salomão Guelmann, onde fez seus primeiros estudos, em Curitiba, estava completando 80 anos de existência.[126] Decidiu viajar com Leda à capital paranaense para acompanhar as festividades. Afinal, estava mesmo pensando em remexer nas gavetas do tempo, e ali estava uma oportunidade de ficar frente a frente com um turbilhão de sentimentos e lembranças.

Foi o que aconteceu. Encontrou amigos e ex-colegas, como Marcos Grupenmacher, que conhecera no jardim de infância. Deixou-se envolver pela atmosfera de *revival*. Reconectou-se com referências fundamentais de sua vida.

Um destes ícones da fase curitibana dos Kiperman tinha seu nome gravado na memória de Henrique e no prédio da escola. Era Salomão Guelmann, o líder que fundara um coleginho em 1927 para dar formação aos filhos dos imigrantes. Poucos anos depois, em 1935, diante do aumento da população de judeus, não hesitou em comprar outro terreno, bem maior. Ali construiu um prédio moderno e o repassou à escola, que viria a adotar seu nome.

Quando sua irmã, Clara Kiperman, se tornou Clara Pudles, Henrique ganharia não apenas um cunhado com quem se

---

**126** Na realidade, a escola era mais antiga. Havia sido fundada em 1927, com o nome de Escola Israelita Brasileira de Curitiba, sob a presidência de Salomão Guelmann. O número de alunos cresceu rapidamente e em 1935 Salomão decidiu doar um prédio para escola, que passou a levar seu nome.

entenderia muito bem, Waldemar Pudles. Ele se tornava um pouco mais próximo do ídolo Salomão Guelmann, que era avô de Waldinho.

Guelmann chegou ao Brasil em 1912, vindo da Rússia. Marceneiro hábil, fez fortuna em Curitiba ao fundar a Indústria de Móveis Guelmann, que se tornou uma das maiores do Brasil na primeira metade do século XX. Apesar do sucesso e da fortuna, seus interesses transcendiam dinheiro e negócios.

Doava quantias generosas para causas em que acreditava. Educação era uma delas. O sionismo,[127] outra.

Após a Segunda Guerra, transferiu o comando dos negócios aos filhos e foi andar pelo Brasil, em campanha de mobilização dos patrícios para apoiar a criação do Estado de Israel.

*Em 1947 ou 1948, quando vieram os primeiros sobreviventes, era o Sr. Salomão que os recebia. Numa ocasião ele contratou um destes sobreviventes que se intitulava "Doctor" para ser médico de sua indústria de móveis.*

*Imaginem no que deu.*

*O Sr. Salomão comprou uma fazenda no distrito de Desvio Ribas junto da Vila Velha, atração turística do Paraná, para internar os sobreviventes, pois pelo estatuto do "Estado Novo" os imigrantes teriam que ser agricultores. Esta "ocupação" dava-lhes o status de agricultores, e passado um pequeno período eles voltavam para Curitiba para trabalhar como mascates ou pequenos comerciantes.*

Corpulento, brincalhão, onde quer que fosse, Guelmann não passava despercebido.

---

**127** Movimento internacional lançado no final do século XIX pelo jornalista húngaro Theodor Herzl para defender a fundação de um Estado judeu na Palestina. Herzl lançou a ideia como resposta ao que os judeus apontavam como antissemitismo em países europeus. A campanha ganhou adesões entre judeus de todo o mundo nas primeiras décadas do século XX e, com a queda do nazismo e a denúncia do genocídio contra judeus, criou-se uma base política favorável à constituição do Estado de Israel, em sessão da ONU de 1948. A decisão de implantar o Estado judeu na Palestina abriu confronto ainda não solucionado com países árabes.

Henrique sempre o admirou, não somente pela generosidade, mas por um certo jeito de ser. No fundo, bem que gostaria de ter um pouco da irreverência de Salomão Guelmann, como se percebe em uma das anotações que fez no retorno a Porto Alegre, ainda sob o impacto da festa pelos 80 anos da sua antiga escola, em 2015:

Hoje vejo que em alguma coisa conseguir aprender com ele e a copiá-lo.

Com ele aprendi que podia ser um bom judeu, sem ser religioso. Que tinha obrigações com a comunidade, que podia ajudar o próximo sem cobranças, sem esperar retribuições.

### Diálogos com o papel

Henrique se lembraria de Salomão Guelmann muitas vezes na vida quando, por trás do semblante sério e quase carrancudo, ele se punha a pensar que não deveria se levar tão a sério. Que o riso fácil temperado com certo atrevimento é uma dádiva — infelizmente, reservada para poucos. Ele, por exemplo, não via em si mesmo esta capacidade de flanar pela vida, leve e solto.

Mas a via em Celso.

Certa vez alguém lhe perguntou quem, além de Salomão Guelmann, personalizava o lado B que Henrique sonhou para si.

— O Celso. Nisso aí ele é quem chegou mais perto do que eu gostaria de ser.

Como pai, ele não podia demonstrar a secreta e culposa admiração que sentia pelas travessuras de Celso, especialmente na adolescência. Se o fizesse, iria passar recibo de aprovação e quem sabe estimular novas aventuras. Então, deixava que Leda, a juíza da corte suprema, aplicasse a sentença, fria e inflexível como uma espada — o certo é o certo, o errado é o errado. Mas bem que ele, por vezes, torcia pelo "bandido" e contra a agente da lei.

Adriane não esqueceria uma cena de sua infância.

Celso havia aprontado mais uma das suas. Ela viu que o pai ficara furioso, e acelerava o passo em direção a eles, já desafivelando a cinta. Celso, três anos mais velho, disparou como um raio, e ela, caçulinha, achou que era melhor correr, não se lembra se por solidariedade ou por amor às perninhas nuas. Afinal, o pai nunca havia batido ou ameaçado bater, então talvez a coisa fosse grave mesmo, ela pensou.

A perseguição começou — Celso na dianteira, Adriane logo atrás e Henrique bufando com a cinta a uma distância que encolhia perigosamente. Subitamente, Celso começa a rir. Ria alto, aquela risada escarnecedora.

Adriane fica confusa, e resolve olhar para trás. Então, surpresa:

Henrique ria como uma criança grande. A irreverência de Celso o desarmara. Eram os três gargalhando daquela pantomima de perseguição.

Henrique parou, tomou fôlego e afivelou a cinta novamente.

Admirava a irreverência, por mais que seu ar circunspecto sugerisse o contrário.

Aliás, ele achava que existiam dois Henriques dentro dele, digladiando-se.

Num daqueles dias de 2015, em que dera para ficar a sós consigo mesmo, puxou seu bloco de manuscritos e foi afrouxando as rédeas do pensamento.

Com vagar, mas sem hesitação, a caneta deslizou firme. Sentia-se livre até mesmo para dizer quem era Henrique Kiperman, ou ao menos como ele próprio se via.

*[...] Uma figura caricata que, na maioria das vezes, e em muitos aspectos, não é a que seus conhecidos e amigos acham que conhecem.*

*Por trás da figura séria, empreendedora, idônea e responsável, esconde-se o verdadeiro Henrique, alegre, gozador, malandro, que nunca se mostra.*

*Na maioria das vezes, o interlocutor não sabe com que Henrique está falando. Se está falando com o tímido que, por falta de coragem, deixava passar as oportunidades de conquistar tudo o que queria ou com o irresponsável e liberado que nunca perdeu a oportunidade de conquistar tudo o que queria.*

Leu e releu este trecho algumas vezes. Teve ímpetos de modificar palavras, modos de dizer. Mas, puxa vida, o valor daquela folha de papel em branco era justamente acolher o "Henrique liberado", como ele escrevera. Ou o "Henrique que nunca se mostra". Se começasse a aplicar os filtros rigorosos de seu espírito crítico, buscando a precisão absoluta e a fria objetividade de um editor de publicações científicas de sucesso, acabaria, mais uma vez, sufocando o "verdadeiro Henrique" para mostrar apenas "a figura séria, empreendedora, idônea e responsável" que todos conheciam.

Não. Não mexeria no texto.

Acabaria transformando aquele exercício solitário num ritual. Quando tinha vontade, deixava-se ficar na sala de porta fechada no quinto andar do edifício-sede do agora denominado Grupo A. Só ele, mais ninguém. Ele, o papel, a caneta. No mais das vezes, relembrava fatos e pessoas. De vez em quando, porém, fugia à linearidade de uma retrospectiva e enveredava por reflexões sobre escolhas que fez, e o preço a pagar por elas.

*Muitos passam pela vida achando que viveram intensamente enganando a si e ao próximo, enquanto outros, sim, vivem a vida, com seus sucessos ou com seus fracassos. Saboreiam suas conquistas sem prejudicar ninguém, sem invadir o espaço alheio, sem precisar divulgar seus feitos.*

*O mal disso tudo é que a carapaça que construí impediu que divulgasse meus feitos e pudesse dividir a grandeza e a importância do que realizei.*

A carapaça. Sempre ela, sempre intransponível. Todas as doações que fazia para pessoas ou instituições, vinculadas ou não ao judaísmo, eram mantidas sob reserva. Embora vaidoso no vestir, Henrique abominava aparecer. Na Sociedade

Israelita Brasileira (Sibra),[128] sua sinagoga em Porto Alegre, ofereceu apoio de todas as maneiras para revitalizar a entidade, desde que tudo fosse mantido no anonimato. Convidado a ser presidente, só concordou em ser vice, e ainda assim teve de ser convencido.

Conduziu-se do mesmo modo na Câmara Rio-Grandense do Livro, promotora da Feira do Livro de Porto Alegre, e nas relações com instituições. Certa vez, um dirigente cultural ligado a um governo lhe veio pedir apoio para bancar o fardão com que um escritor tomaria posse na Academia Brasileira de Letras. O valor não era pequeno, mas Henrique concordou em atender ao pedido, sem exigir nada em troca, muito menos divulgação ou um agradecimento.

Era o efeito carapaça.

Mas, curiosamente, a capa não o protegia do que vinha de fora.

Ele sentia, e muito, quando se percebia subestimado, situação relativamente comum no início da carreira de editor, ainda como sócio da Artes Médicas Sul Ltda, encarapitado na lojinha que instalou nos altos da pequena General Vitorino, no centro de Porto Alegre. Era "peixe pequeno". Lançava-se como editor com pouco dinheiro para bancar publicações de maior orçamento, e alheio a círculos de influência e a rodas culturais. Não tardou a escutar o comentário de que era um mero editor de "livrinhos", em referência à sua estratégia inicial de publicar livros de psicanálise de formato pequeno, menor número de páginas e, no recheio, tão-somente texto.

Aquilo o machucou. Não porque fosse uma inverdade, mas porque proferido com empáfia, como se seus livrinhos não fossem obra de uma circunstância e sim de um determinismo que jamais seria capaz de superar. Tempos depois, daria a volta por cima e diria, a um repórter, que sua editora só cresceu porque

---

**128** A relação de Henrique com a sinagoga está descrita no tópico "Tsedaká e um judaísmo sem muros" (pág. 171).

trabalhou em silêncio, sem chamar a atenção de quem pudesse percebê-la como ameaça.

Mesmo assim, a cicatriz ficou. A carapaça tão eficaz para impedir que divulgasse seus "feitos" era fininha demais para protegê-lo do que viesse feri-lo.

**"O tempo corre como nunca"**

Henrique não tinha o gosto e muito menos o costume de falar de si, sobre si — nem mesmo nas reuniões em família.

Um pouco porque era seu jeito introspectivo de ser.

Outro tanto se devia à tendência que grande parte das pessoas têm de preencher rapidamente os silêncios. Fazem perguntas e oferecem elas mesmas as respostas possíveis, caso o interlocutor demore alguns segundos para dizer algo, e este era o caso de Henrique. Numa analogia com o esporte preferido dele, pode-se dizer que quando o assunto era negócios, ele propunha jogo; fora destas situações, tendia a recuar seu time e armar certa retranca feita de silêncios prolongados.

Poucos interlocutores tiveram acesso a um Henrique mais falante em assuntos pessoais. Sua psicanalista, alguns amigos, como Breno Veisman, e certos autores, como Gley Costa e Luiz Carlos Osorio, integram este círculo. Não eram conversas solicitadas, agendadas, nada disso. Emergiam espontaneamente, conforme a situação e o estado de espírito de Henrique.

Num dos muitos fins de semana em que descansava na casa da família em Canela, na Serra Gaúcha, Henrique encontrou Gley Costa em um açougue da cidadezinha, e o diálogo que manteve com o autor de *Conflitos da vida real* não teve nada a ver com o melhor corte de picanha.

Henrique contou que começara a fazer análise, e que estava gostando daquelas sessões em que tinha a chance de falar sobre tudo, de amenidades a temas tabu. Gley o achou mais leve, sem a ansiedade de outras vezes em que parecia não se dar o direito de errar ou ter dúvidas. Estimulou o amigo a seguir se analisando.

O bloco de anotações que Henrique mantinha na gaveta do escritório passou a ser um terapeuta e um confidente. Era sua escuta. Em certos dias, olhava o papel e a caneta, e era como se visse ali a sua imagem — sem a carapaça. Não se sentia analisado, interpretado, julgado.

Provém destes períodos uma das anotações mais despojadas que produziu:

*Hoje, caminho para os 80 anos com uma percepção assustadora. Sinto que o tempo corre e se esvai.*

*Sinto que o tempo corre como nunca.*

*Quando era criança ou jovem, o tempo passava muito lentamente.*

*Media o tempo pelo dia do meu aniversário e pelas férias escolares, que pareciam que nunca iam chegar.*

*Na idade madura quase nada é novo. Tudo é rotina, casa, trabalho, casa, de tal forma que tudo parece cópia. Os anos passam e passam num sopro.*

*Será que falta uma adrenalina para agitar minha vida rotineira ou o envelhecimento do corpo é um fato e a atitude mais inteligente e coerente com o tempo é parar de correr atrás da criança que fui e que leva sempre vantagem sobre os meus passos mais lentos?*

*Parece-me que recém terminou a temporada de praia em Atlântida e já está chegando a nova temporada de praia com seus prós e contras.*

*Antes o meu tempo era marcado não pelo relógio e sim pela volta às aulas, as festas judaicas, exame de admissão, bar mitzvah, exames escolares de junho e de fim de ano, vestibular, casamento, nascimento de filhos, casamento de filhos, netos, etc. Espero estar aqui na Terra para assistir o sucesso de meus netos e dos seus casamentos.*

*Hoje não tenho mais estas marcações de tempo.*

*O tempo se esvai e fico a lamentar o tempo perdido, os amigos que não estão mais conosco. O melhor é achar, como disse Manuel Bandeira, que eles estão apenas ausentes.*

Quando os manuscritos se avolumaram para algo equivalente a 20 páginas, Henrique pensou em recorrer à ajuda de alguém e se lembrou de Mônica Ballejo Canto, revisora que havia trabalhado na editora até 2012, quando se transferiu com a família para Pelotas.

A 250 quilômetros de Porto Alegre, Mônica seguia atuando como *free-lancer* das equipes de conteúdo comandadas por Adriane. Também atendia demandas especiais de Henrique. Ele costumava confiar a ela a revisão de publicações que não tinham a ver com negócios, como textos ligados à Sibra. Por isso, quando recebeu uma ligação de Henrique pedindo que o procurasse da próxima vez que viajasse a Porto Alegre, Mônica imaginou que se tratava de algo assim.

Uma semana depois, procurou Henrique, aproveitando um trabalho eventual para o qual fora chamada na Sagah, unidade do Grupo A fornecedora de soluções educacionais que integram conteúdo, tecnologia e serviço.

Logo de início, uma surpresa.

Henrique não quis recebê-la na sua sala, no movimentado quinto andar da diretoria. Preferiu que ela o aguardasse na loja que funciona no térreo, um espaço pequeno e cercado de livros por todos os lados — os principais títulos dentre os mais de 4 mil lançamentos que compõem a história do grupo.

Ela ficou intrigada com a escolha de um local mais discreto. Ele percebeu, e de imediato se explicou.

— Mônica, vou te contar uma coisa que ainda é um segredo. Estou escrevendo minhas memórias.

Mônica ficou empolgada com a iniciativa dele. Sempre admirou a trajetória de Henrique e o modo como lidou com os negócios e como construiu relacionamentos com clientes, fornecedores e, isso ela conhecia bem, com os funcionários e colaboradores. Achou que havia de fato muitas histórias para contar quando Henrique abrisse as gavetas que mantinha chaveadas lá no fundo daquele jeitão ensimesmado dele.

Alguns anos antes, quando dava expediente na editora e testemunhava o notável surto de crescimento que resultou no ingresso de muitos novos funcionários, Mônica se perguntava quantos, ali, sabiam quem era Henrique Kiperman, o que fez, e como conseguiu fazer tudo o que fez.

Pouquíssimos, acreditava ela. E o desconhecimento podia gerar incompreensões. Boa parte daqueles jovens, tanto na divisão de negócios digitais como na área editorial, pertencia a uma geração questionadora, estuante de energia e ávida por protagonismo. Paciência não era seu ponto forte.

Mônica lembrava de um caso em que um dos jovens talentos mal continha a irritação com ajustes que Henrique pedia nesta ou naquela capa, ou em algum título, para deixar a obra mais atraente ao leitor.

No auge das tensões, Mônica convidou a colega inconformada para descer com ela até o térreo, atravessar a rua e, do outro lado da Jerônimo de Ornelas, contemplar os prédios gêmeos do Grupo A.

— Tu achas, perguntou Mônica, que uma pessoa que se fez do nada e construiu este prédio e esta empresa não tem razão quando diz que uma capa está ruim ou um título não está bom o bastante? Então agora nós vamos voltar pra lá e, por favor, tu mudas o que tem que mudar, porque se alguém ergueu tudo isso não foi deixando passar algum detalhe que considera importante.

— Acho ótima a ideia de uma biografia, Seu Henrique. Mas como eu posso ajudar?

— Eu tenho uma parte no papel, uma parte no computador. É preciso organizar isso, revisar.

Mônica levou os escritos de Henrique, digitou, fez algumas correções e, depois de mais algumas conversas, chegou a sugerir um roteiro de tópicos que ele deveria abordar para cobrir todas as fases de sua vida. Mas o aconselhou a desfazer o segredo sobre a biografia e comunicar pelo menos a sua família para que o trabalho tivesse uma condução objetiva e profissional. Ela mesma, Mônica, não queria assumir a responsabilidade de produzir a biografia.

Ele concordava com ela. O sigilo não poderia, mesmo, durar muito.

— Eu sei que vou precisar de ajuda, principalmente na hora de localizar as fotos, escolher..., mas por enquanto, Mônica, vamos manter o segredo...

Henrique, que sempre foi perito em criar títulos, não sabia bem qual deveria colocar em sua biografia, e pediu a Mônica que fizesse uma sugestão.

Fazer título não era sua especialidade. Mas não fugiu ao desafio.

No contato seguinte, trouxe a proposição.

— Seu Henrique, acho que seu livro podia se chamar "O sucesso por mim mesmo".

— "O sucesso por mim mesmo"?

— Sim, porque se trata de uma história de muito sucesso e quem está contando é o senhor mesmo...

Henrique adotou um ar grave, com um certo toque de humor.

— Mas como é que eu vou fazer um livro com esse título, me engrandecendo?

Henrique acabou desacelerando este projeto, talvez porque em 2015 ainda estivesse longe a data que ele considerava ideal para o lançamento do livro — 30 de junho de 2018, quando completaria 80 anos. E também em razão de suas hesitações sobre o momento de tirar da gaveta o pequeno diário que vinha escrevendo.

Na dúvida, procrastinava.

### Almoçando com Highlander

Quando o coração de Henrique disparou o terceiro aviso,[129] no início de 2017, os Kiperman se abraçaram em torno dele.

---

129 Em 1989, em sua primeira crise cardiológica, Henrique recebeu quatro pontes de safena. Em 2000, teve de se submeter a um processo de desobstrução de artérias do coração a partir de uma técnica então inovadora, a colocação de *stents*, minúsculos tubos de aço inox ou liga de cobalto que são colocados dentro da artéria para desobstruir a passagem do sangue.

Das duas vezes anteriores, em 1989 e em 2000, ele havia se recuperado satisfatoriamente, a ponto de Adriane se referir a ele como "nosso Highlander", em referência ao protagonista do filme "Guerreiro Imortal"[130].

Desta vez, no entanto, Henrique teria de passar por um procedimento ainda mais delicado para resolver a obstrução crônica de uma artéria. Trazia no coração uma ponte de safena implantada havia quase três décadas e que, degenerada, a rigor nem deveria estar funcionando mais.

Henrique e a família se reúnem com uma junta médica que inclui os cardiologistas Luiz Antônio Nasi e Marco Wainstein para decidir sobre a realização da cirurgia. Henrique ouve todas as ponderações. É informado sobre os riscos que correrá se submetendo àquele cateterismo na idade em que estava, 79 anos incompletos.

Uma decisão difícil. Henrique sempre foi apegado à vida, à família, às viagens, aos livros, aos projetos. Sobre morte, não gostava nem de pensar. Mas estava de frente para um duelo inevitável com seus limites. Operar, era arriscado. Não operar, também era — e seguiria suportando dias e noites de cansaço e falta de ar.

Decidiu que iria encarar a cirurgia.

O médico intervencionista, Marco Wainstein, aproveitou a vinda de um especialista suíço ao Brasil para reforçar a equipe.

No dia D,[131] o procedimento colocado em prática durante a cirurgia não deu certo. Depois de duas horas de tensas tentativas, Wainstein rapidamente decidiu partir para um plano B — uma angioplastia convencional.[132]

Funcionou.

Highlander estava de volta.

---

**130** HIGHLANDER: guerreiro imortal. Direção: Russell Mulcahy. Produzido por 20th Century Fox, EMI Films Ltd, Highlander Productions Limited, 1986. (116 min).

**131** A cirurgia foi realizada no dia 11 de abril de 2017.

**132** Técnica de desobstrução de uma artéria.

Em meio a um processo de recuperação lento e delicado, Henrique reduziu o ritmo de trabalho na editora, embora se esforçasse, só ele sabia quanto, para seguir comparecendo quase diariamente à sua sala no andar da diretoria.

Como Celso e Adriane mantinham os negócios sob controle, redistribuiu seu tempo segundo uma nova escala de prioridades que estabeleceu, depois do bônus extra que ganhou ao passar pela terceira cirurgia no coração.

Numa de suas primeiras decisões após a internação, Henrique cedeu à insistência de Adriane e autorizou a filha a liderar o processo de produção de sua biografia. Abriu ao biógrafo a pasta de seus guardados e reservou parte da agenda para conceder entrevistas. Era visível seu esforço para recuperar o tempo em que se desmobilizou o projeto de contar sua história.

Se os encontros com o biógrafo o faziam olhar para trás, quando estava com os netos se sentia transportado para um novo tempo[133] e um novo lugar, em que tudo era expectativa, promessa.

Almoçava semanalmente com Fernando e Rodrigo. Débora, que almoçava na escola, vinha aos finais de semana. Júlia, estudando nos Estados Unidos, era a ausência sentida, mas compreendida.

Fernando e Rodrigo estavam começando faculdade em 2017. Eram colegas de turma no curso de administração da Universidade do Vale do Rio dos Sinos (Unisinos), no *campus* de Porto Alegre. A escolha deles, "Gestão para Inovação e Liderança", agradou Henrique, mas quando estava com os netos evitava assuntos que tivessem a ver com trabalho e negócios. Continha a curiosidade, ou tentava. Certa vez, à mesa, ambos comentaram com os avós que o ritmo era puxado, com aula em dois turnos e professores que combinavam teoria com a experiência de dar consultoria a empresas. Fernando notou que o avô permanecia quieto — mas prestando atenção em cada detalhe.

---

133 Ver tópico "As quatro faces do futuro" (pág. 247).

Fernando é observador, como Henrique sempre foi, e de canto de olho captou uma imagem precisa do estado de espírito do avô. Calado, mas ouvindo pelos cotovelos, o pensamento lá na frente, talvez imaginando o rumo que tudo tomaria na vida dos seus netos, da sua família, da sua empresa, quando ele já não estivesse mais ali, à cabeceira da mesa.

Tão real era a percepção de Fernando sobre o quanto seu avô estava ligado e atento que, semanas depois, Henrique levaria a Rodrigo uma penca de livros sobre grandes editores e sobre o ofício de editar.

Aparentemente, nada havia de mais naquilo. Afinal, desde pequenino, Rodrigo se acostumara a ganhar livros. Adriane dava ao seu primogênito livros sobre Hércules quando garotos da idade dele estavam curtindo Batman e Homem-Aranha.

Rodrigo dormia uma vez por semana na casa dos avós, e isso rendeu a ele, além de um bom retrospecto nas guerras de travesseiro com o avô, o hábito de ir dormir escutando Leda e Henrique lerem historinhas ao pé da cama. Tudo isso o transformou num leitor esfomeado, com média próxima de um livro por semana.

Quando procurou o neto com aquela sacola de livros, assim como quem não quisesse nada, Henrique parecia passar uma mensagem. E, certo ou errado, Rodrigo a decodificou.

— Senti como se o vô estivesse...

— Estivesse...?

— Tipo, passando o bastão.

Com Débora, a caçula dos quatro netos, o programa de Henrique era diferente. Ela ia visitá-lo geralmente aos sábados, e depois do almoço ambos ficavam no sofá para uma tarde de sobremesa e futebol na TV.[134]

---

**134** Apaixonada por futebol, Débora jogava como lateral na seleção da sua escola, Pan American. Discutia planos táticos com Henrique, especialmente quando assistiam a jogos do Internacional, o clube dos Kiperman. Com movimentação intensa e espírito de liderança, Débora imaginava que, se pudesse ter o prazer de jogar com o avô, daria a ele uma camisa de volante articulador e uma braçadeira de capitão.

Aos 13 anos, Débora vivia dois pequenos dilemas. Queria estudar medicina, mas desconfiava que faria o avô mais feliz se cursasse administração.

Pensava em estudar fora do Brasil, mas testemunhara a saudade que Henrique havia sentido de Júlia quando a prima, dois anos mais velha, fora estudar nos Estados Unidos. E no segundo semestre de 2017 Júlia faria as malas de novo para passar mais dois anos em uma escola norte-americana.

O avô suportaria ter as duas netas longe?, Débora se perguntava.

No centro da vida dela estava Henrique. Quando, na escola, pediram que compusesse um texto sobre um personagem marcante, Débora nem chegou a pensar quem haveria de ser.

> "A pessoa que eu mais admiro é meu avô, que é meu segundo pai. Começou como vendedor de livros, que ele carregava no porta-malas do seu carro, para construir uma editora de livros renomada e pronta para ser administrada pelas próximas gerações. Felicidade é ver meu avô sorrir orgulhoso de mim. É viajar com ele, ter almoços em sua casa e ouvir suas histórias. É ir me aproximando dele e o conhecendo cada vez melhor. Sonho em ser perto da pessoa que ele é. E meu maior medo é decepcionar a mim mesma ao fazer algo que desapontasse o meu avô.
>
> Ou, um dia, perdê-lo."

No seu *bat mitzvah*[135], em 2016, recitou sua fala em hebraico sob forte emoção, mas suportou firme a manifestação de seus pais, Adriane e Martin, e de Leda. Quando Henrique começou a falar, Débora deixou o pranto correr.

Embora prestes a atravessar o oceano, ou talvez por isso mesmo, Júlia estava mais próxima de Henrique. Com seu jeito independente, aos 15 anos já havia tomado a decisão de que construiria seu futuro longe do Brasil e dos negócios da família,

---

**135** Na cultura judaica, cerimônia que marca a transição das meninas, aos 12 anos, para o mundo adulto. Equivalente ao bar mitzvah, dos meninos, este celebrado quando eles completam 13 anos.

estudando *Business* nos Estados Unidos para se colocar à prova num país de meritocracia.

Era seu jeito de homenagear o avô que admirava por ter construído uma grande empresa partindo do zero, lastreado apenas no próprio esforço. Júlia tinha orgulho da generosidade de Henrique, por ajudar a todos que o cercavam refugiado no mais espesso anonimato. Também se orgulhava da dimensão alcançada pelo Grupo A sob o comando do seu pai e da sua tia, mas não se via como uma gestora ou executiva no grupo, figurino que caía melhor em seu irmão, Fernando, e no primo Rodrigo.

De tanto ouvir em casa as histórias e as cogitações de Celso para identificar potenciais parceiros de negócios e costurar alianças estratégicas, Júlia foi cultivando uma predileção por juntar empresas, fundir estratégias. Pensava em se preparar para ser uma profissional especializada em compra e venda de empresas. "Administração não me atrai. Gosto de coisas mais ousadas."

Nunca precisou dizer isso ao avô. Porque ele nunca perguntaria, mesmo.

### "Se eu não segurar, continua"

O aniversário de 79 anos de Henrique caiu num fim de semana — ou melhor, os aniversários,[136] porque ele havia nascido em 1º de julho de 1938, mas mudara sua certidão de nascimento para a data de 30 de junho, de modo a contornar as exigências de um burocrata da escola onde cursava o ginásio, em Curitiba.

*Hoje, decorridos tantos anos, meus amigos, minha família e eu ficamos em dúvida sobre qual a data de meu nascimento e qual o dia para comemorar.*

---

**136** Este episódio está descrito em detalhes no tópico "Artes educacionais" (pág. 125).

Na metade de 2017, Henrique ainda não estava plenamente recuperado de complicações que sobrevieram à cirurgia no coração, em abril. Não era um momento favorável para viajar, mas poderia, se quisesse. E ele quis, muito, comemorar os 79 com uma festa familiar no Rio de Janeiro.

Viajou com todos — Leda, Celso, Adriane, Rodrigo, Fernando, Júlia e Débora. Hospedaram-se em um hotel em Ipanema e no sábado, 1º de julho, Henrique foi recepcionado em uma festa-surpresa em um barco.

O tempo não estava bom, fazia um friozinho, garoava, mas Henrique não teve do que reclamar. Ele, que segundo Leda sempre foi dengoso, se viu cercado de atenção pelos netos, que a todo momento perguntavam se ele precisava de algo, ou pediam que contasse histórias de sua vida. Queriam ver seu sorriso tímido e travesso.

— Como é que a história do baú, vô?

A tarde no barco foi longa e aconchegante. Henrique, em certo momento, admirou-se de como as crianças haviam crescido, e o quanto estavam se esforçando para acarinhá-lo. Achavam graça do que ele contava sobre a dureza da vida nas estradas, e riam, e ele ria de vê-las rindo. Seu tempo era um outro tempo, e aos olhos daqueles jovens ele parecia um tipo saído de outro mundo, uma relíquia viva.

Na volta a Porto Alegre, Henrique se sentia cansado, mas feliz. Aquele avião que levava sua família para casa o fez lembrar-se da *van* dos Kiperman riscando o mapa de Israel por dez intensos dias em 2012.[137] A mesma sensação de família unida, cintos de solidariedade bem afivelados.

Henrique mal teve tempo de se recuperar da viagem ao Rio no início de julho. Uma semana depois, teria de estar pronto e aprumado. Adriane entregaria o mais importante projeto de seu segundo mandato como presidente da entidade mantenedora

---

**137** Esta viagem por Israel está contada no tópico "As quatro faces do futuro" (pág. 247).

do Colégio Israelita de Porto Alegre — a inauguração da nova biblioteca da escola.

Mais do que simplesmente comparecer, Henrique precisaria tomar fôlego para discursar — logo ele, avesso a pronunciamentos. Desta vez, porém, se sentiu motivado a preparar um bom *speech*. Sabia o quanto de esforço aquele projeto havia exigido de sua filha. E, de mais a mais, era o principal homenageado do evento.

Quando passou pela pequena multidão que se aglomerava junto ao prédio, ficou radiante. A placa, na entrada, o incendiou de orgulho — "Biblioteca Henrique Leão Kiperman".

Tinha de ir com calma.

O coração não podia disparar. Mas, inevitavelmente, começava a bater mais rápido. As mãos ficavam frias e úmidas.

Estava quase chegando a hora de falar, e o discurso de Adriane, que o antecedeu, havia mexido com ele. Não havia, na família, quem falasse com mais paixão do que Adriane sobre a importância da educação e do conhecimento, fosse na empresa, fosse em público, ou numa pregação informal para filhos e sobrinhos num almoço de domingo.

Chegou a vez de Henrique.

A pedido dele, Celso se posicionou perto. Seria seu *backup*, caso se emocionasse demais.

Tomou o microfone.

*Hoje é um dia muito especial para mim e para a minha família, pois temos a oportunidade de inaugurar a nova Biblioteca do Israelita, a qual leva o meu nome.*

*O livro sempre esteve vinculado a nossa família, pois ao longo da vida, junto com meus filhos, passei de vendedor de livros a editor, podendo dar voz àqueles dispostos a compartilhar seus conhecimentos técnicos e profissionais, enriquecendo e harmonizando a vida dos seus semelhantes.*

*Muitos dos autores que eu tive a felicidade de encontrar e publicar saíram de Instituições tão sérias e qualificadas como o nosso querido*

*Colégio Israelita. E, com certeza, os autores de mais de 4 mil livros que nossa editora já publicou beberam dessa fonte mágica e miraculosa que denominamos biblioteca. É nesse ambiente que a gente, quando criança e mesmo depois de adulto, procura a paz e a beleza do conhecimento. É numa boa biblioteca que o pensamento das novas gerações se conecta com os clássicos e começa a construir o futuro.*

*Quanto ao futuro do livro, que alguns dizem estar ameaçado, eu estou tranquilo, pois no formato mais conveniente e no suporte adequado ele vai persistir, distribuindo conhecimentos, satisfação e sempre encontrará formas de chegar a quem precisa. E um dos caminhos mais inspiradores, eu acredito, é uma grande biblioteca.*

*Somos o povo do livro, o que justifica o nosso amor pela reflexão, o nosso vínculo com o conhecimento, a tradição e a valorização de ajudar o outro, a Tsedaká.*

*Considero um privilégio ter podido contribuir para esta obra magnífica, e gostaria que mais pessoas se engajassem nesse propósito de tornar a nossa escola um centro de referência e inovação em educação. Obrigado à direção e à mantenedora pela oportunidade que me proporcionaram de ter meu nome vinculado a um projeto tão importante e simbólico.*

Depois da inauguração da biblioteca, Henrique foi progressivamente se recolhendo a uma rotina de cuidados médicos e repouso. Buscava amparo, como sempre, em Leda. Algumas vezes conseguia ir à empresa, o que para ele configurava uma espécie de ritual.

Mas estava cada vez mais difícil sair de casa.

Em agosto, a doutora Juana Sancho Gil, da Universidade de Barcelona, visita Porto Alegre e procura Adriane. Juana havia publicado pela Editora Penso, do Grupo A, o livro *Professores na incerteza: aprender a docência no mundo atual*. Pergunta por Henrique, e Adriane conta que o pai não estava nada bem. Para ficar perto dele e da mãe, Adriane tomara a decisão de não comparecer a feiras editoriais importantes, como Frankfurt e Londres.

Juana se entristeceu, e compartilhou com Adriane lembranças das relações que ela e os pesquisadores de Barcelona estabeleceram com Henrique. O primeiro livro de Juana publicado por Henrique saíra em 1998. O segundo, em 2006, escrito com Fernando Hernández-Hernández, foi *Tecnologia para transformar a educação*. Na ocasião, ela viera ao Brasil participar de um seminário da Universidade Federal de Minas Gerais e aproveitou para procurar Henrique, que marcou um jantar. No dia seguinte, Juana comentou com um colega de Barcelona que havia jantado com Henrique Kiperman na noite anterior.

— Jantou com Henrique? Mesmo?

— Sim.

— Ontem?

— Sim, ontem. Por que a surpresa?

— É que o time dele, o Internacional, jogava ontem à noite.

Segundo o colega, Henrique não poderia ter dado maior prova de consideração por Juana.

Adriane gostou da história, que fazia lembrar um ano de ouro para Henrique. Precisamente em 2006, seu Inter foi campeão da América e de todos os continentes.

Bons tempos, aqueles, em que seu pai estava ativo e se sentindo invencível no topo do mundo, como um Highlander.

A sexta-feira, 15 de setembro de 2017, começou luminosa em Porto Alegre, mas Henrique não pôde levantar da cama para espiar a beleza do dia.

Estava muito fraco.

No curso das horas, à medida que a tarde avançava, o tempo foi se fechando. Onde a chuva ainda não começara, era uma certeza.

Na sede do Grupo A, a notícia foi como trovoada.

O coração de Henrique, enfim, não resistira.

A tarde morreu com chuva.[138]

---

**138** Verso de "Romance na Tafona", clássico do cancioneiro gaúcho, de autoria de Luiz Carlos Borges e Antônio Carlos Machado.

*Será que [...] o envelhecimento do corpo é um fato e a atitude mais inteligente e coerente com o tempo é parar de correr atrás da criança que fui e que leva sempre vantagem sobre os meus passos mais lentos?*

O sepultamento, no Cemitério Israelita de Porto Alegre, foi oficiado pelo rabino Ghershon em uma cerimônia de pesar e simbolismo.

Cada familiar, cada escritor, revisor, tradutor, funcionário, fornecedor, e cada um de seus muitos amigos, de fé e de ofício, tinha um relato ou uma peça de lembrança sobre aquele sujeito que fez tanto falando tão pouco.

Cara de bravo, fome de afetos, olhos úmidos.

Duro, duríssimo, consigo mesmo, mas compreensivo com os filhos, solidário com os amigos e apaixonado de forma incondicional pelos netos.

O ditador, como ele gostava de se definir quando achava que a discussão se prolongava demais e era preciso alguém que tomasse uma decisão. O súdito, quando seu olhar procurava o de Leda em busca da imprescindível aprovação de sua companheira de toda uma vida.

O tímido e monoglota que soltava a língua quando se tratava de fazer negócios com os gringos em Frankfurt.

O teimoso que só não era irredutível quando Adriane lhe sorria daquele jeito que iluminava todo o seu austero gabinete. Ou quando Celso vinha com aquela terrível objetividade, colocando o Henrique maduro e contemporizador em confronto com o Henrique jovem, impetuoso, desbravador de outros tempos.

O sujeito mansamente altivo, obcecado por esculturas de leão.[139]

Henrique completara 79 anos havia 45 dias. Na visão do rabino Guershon, o fundador do Grupo A se preparava para romper o ciclo do 7, que na tradição judaica é sinônimo de plenitude.

---

139 No apartamento, em Porto Alegre, na casa de praia ou na Serra Gaúcha, Henrique sempre teve, por perto, alguma escultura leonina para admirar. Quando fundou a Artes Médicas Sul, pediu que lhe criassem um logotipo sob medida. Era um leãozinho de jaleco médico.

Caminhava para atingir um momento ainda mais importante da sua vida.

— Segundo a exegese, Moisés tinha 80 anos quando enfrentou o Faraó e guiou o seu povo na saída do Egito. Aos 80 anos, quando decai a força física, a pessoa é mais propensa ao lado espiritual da sua existência, como a oração e o estudo da *Torá*.[140]

Na homenagem ao pai, Celso lembrou que o ano novo judaico, 5.778, iria começar poucos dias depois, no anoitecer do dia 20 de setembro.

— Nossos religiosos dizem que as pessoas não podem fugir do seu destino, não podem escapar do ano em que deixarão suas vidas aqui. Dizem, no entanto, que quando uma pessoa nos deixa muito perto do final do ano judaico é porque ela era alguém muito especial e por isso Deus lhe concedeu o máximo de tempo possível.

Celso disse ser grato a Deus por ter tido o privilégio de ter conhecido o mundo "debruçado nos ombros de um gigante".

Adriane fez a leitura de um texto que fora publicado na Intranet dos funcionários do Grupo A, no dia anterior.

*— Fica do meu lado, Celso. Se eu não segurar, tu continua.*

*Foi assim, tentando domar a emoção, que o Seu Henrique tomou fôlego para empunhar o microfone e saudar as mais de 200 pessoas (esperava-se 60...) que lotavam o recinto de inauguração da biblioteca que a família Kiperman doou para o Colégio Israelita, a pedido de Adriane.*

*Foi a última aparição pública de Henrique Leão Kiperman, em uma agradável noite de julho. Nesta sexta-feira, discretamente, como era do seu feitio, ele se despediu do que chamava de "povo do livro", uma referência à comunidade de autores, leitores, revisores, tradutores, consultores e muitos outros colaboradores que ele liderou para criar um grupo editorial cuja relevância transcendeu as fronteiras do Rio Grande do Sul e do Brasil.*

---

**140** O livro fundamental do judaísmo.

*Em breve, uma biografia contará como este filho de imigrantes poloneses nascido há 79 anos em Curitiba conseguiu realizar tanta proeza. De dentro da mala que ele carregava pelos grotões da Região Sul para vender livros de medicina, nos anos 60, Henrique tirou uma grande empresa. O vendedor se fez livreiro, o livreiro se arvorou a editor — e mais de 4 mil livros depois, seu Grupo A é referência de conteúdos que estão na vanguarda do que o mundo produz de mais relevante na área do conhecimento técnico, científico e profissional.*

*Tudo isso sem alarde, que Seu Henrique não era de palavras muitas. Era de palavras certas, argutas, necessárias. Lágrima fácil, comovia-se com o padecimento à sua volta, e tentava ajudar do jeito que pudesse. Amou livros como poucos — alisava-os, cheirava-os, queria que fossem obras de arte, perscrutava com prazer cada página sem erro, deleitava-se com os conceitos inovadores que trazia ao Brasil na literatura de medicina, psicologia e tantas outras áreas... Vibrava com o sucesso dos lançamentos não apenas pelo retorno material das empreitadas intelectuais, mas por ter certeza de que, se o Grupo A acertava a mão nos lançamentos, e se muita gente corria atrás daqueles títulos, então estava se cumprindo a missão que tanto o empolgava: livros para uma melhor qualidade de vida.*

*Ousado e inquieto, soube abrir caminho para o novo e preparar o grupo para os desafios do futuro. Com um plano de sucessão estruturado ao longo de muitos anos, deu à segunda geração da família a missão de repaginar a empresa, disponibilizando com excelência, agora não só no papel, mas em todas as plataformas e formatos, o "conhecimento que transforma".*

*Seu Henrique cultivou a humildade como um valor, o trabalho como um norte, a confiança como argamassa dos relacionamentos. Relutou muito em fazer sua biografia, agora finalmente a caminho. Não era dado a mostrar o que fizera, até ser convencido de que o bem que se faz deve ser conhecido para inspirar o bem que muitos outros possam fazer.*

*Anos atrás, quando o Grupo A adquiriu a operação brasileira da McGraw-Hill, pérola cobiçada por qualquer player relevante em nosso mercado, Seu Henrique se permitiu um comentário lacônico.*

*— Estou me sentindo o cara, sorriu ele, com timidez.*
*Nós sempre soubemos disso, Seu Henrique.*

No preciso momento em que o caixão foi baixado à sepultura, a chuva, que havia feito uma pequena trégua, voltou torrencial, como ainda não havia acontecido naquela manhã, na região do cemitério.

Menos de um mês depois da morte de Henrique, Celso conversou com Adriane e Leda e decidiu que viajaria à Feira de Frankfurt levando o sobrinho, Rodrigo, e o filho, Fernando.

Era a iniciação dos varões da terceira geração. Vinte e sete anos antes, Henrique havia feito o mesmo com Celso.

Na feira, Celso encontrou o editor Sérgio Dortas, da Revinter, do Rio de Janeiro. Amigo da família Kiperman, e emérito contador de histórias, Dortas recebeu de Celso um pedido. Que jantasse com eles e brindasse Rodrigo e Fernando com histórias condimentadas com o melhor de Henrique — ousadia, simplicidade, foco no trabalho e, tempero que nunca faltava a Sérgio Dortas, humor.

Dezembro de 2017.

A tradicional confraternização de encerramento do ano no Grupo A, a primeira sem Henrique, quase foi cancelada. Porque não seria, como não chegou a ser, uma festa.

A consternação ainda era grande, três meses após a morte do fundador. Mas Leda, Adriane e Celso decidiram manter a tradição que Henrique tanto prezava de reunir e integrar gente de todas as áreas da empresa, e mobilizar todo mundo para mais um ano que iria começar.

Ele procurava fazer destas ocasiões um momento único para agrupar forças, incutir em todos um sentimento de família. Sempre foi assim, desde o tempo em que falava para meia dúzia até os anos finais de sua vida, quando olhava para aquela multidão de mais de 300 rostos e olhares, a maioria gente muito nova, a lhe deixar mais inibido ainda.

Sentia-se um pouco como peixe fora d'água, o criador que viu sua criaturinha crescer tanto a ponto de quase não mais reconhecê-la.

Ia para o microfone meio acanhado, tom de voz inicialmente baixo, o fôlego na reserva técnica.

Começava um pouco claudicante na escolha das palavras, enquanto o olhar varria a audiência à procura de suas balizas emocionais — Leda, Celso, Adriane e todos os históricos, aqueles com mais tempo de casa.

Aí o discurso pegava no tranco, a inspiração jorrava, e ele podia catar de sua lembrança anedotas, causos. Quando achava uma historinha boa, um *recuerdo* de tempos heroicos, ou mesmo patéticos, ficava contente, porque aí podia citar um destes velhos companheiros de batalha, mexer com um, fazer troça de outro. Era seu modo de se acumpliciar com quem esteve do lado dele no *front*, passando maus bocados para construir uma Livraria e, depois, uma Editora de respeito.

E assim ele ia em frente, ziguezagueando ao microfone. Ora falava sério, ora fazia graça. O homem da carapaça, o durão, costumava lutar contra o riso e contra o choro, mas estava sempre por um fio. No mais das vezes, capitulava diante das emoções que sofregamente reprimia. Então Henrique ria, e sobretudo chorava, e se via gente rindo e chorando com ele aí mesmo é que não se segurava.

Mas era dezembro de 2017, e no *script* da festa não haveria mais o *discurso do Seu Henrique*.

Celso, como presidente do Grupo A, foi quem empunhou o microfone.

Para ele, assim como para Leda e Adriane, e para muitos da casa, era difícil achar o que dizer, e como dizer, ante o peso daquela ausência.

Emotivo e de lágrima solta, como Henrique, Celso tentou se manter firme montando o touro bravo de suas próprias memórias e sentimentos. Para não perder o controle da situação, preparou um discurso que fez foco na mensagem que se impunha: mobilização. Apesar da perda do fundador, o Grupo A estava com suas diferentes unidades de negócios em pleno desenvolvimento, e mantendo a tradição de se arrojar em novos negócios.

Um destes novos negócios Celso deixou para mencionar na parte final do discurso. Porque era o que ele considerava um passaporte para o futuro. E porque era um tributo para Henrique.

Ele falava de algo que, àquela altura, nem nome tinha, e por isso foi apresentado, enigmaticamente, como "Next". Mas a visão de negócio estava definida com clareza, e poucos meses depois receberia o nome de Projeto + Campus.

O Grupo A passava a oferecer programas completos de educação a distância para instituições de ensino superior que são referência em ensino presencial mas não transportaram toda esta relevância *off-line* para o mercado que mais cresce — os cursos de graduação a distância. Acordos preliminares já haviam sido alinhavados com várias universidades do Rio Grande do Sul, como a UCS (Caxias do Sul), a Unisc (Santa Cruz) e a Ucpel, a Universidade Católica de Pelotas, entre várias outras instituições.

Neste casamento, explicou Celso, o Grupo A entraria com pesquisa de mercado, plano de negócios, consultoria acadêmica, ambiente virtual de aprendizagem, plataforma de conteúdo e bibliotecas — física e digital. E as instituições de ensino aportariam suas marcas, seu corpo docente, a estrutura física de seu *campus* e a certificação dos alunos.

Celso anunciou que todas as instituições comunitárias e confessionais envolvidas no + Campus comporiam uma rede de cooperação em ensino a distância, legando ao Grupo A o desafio de assumir o processo de captação de alunos para todo o sistema. "Este projeto reúne absolutamente todos os recursos e experiências que acumulamos ao longo de quase 50 anos de história", disse Celso — e, como sucedia com Henrique ao olhar para trás, o coração veio à garganta.

Era a hora difícil.

Lembrou que, ainda menino, acompanhava o pai pelo interior do Rio Grande do Sul em congressos médicos. O objetivo era vender livros.

Depois, saindo da adolescência, ingressou na então Livraria Artes Médicas e recebeu de Henrique a missão de monitorar as vendas e repor os estoques deixados em faculdades de Pelotas, Passo Fundo, Caxias e Santa Maria. Pegava a estrada e ia conferir os "armários", como eram chamados os mostruários de livros que ficavam à disposição de alunos e professores.

Três décadas depois, ele se via de novo refazendo as pegadas de Henrique. Não mais para vender livro, e sim bibliotecas inteiras, além de um conjunto de serviços com impacto enorme sobre milhares de alunos e professores.

— É uma volta às nossas origens. Respeitadas as proporções, estas viagens ao interior têm o mesmo propósito de tentar contribuir para a melhoria da educação de nossos estudantes e profissionais, discursou Celso.

"Mas agora", arrematou, "há uma diferença fundamental".

— A nossa missão já não é mais trabalhar *para* o Sr. Henrique, e sim trabalhar *pelo* Sr. Henrique.[141]

Se inspirar as novas gerações com suas memórias, Henrique terá dado cumprimento ao ciclo do 8[142] na tradição judaica.

O ciclo pós-plenitude.

---

**141** O discurso se encerrou com uma conclamação: "Que o legado de humildade, honestidade, valorização das relações e fé inabalável no valor do trabalho de nosso fundador inspirem e iluminem o nosso promissor caminho!".

**142** Estágio posterior ao ciclo do 7, o da plenitude, segundo a tradição judaica.

## Referências

ESBER, E. *Um certo Mr. Elbling*. Porto Alegre: Bookman, 2017.

KIM, C.; MAUBORGNE, R. *A estratégia do oceano azul* – como criar novos mercados e tornar a concorrência irrelevante. Rio de Janeiro: Campus, 2005.

SMOLE, K. C. S. *Matemática na pré-escola:* uma abordagem consentânea à teoria das inteligências múltiplas. 1995. Dissertação. (Mestrado em Educação)-Universidade de São Paulo, São Paulo, 1995.

## Créditos das imagens

**Fotos de eventos da família**
Art Imagem Produções

**Foto do Rabino Guershon**
Robinson Aronis/Studio Aronis Fotografias

**Foto da Kombi**
Acervo Armador Majewski

**Demais fotos**
Acervo pessoal e Marketing/Grupo A

## Capas

**Relação médico-paciente:** Mário Röhnelt

**Relação médico-paciente (edição comemorativa):** Paola Manica

**Medicina do adolescente:** Mário Röhnelt

**Medicina interna:** reprodução do original por Kaele Finalizando Ideias

**Psicogênese da língua escrita:** Joaquim da Fonseca

**Fadas no divã:** Paola Manica

**Revista Pátio (projeto gráfico e capa):** Tatiana Sperhacke

**Conflitos da vida real:** Gustavo Macri

**Psicofármacos e Clínica médica:** Tatiana Sperhacke

**Ortopedia e traumatologia, Medicina ambulatorial e Otorrinolaringologia:** Paola Manica

**Rotinas em obstetrícia e Rotinas em ginecologia (1ª. Ed.):** Mário Röhnelt

**Rotinas em obstetrícia e Rotinas em ginecologia (novas edições):** Paola Manica

**Manual Artmed de editoração:** Flávio Wild

**Normas técnicas de editoração:** Artmed Editográfica

**Manual Grupo A de publicação:** Rafaela Paludo